Telling Lies

Clues to Deceit in the Marketplace,
Politics, and Marriage

Telling Lies:
Clues to Deceit in the Marketplace, Politics, and Marriage
(Revised and Updated Edition) by Paul Ekman
Copyright ©2001, 1992, 1985 by Paul Ekman
This Edition Arranged with CARLO MANN AGENCY
through BIG APPLE TUTTLE-MORI AGENCY, Labuan, Malaysia.

说 谎

如何揭穿骗局

[美] 保罗·埃克曼 著
邓伯宸 译 徐国强 校

生活·讀書·新知 三联书店

Simplified Chinese Copyright © 2024 by SDX Joint Publishing Company. All Rights Reserved.

本作品简体中文版权由生活·读书·新知三联书店所有。未经许可，不得翻印。

图书在版编目（CIP）数据

说谎：如何揭穿骗局 /（美）保罗·埃克曼（Paul Ekman）著；邓伯宸译． —北京：生活·读书·新知三联书店，2024.7
（新知文库精选）
ISBN 978-7-108-07856-8

Ⅰ.①说… Ⅱ.①保… ②邓… Ⅲ.①谎言-心理学分析 Ⅳ.① C912.69

中国国家版本馆 CIP 数据核字 (2024) 第 110193 号

审　　校	徐国强
责任编辑	曹明明
装帧设计	康　健
责任校对	曹秋月
责任印制	李思佳
出版发行	生活·讀書·新知 三联书店
	（北京市东城区美术馆东街 22 号 100010）
网　　址	www.sdxjpc.com
图　　字	01-2021-5329
经　　销	新华书店
印　　刷	北京隆昌伟业印刷有限公司
版　　次	2024 年 7 月北京第 1 版
	2024 年 7 月北京第 1 次印刷
开　　本	889 毫米 × 1194 毫米 1/32 印张 11.375
字　　数	242 千字
印　　数	0,001-6,000 册
定　　价	69.00 元

（印装查询：01064002715；邮购查询：01084010542）

目录
Contents

第三版序 3

第1章 导言 1
第2章 谎言、破绽与说谎线索 11
第3章 谎言何以穿帮 29
第4章 言辞、声音、身体行为与谎言 66
第5章 说谎的表情线索 108
第6章 陷阱与预防措施 142
第7章 测谎仪 168
第8章 估谎 216
第9章 20世纪90年代的抓谎 254
第10章 公共领域的谎言 273
第11章 新进展与新想法 298

结语 320
注释 326
附录 342
致谢 349
校者跋 351

纪念埃尔温·戈夫曼（Erving Goffman）
我最亲密的朋友与卓越的同事
献给妻子玛丽·安·梅森（Mary Ann Mason）
我的诤友与红颜知己

当情境表明似乎肯定是这么回事时,最可能的结果却是这完全是伪造的;当伪造感十分明显时,最大的可能性却是这居然是真的。

——埃尔温·戈夫曼,
《策略的互动》(*Strategic Interaction*)

这种结构并不关乎道德,但事关生存,从残酷的伪装到诗意的想象,在每一个层面上,隐瞒、曲解、存疑、猜测、编造的语言能力,都是人类意识平衡的必需,是人类社会发展的必需。

——乔治·斯坦纳(George Steiner),
《通天塔之后》(*After Babel*)

假如作伪像真实一样,只有一种可能,那么我们将庆幸,只要反着想就行了。但事实上,不符真相却有成千上万种可能,有无限的范围。

——蒙田(Michel de Montaigne),
《随笔集》(*Essays*)

第三版序

本书的前八章是1985年为第一版所写的，第9章与第10章是1992年为第二版补写的，今日重读这些章节，并未发现什么疏漏，总算松了一口气。在今年（2001年）为第三版所补写的第11章中，我交代了一些新的进展，提出了一些新的想法，并针对大多数人（甚至专业人员）抓谎能力都不容乐观的情况，进行了一系列的说明。

随着时间的流逝，研究成果越来越多，对于能否根据一个人的行为线索来勘破谎言，我想我已经不必过于谨慎了。而随着所做的大量教学工作，我们的自信也日益增强起来。过去十五年间，我与执教于罗格斯大学的同事弗兰克（Mark Frank）、执教于旧金山大学的同事奥沙利文（Maureen O'Sullivan）一起使用这本书作为教材，在美国、英国、以色列、中国香港、加拿大、荷兰阿姆斯特丹等地教学，对象大都是执法人员。对学术上的东西，学员们显然缺乏兴趣，但第二天他们运用到工作上，却带给我们很多生动的例子，也进一步证实了本书中所谈到的种种想法。

基于我们的研究和从执法人员那儿学到的经验,我坚信,鉴别他人是否在说谎,准确率最高的情况是:

- 第一次说这个谎言;
- 过去从未说过同类型的谎言;
- 说谎的代价很高——最重要的是,面临着严厉惩罚的威胁;
- 抓谎者不预设立场,不骤下结论;
- 抓谎者懂得如何鼓励嫌疑人讲述自己的遭遇(讲得越多,鉴别的机会就越多);
- 抓谎者与嫌疑人的文化背景相同,语言相同;
- 抓谎者使用本书中所提示的重点,来套取更多的信息,而不是拿来证明谎言;
- 抓谎者要意识到,如果嫌疑人是诚实无辜的,那么判定起来会有很多困难,正如本书中所描述的那样。

第 1 章

导 言

有些谎言反而是利他的,虽然其数量绝不像说谎者所宣称的那样多。

但是,说谎者绝不应轻率地以为,受骗者都愿意被蒙在鼓里;抓谎者也绝不应轻率地以为,自己有权说破每个谎言。

1938年9月15日,一场最龌龊、最恐怖的骗局揭开了序幕。这一天,德国总理希特勒与英国首相张伯伦首度会晤,全世界都在观望,这也许是避免另一次世界大战的最后希望。(六个月前,希特勒的部队已经入侵奥地利,将之并入德国版图,英、法两国除了抗议之外,根本束手无策。) 9月12日,即与张伯伦会晤的三天前,希特勒提出由德国兼并捷克斯洛伐克部分土地的要求,并计划在其境内煽动暴乱,同时秘密调动德军,准备进攻捷克斯洛伐克,只是发动攻击的部署要到9月底才能完成。

希特勒的如意算盘是,只要能够让捷克斯洛伐克再拖延几个星期部署防御,他就可以发动闪电攻击;为争取准备的时间,希特勒一面秘密调动部队，一面承诺张伯伦，只要捷克斯洛伐克同意他的要求，和平就可以得到保证。张伯伦信以为真，说服捷克斯洛伐克暂时停止调动部队，准备与希特勒展开谈判。会晤之后，张伯伦在写给其妹妹的信中说："在他的脸上，尽管我看到了冷酷与无情，但我的印象是，这个人会信守承诺……"[1]五天之后，张伯伦在国会发表演说，面对他人质疑希特勒的承诺，他依旧为自己的政策辩护，说与希特勒亲身接触后，他觉得希特勒是个"言出必践的人"[2]。

15年前，当我刚开始研究说谎时，我绝不会想到我的工作会与以上这种可怕的谎言有关。只有在从事与精神疾病患者有关的工作时，我才偶尔想到，它或许有用得上的地方。我最初开始研究谎言，是在指导治疗医师的场合，谈的大多是我的研究心得：面部表情普世皆同，手势则因文化而各异。当时有学员提问，从病人的非口语行为上，是否能够知道他是在说谎？[3]一般来说，这本不是问题，但是，当一个病人因自杀而住进医院，表示自己已经没事时，问题就来了，患者一旦出院，缺少医院的看护，每个医生都会担心，病人说自己没事，会不会只是在欺骗他们？医生这种在业务上的疑虑，引发了人类交流中一个极为根本的问题：即使心绪极度不宁，人们是否还能神色自若地说谎？如果答案是肯定的，那么是否可以从非口语行为上找到破绽，揭露言辞背后隐瞒的心思？

我调出对精神病患者的访谈影片，看看能否找到说谎的案例。拍摄这些影片本来另有他用，即要从病人的表情与动作，诊断精神失调症患者的病情与类型。当把目标转移到说谎的情况时，我发现许多影片真的透露着说谎的迹象，问题是，如何才能予以确认？幸运的是，其中有个个案解决了这一问题，因为访谈之后所发生的事情说明了一切：

> 玛丽，42岁，家庭主妇。三次企图自杀，最后一次非常严重，服用了过量的安眠药，经人意外发现而送医，才把她从鬼门关前抢救回来。她是典型的中年妇女抑郁症，孩子长大了，不再需要她，丈夫则忙于事业，使她生活顿失重心，觉得自己无足轻重。刚住进医院那段日子，她无法料理家务，又睡不好觉，几乎整天独自以泪洗面，经过最初的三个星期药物治疗与群体治疗，她看起来恢复得不错，精神开朗起来，也不再谈起自杀的事情。在那次访谈的影片中，她告诉医生，觉得自己好多了，请求放一个周末的假。就在医生准假之前，她却突然承认自己在说谎，事实上她仍然很想就此了断。玛丽又住了三个月之后，病情大有改善，虽然一年后又复发过一次，但整体来说，没再住过院，维持正常多达数年。

玛丽接受访谈的影片，播放给精神科医生与心理学家看，结果大部分人都被骗了，其中甚至不乏经验丰富的老手。[4]这段影片，我们研究了几百个小时，放了一遍又一遍，用慢镜头检视每个动作与表情，想要找出其中任何可能的说谎线索。在一个片段中，医生问她未来有什么计划，回答之前，她迟疑了片刻，脸上闪过一丝绝望的表情，但由于太短暂，在前几次检视中都被忽略了。在这种非常短暂的微表情中,可能隐瞒着某种情绪,一旦了解到这一点,我们便继续寻找,果然发现了更多,基本上都是一闪即逝掩藏在浅笑中。我们也发现一种碎动作,当她告诉医生自己把问题处理得多好多好时,不时出现轻微的耸肩——不是完整的动作,而只是动作的一部分。只有一只手有动作,旋转一下,或者双手是静止的,而肩膀微微抬起一下。

我们还看出了其他非口语的说谎线索,但却无法确定究竟真的是有所发现,或者只是出于想象。如果确实知道某人说谎,某些完全无辜的动作似乎就是可疑的,但是,只有客观地评估,即在不受对方是否说谎这一信息影响的条件下,才能检验我们的发现;此外还必须确定,说谎线索并非研究对象的习惯动作。如果每个人泄露出的说谎线索都一样,对抓谎者来说就省事了,但问题是,说谎线索总是因人而异的。我们以玛丽的谎言为模型设计了一个实验,在实验中,研究对象极力隐瞒在说谎时感受到的强烈负面情绪。当观看一个非常消极的影片时,譬如血淋淋的外科场景,我们的研究对象们不得不隐瞒他们的悲伤感、痛楚感和厌恶感,并且使研究者认为他们没有看过这段影片,而是欣赏了一片美丽花丛的影片(我们的发现在第4章和第5章有所描述)。

一年过去了,我们的说谎实验仍在起步阶段,此时另外一批对其他类型的谎言感兴趣的人找上门来,想知道我的研究方法与成果,看看是否可以用来抓出涉嫌间谍案的美国人。过去几年间,针对医患之间说谎的行为线索,我们所做的研究大都发表在科学期刊上。因此,相关的征询也不断找到我们:是否能够训练内阁官员的侍卫,从步态与举止上识破恐怖分子的暗杀倾向?是否能够指导联邦调查局训练探员，以便更有效地识破犯罪嫌疑人的谎言？到后来，甚至有人问我，是否可以协助政府高层的谈判代表，识破对手的谎言？或者问我是否能从帕特里夏·赫斯特（Patricia Hearst）参与银行抢劫的照片分辨出她当时是否自愿？*诸如此类的询问，我已习以为常。在过去五年当中，这方面的研究更引起国际上的注意，两个美国的友邦派代表跟我接触；而当我在苏联演讲的时候，自称是负责问案的某个"电气学院"的官员也找上门来。

我并不为这些关切感到愉快，我担心这些研究成果受到滥用，受到不加批判的、迫不及待的应用。大部分犯罪、政治或外交的谎言，未必可以找到非口语的说谎线索，有时纯粹靠直觉，真要问我，我也说不出个所以然。一定得讲出个名堂的话，就必须先回答一个问题：人在说谎时，为什么一定会犯错？并非所有的谎言都会穿帮，有些谎言天衣无缝，面部的表情太僵、一个不经意的小动作、声音突然变调……这些说谎的行为线索全都不会出现。但我确知，只要是说谎，就一定有破绽，哪怕是一个铁石心肠的人，照样会被他自己的行为给出卖。要想知道什么时候说谎会成功，什么时候会失败，如何辨识谎言的线索，以及什么时候根本不值得说谎，你必须要了解谎言与谎言之间、说谎者与说

---

* 1974年2月，美国恐怖组织将美国报业大王赫斯特（William Randolph Hearst）的孙女，年仅19岁的帕特里夏绑架。后来，帕特里夏选择加入恐怖组织，并参与了一系列恐怖行动。1975年9月，帕特里夏被捕后，说她是在被监视的情况下被迫犯下了罪行。她是否在说谎，是否应对她提出诉讼？人们对此案展开了激烈的争论。最后帕特里夏还是被判了刑，但1979年在美国总统卡特对罪犯颁行大赦令时获释。——校者注

谎者之间以及抓谎者与抓谎者之间的千差万别。

希特勒对张伯伦说的以及玛丽对她的医生说的,都是致命的谎言,是要付出生命代价的,两个人都把未来的安排藏在心底,也都装出某种情绪作为谎言的核心,但是两个人的谎言之间却有巨大的差异。希特勒是我后面将谈到的天生说谎家的典型,比起玛丽来,除了天赋的技巧外,他在骗人方面的实践经验不知要丰富多少倍。

希特勒还有另一个优势,那就是他所欺骗的那个人甘愿受到误导。希特勒谎称没有战争计划,只要按照他的要求重划捷克斯洛伐克的边界即可。张伯伦不仅相信,而且可以说是一厢情愿地盲信,因为,如果他不相信,就等于承认自己的绥靖政策失败,而且使英国利益受损。政治学者沃尔施泰特(Roberta Wohlstetter)分析军备竞赛的骗局,所持的就是这一观点,谈到德国违反1936年的英德海军协议时,她说:

> 施骗方与受骗方都在赌,使得错误持续地发展下去,双方都抱有幻想,以为对方不会违反协议。希特勒操弄英国害怕军备竞赛的心理,成功达成一项海军协议,已经使英国(在未与法、意等国磋商的情况下)默认了《凡尔赛和约》的改写;当新的协议又受到破坏时,这种害怕军备竞赛的态度,使英国再度乡愿地不去面对违反协议。[5]

在许多骗局当中,对于说谎者的破绽,受害者总是故意不去面对,一厢情愿地往好的方面设想,害怕谎言一旦拆穿,可怕的后果将难以收拾，于是成了骗局得以持续下去的帮凶。丈夫故意不去面对妻子的外遇，至少可以暂时免掉戴绿帽子的羞辱以及离婚的结果；对妻子不忠的行为，即使心里有数，却不予拆穿，为的只是避免一旦摊牌，事情就失去转圜的余地，只要什么都不说，即使希望十分渺小，依然可以抱着一线希望——或许只是自己错怪她，她根本就没有外遇。

并非每个受骗者都因为一厢情愿，有时对谎言的线索视若无睹或予以纵容，并不会带来什么损失。有的人抓谎，只是为了抓谎而抓谎，警察审讯犯罪嫌疑人，唯一可能的损失就是被骗，跟承办贷款的银行职员一样，对他们来说，揭穿骗局与厘清事实都只是善尽职责而已。误信谎言或予以拆穿，被骗的一方通常有所得，但也有所失，只不过所得与所失往往是不相称的。玛丽的医生相信她的谎言，所冒的风险并不大，如果她真的好了，不再抑郁，医生可能因此而得到某种声誉；万一她并未真正好转，医生的损失也不大。与张伯伦不同，医生的整个职业生涯并没有风险，因为他并没有对患者被治愈了的判断做出公开保证，毕竟一旦发现患者说谎，该判断就会被证明是错的。那样的话，他受到欺骗时的损失将远大于患者诚实时他所得到的收获。而对于张伯伦来说，1938年的一切显然都太迟了，如果希特勒所言不实，如果除了战争，无法阻止他的侵略，那么张伯伦的政治生涯将就此告终，而他自以为可以阻止的战争也将就此爆发。

除了张伯伦的一厢情愿之外，希特勒的谎言之所以能够成功，还在于他不需要掩饰任何强烈的情绪。大多数谎言之所以穿帮是因为压抑的情绪泄了密，和谎言有关的情绪越强烈，情绪的类型越多，就越容易出现某种形式的行为线索。希特勒毫无罪恶感，这种情绪使谎言倍加脆弱，不仅它本身能泄露形迹，而且会使人因内心不安而犯错，以致被人识破。在希特勒的有生之年，英国曾让德国饱受战败的耻辱，面对这样一个国家的代表，他当然一点罪恶感都没有。与玛丽不同，希特勒既没有与对方共享重大的价值观，也没有任何尊敬或钦佩对方的感情负担。玛丽必须掩饰强烈的情绪，一则是她想要自杀的绝望与焦虑，二则是对医生说谎，她有一万个理由产生罪恶感，因为她喜欢并尊敬他们，深知他们只是要帮助自己而已。

正因为如此，面对有自杀倾向者或不忠的配偶，想要找出说谎的行为线索，远较面对外交人员或双面间谍来得容易。但是，并非所有的外交人员、罪犯或谍报人员的谎言都无懈可击，有时候犯错在所难免。按照我的分析去做，人们可以评估出，发现说谎线索或者因没发现而被误导的可能性各有多大。对于那些想要识破政治谎言或犯罪谎言的人，我的忠告是：关键不在于是否忽略了行为线索，而在于保持高度的警惕，知晓风险并抓住机会。

虽然关于说谎的行为线索已有一些证据，但仍不十分成熟。针对说谎方式、说谎原因以及谎言的瑕疵，我所做的分析都是根据相关的谎言实验，以及史实或小说所进行的，但是这些理论仍有待进一步的实验和批评意见来检验。现在之所以不待一切最终确定就付梓成书，实在是因为抓谎者不能再等了，为失误所付出的代价已经太大，抓出说谎者的非口语线索已经刻不容缓。"专家"不熟悉采证与诘问技巧，就仓促披挂上阵参加陪审团和求职面试，其间的风险不问可知。有些使用测谎仪的警察与专业测谎人员，虽然学过说谎的非口语线索，但据我所见，他们所用的训练教材有半数信息都不正确。海关官员都要上一门课，讲授如何辨识走私的非口语线索，据称就是拿我的研究作为教材，虽然我一再要求过目，所得到的回答却一成不变，每次都是"我们会马上回复您"。至于谍报人员的情况则不得而知，因为他们从事的都是秘密工作。六年前我曾受国防部之邀，讲解抓谎的机会与风险，知道他们对于此类问题甚感兴趣，但自那次以后，虽然风闻有关工作已进行，我也曾致函相关人员，然而结果不是石沉大海就是无可奉告。我所担心的是，"专家"闭门造车，而学界则吹毛求疵，本书应可为他们厘清抓谎的机会与风险问题。

撰写本书的目的并非仅仅针对重大谎言，我深信，检视说谎或说实话的方式与时机，将有助于理解很多人际的关系。在人际关系中，与谎言无涉的机会极少，生活中总是难免会说谎，譬如父母亲跟孩子谈到性，认为孩子不宜知道的，往往以谎言打发；反过来说，由于父母的排斥，进入青春期的孩子对性方面的冒险，也总是能瞒就瞒。此外，在朋友（甚至最好的朋友）、师生、医患、夫妻、律师与委托人、业务员与客户等关系中，谎言也可以说是无处不在的。

谎言之于生活是如此普遍，它几乎涉及人类的一切事务，所以多予理解实属必要。这种论调或许有人嗤之以鼻，认为凡是说谎就应该受到谴责，对此我不敢苟同。要求人们在任何人际关系中都不得说谎，未免简单粗暴；要求对于任何谎言都应予以拆穿，也未免会欺人太甚。专栏咨询家兰德斯（Anne Landers）有一句话说得好："真相同样可以拿来伤人，甚至使人痛不欲生。"

尽管谎言也伤人，但并非全都如此，有些谎言反而是利他的，虽然其数量绝不像说谎者所宣称的那样多。某些社会关系，全因彼此保守秘密而得以相安无事。但是，说谎者绝不应该轻率地以为，任何受骗者都愿意被蒙在鼓里；抓谎者也绝不应轻率地以为，自己有权说破每个谎言。某些谎言是无害的，甚至是人道的，揭穿某些谎言，可能对受骗者或第三方造成羞辱。但这一切都要仔细地加以考虑，并且事前需要讨论很多其他问题。下一章我们将从谎言的定义开始，讨论谎言的两种基本形式和说谎线索的两种类型。

第 2 章

谎言、破绽与说谎线索

谎言的定义是：存心误导别人的有意行为，事先未透露其目的，并且对方也没有明确要求被误导。

说谎有两种主要形式：隐瞒，省略真实的信息；捏造，把假的信息当成真的说出来。

两种揭露谎言的方式：破绽，即说谎者无意间泄露实情；说谎线索，即说谎者的行为虽未泄露实情，但不小心暴露他是在说谎。

被迫辞去总统八年之后，尼克松仍然否认他在说谎，就像其他政客一样，他只承认自己隐瞒了真相。他说，为了胜选并保住公职，那是必要的手段："对某个人的看法，你最好不要实话实说，因为有一天你可能用得到他……对世界上的其他领导人，也最好不要讲真话，因为你可能将来要跟他们打交道。"[1] 明知不说实话不对，却不承认是在说谎，这样的人并非尼克松一个。*正如《牛津英语辞典》的解说:"在现代用法中,谎言(lie)一词通常表示道德上的严重瑕疵,一般言谈中,顾及礼貌,多会避而不用,常以较为委婉的同义字假话(falsehood)与不实(untruth)来代替。"[2]不受欢迎的人如果不说实话,我们很容易就直斥为说谎,但对自己喜欢或崇拜的对象,尽管他所言不实,说谎这个字眼却很难启齿。水门案发生之前,尼克松把民主党的竞争对手比喻成说谎者时,曾说过这样经典的话:"这个人用过的车,你敢向他买吗?"然而,他自己善于隐瞒真相与捏造事实的本领,却被他的共和党崇拜者誉为颇具政治头脑。

不过,这些问题都与我为说谎(lying)或欺骗(deceit)所下的定义无关(这两个词意思相通,是可以互换的),有许多人所言不实,但并非欺骗,例如无心提供不实信息的人就属此类:一个患有妄想症的妇人自称是抹大拉的马利亚(Mary Magdalene)**,尽管所言不实,却不能说她说谎;投资顾问建议客户做出某项投资,但最终血本无归,除非他明知自己的建议不实,也不能说他是在说谎;某个人的外表传达了错误的印象,未

---

*　这种态度可能正在改变。前总统卡特的新闻秘书鲍威尔(Jody Powell)就认为某些谎言是正当的,他说:"从第一个记者对政府官员提出第一个难以答复的问题那天起,政府是否有权说谎就成为一个极具争议的问题。答案是肯定的,在某些情况下,政府不仅有权而且无疑有责任说谎。白宫四年,我就碰到两次这种情况。"他接着叙述了一个场合,说他说谎乃是"不让许多极为无辜的人感到难受与困窘",他承认的另一次谎言,则是隐瞒援救在伊朗的美国人质的军事计划。(Jody Powell, *The Other Side of the Story*, New York: William Morrow & Co., Inc., 1984)

**　在《圣经·新约》中,抹大拉的马利亚被描写为耶稣的女追随者。罗马天主教、东正教和圣公会教会都把她作为圣人。但历史上,对于抹大拉的马利亚的真实性和她的事迹一直有着争论。——校者注

必是在骗人；螳螂拟态成一片树叶也不是欺骗；一个额头高的人看起来很聪明，事实虽非如此，但也不能说他是在骗人。*

一个人能够选择不说谎却说谎，才算是说谎者。说谎就是明知故犯地误导别人，想让别人接受错误的信息。说谎可以是正当的，也可以是不正当，全看说谎者或其所在社会的认知而定；说谎者可以是好人或坏人，也可以是受欢迎的人或不受欢迎的人。但不管怎样，说谎者一定有选择说谎还是说实话的能力，而且一定明白两者之间的差异。[4]病态人格说谎者明知所说不实，却又无法控制自己的行为的，不符合这个定义；同样道理，所言非实自己却不知道，算是自欺（self-deceit）的受害者的，也不算是说谎。**一个谎言经常说，时间既久，连自己都会信以为真，此时说谎者就不再算是说谎，他所说的不实之处也就更难以检测出来（我将在下一章中解释此点）。墨索里尼的一个故事显示，相信自己的谎言并非永远有利：

> 1938年，[意大利]陆军师的编制从三个团改成两个，墨索里尼此举使他能够号称自己的法西斯政权拥有六十个

---

* 推测这种成见的起源基础是件相当有趣的事。高额头似乎意味着有较大的脑容量，但显然不正确。薄嘴唇的人之所以被认为比较无情是基于生气时嘴唇变窄的线索。其错误在于，把一时的表情状态拿来作为判断个人特质的基础，尽管在生气的时候，人们的嘴唇通常会因为紧抿着而变薄，但对于有些人来说薄嘴唇根本只是其天生的面部特征。所谓厚嘴唇者性感同样是把一时的线索误作不变的特质，尽管性兴奋时的充血现象会使嘴唇变厚，但厚嘴唇也可能只是一种天生的面部特征而已。[3]

** 我不否认病态人格说谎者或自欺者的存在，但是很难确定。因为说谎者的话肯定不能当作证据，毕竟谎言一旦被揭穿，任何说谎者都可能以此为借口来逃避制裁。

师，兵力猛增近一倍。但是，当时战争即将开打，这一改编造成严重的紊乱，而他又忘记自己早先所做的决策，几年之后，竟使他错估自己的兵力，导致悲惨的后果。这件事，看来没有骗倒几个人，只骗倒了他自己。[5]

谎言的界定不仅要考虑说谎者，也要考虑说谎的对象。对方并未要求被误导，说谎者也未事先告知，让对方有心理准备，此时才算是说谎。如果说演员是说谎者，听起来就会很怪，但不能这么说，因为观众是同意甚至期待被骗的，至少入戏时是如此。但是如果没有声明这是一个演出时的角色，在日常生活中，演员是不能像反面人物一样为所欲为的。如果经纪人向客户坦诚，自己提供的信息虽然动听但却虚假；如果精神病患者玛丽曾经告诉医生，说她可能会信口雌黄；如果希特勒告诉张伯伦，叫他不要相信自己的承诺……那么即使他们所言不实，也都不能算是谎言了。

因此，我为谎言或欺骗所下的定义是：说谎是一个人存心误导别人的有意行为，事先未透露其目的，并且对方也没有明确要求被误导。*说谎的主要方式有两种：隐瞒真相与捏造事实。[6]所谓隐瞒，说谎者只是保留某些事实不说，而未说出任何不实之

---

* 我的重点放在戈夫曼所谓的赤裸裸的谎言（barefaced lie）上，这种谎言"可以被明确的证据所证明，讲述者明知自己是在说谎，而且还故意为之"。但戈夫曼的研究重点则放在歪曲表达（misrepresentation）上，在这种情况下，真假之间的分野并不是那么清楚："几乎在所有合法的日常关系中，当事人都从事着有悖于别人对自己印象的隐瞒行径。"（以上均引自 The Presentation of Self in Everyday Life, New York：Anchor Books，1959，pp.59，64）

事；捏造则更进一步，说谎者不仅保留真实的一面，而且无中生有。欺骗想要得逞，通常必须结合隐瞒与捏造，但有时候，单是隐瞒也可以达到目的。

并非每个人都认为隐瞒也是说谎，有些人认为说谎仅仅限定于捏造事实的大胆行为。[7]医生不告诉病人，疾病已经进入晚期；丈夫不告诉妻子，中午与其昵友在汽车旅馆幽会；警察不告诉犯罪嫌疑人，他与律师的谈话已经被窃听……凡此种种，虽然都未传达不实的陈述，却都符合我为说谎所下的定义：对方没有要求被误导，而隐瞒者有意为之，并且未把自己存心误导的意图提前声明。当然也有例外的情形，事先予以告知，或获得同意可以不说，这样的隐瞒就不算是说谎。如果丈夫与妻子协议维持一种开放的婚姻关系，只要对方不问，那么隐瞒汽车旅馆的幽会就不算欺骗；如果病人要求医生不要说坏消息，那么隐瞒病情也就不算说谎。但是，法律明文规定，犯罪嫌疑人与律师有权利进行密谈，权利受到侵犯却被蒙在鼓里，怎么说都是欺骗。

用什么方式欺骗好呢？如果可以选择的话，说谎者通常比较喜欢隐瞒真相，而不是捏造事实。隐瞒有很多好处，别的不说，单单不需要造假这一点，隐瞒就比捏造来得容易，而捏造即使事先将故事编得再怎么天衣无缝，谎言还是有可能被勘破。据说林肯曾讲过，因为他自己记忆不好，所以便没有说谎的本钱。医生如果为了隐瞒已到晚期的疾病，而对病人的症状做了虚假的描述，他就得牢牢记住，免得几天之后再被问到时露了马脚。

隐瞒之所以比较受到青睐，还有一个原因，那就是它似乎没有捏造那样罪大恶极，隐瞒是被动的，而非主动，即使欺骗的对象照样受到伤害，对欺骗者来说，隐瞒的罪恶感也比捏造来得轻些。* 欺骗者隐瞒事实，大可一厢情愿地告诉自己，受骗者其实已经知道事实，只是不愿意面对而已："我老公一定知道我在玩什么花样，否则他绝对不会对我整个下午的行踪不闻不问，我的小心其实是出于好意，并不是真的要瞒他，只是不想惹他难堪罢了。"

如果只是隐瞒，一旦被发现，善后工作也比较简单，可用的借口极多，包括"不知道""打算以后再说""忘记了"等等。发誓作证的人如果加上"就我所能记忆的"，也就等于说，一旦被发现有所隐瞒时，已经为自己留了活口。说谎者明明记得，却非说不记得，这种公然隐匿介于隐瞒与捏造之间，往往发生于说谎者再也不能保持沉默的时候，问题已经被逼问，挑战已经无可避免。捏造说不记得了，可以使说谎者免于记住自己所编谎言的麻烦，而实情一旦曝光，仍可坚称并非有意欺瞒，只需推给记性的问题即可。

导致尼克松总统辞职的水门案丑闻中，有一事可以生动说明记忆失灵策略的使用。证据逐渐显示，总统助理霍尔德曼（H. R. Haldeman）与埃利希曼（John Ehrlichman）也涉嫌闯入事件，并参与事后的遮掩。两人被迫辞职后，黑格（Alexander Haig）则接下埃利希曼的职缺，替尼克松出谋划策，撑住压力：

---

* 伊夫·史威斯特（Eve Sweetster）提出一个有趣的观点，受骗者一旦知道自己遇到隐瞒时，可能比遇到捏造事实更为生气，因为如此一来，受骗者就不能指责自己是受到欺骗，那感觉就像对方钻了法律的空子一样。[8]

1973年7月4日，黑格重返白宫不到一个月，曾与尼克松讨论如何回应前白宫顾问迪安（John W. Dean）的重大指控。根据弹劾调查中曝光的一卷录音带显示，在两人会谈当中，黑格就建议尼克松搬出"不记得了"来搪塞相关的指控。[9]

记忆失灵只有在很有限的情况下才能让人接受。医生被问到检查结果是否是阴性反应时，不能推说忘了；犯罪嫌疑人问房间里是否装了窃听器，警察也同样不能如此回答。只有微不足道的生活琐事或陈年往事，推说自己记不起来还情有可原。但有些事情由于特别重大，即使时间很久远，也不能拿记忆失灵当借口。

一旦被受骗者起疑，说谎者就失去了选择隐瞒还是捏造的自由。譬如那位妻子问其丈夫为什么在午饭时间找不到他时，丈夫就不得不说谎以保持秘密。人们也许会指出，即使一个普通的餐桌问题，譬如"你今天过得怎么样？"平时是个客套话，但此时却可以用来回避。丈夫可以顾左右而言他以隐瞒幽会，除非妻子苦苦逼问，让他只能选择捏造或者坦白。

有些谎言光是隐瞒还不够，一开始就需要捏造事实。精神病患者玛丽不仅需要隐瞒自己的抑郁及自杀计划，还要装出愉快的心情，并表达想要回家度周末的愿望。为了要获得一份工作，谎称自己有工作经验，也不光是隐瞒真相就能混得过去；没有工作经验的事实固然要隐瞒，还得捏造一套相关的经历才行。聚会无聊透顶，恨不得早一点脱身，但要不得罪主人，不仅得隐瞒宁愿回家看电视的想法，还得编一套说得过去的借口，例如明天一早有重要的约会,或孩子需要人照顾,等等。

有时候,谎言本身并不直接需要捏造什么事情,但为了将隐瞒的真相更好地加以掩饰,还是要编造一套说辞为好。当某种情绪必须被隐瞒的时候,捏造对于隐瞒来说就变得极为必要。隐瞒已经不再感受到的情绪是容易的,而隐瞒此刻正在感受之中的情绪则要困难很多,特别是那些说来就来而且非常强烈的情绪,就不是想隐瞒便能隐瞒的了。例如恐惧就比担忧更难以掩饰,暴怒也比烦恼更难以掩饰。越是强烈的情绪,越是极力隐瞒,情绪的信号反而越容易泄露出来,这时候,装出另外一种并非真正感受到的情绪,将有助于掩饰需要隐瞒的情绪,因为隐瞒情绪而露出的破绽,也可以借此掩盖。

在美国作家厄普代克(John Updike)的小说《求婚》(*Marry Me*)中有一段情节,生动地描述了以上所提到的种种情形。女主人公露丝跟情人打电话时被丈夫无意中听到,在此之前,露丝只需要隐瞒外遇,还不必找任何借口,但此刻丈夫直接质问,她就不得不捏造一个故事。她所说的谎言虽然达到了继续隐瞒的目的,但这个插曲却也显示,情绪是如何轻易地就卷入了谎言,而一旦卷入之后,又会如何增加掩饰的负担。

> 杰里(露丝的丈夫)无意中听到了露丝跟迪克(其情夫)电话甜言蜜语时的最后几句。这吓了露丝一大跳,她本以为他在后院松土,没料到他却在厨房里问:"谁打来的呀?"心里一慌,露丝急忙说:"没什么啊,只是主日学校的女士问我们要不要让乔安娜和查理报名。"[10]

慌张并不能证明说谎，但杰里如果注意到，就会起疑心，他可能会想，露丝如果没什么好隐瞒的，就用不着慌张。一个心中坦荡的人突然受到质疑，也有可能感到不自在，问的人往往是没注意到而已。露丝的情况则不同，事先没料到要捏造一套说辞，一时之间不知如何答复，又担心被发现，于是慌张之情也就更加难以掩饰，这就增加了杰里发现真相的机会。反正掩饰也来不及，为了应付这个窘境，露丝或许应该顺势而为，承认自己感到慌张，并说是因为害怕杰里不相信她所说的，而不是想有所隐瞒。但是，除非杰里一向怀疑露丝，而结果总是证明她是无辜的，否则这么一来反而更引起杰里疑心："我又不是不相信你，你怕什么？"

如果露丝故作镇定，板起脸，一副不受影响的样子，可能还是无济于事。因为双手会开始发抖，很难保持静止，反倒是握拳或合掌更为自然。而害怕起来，双唇便会绷紧拉平，上眼皮与眉毛也会跟着往上抬，想要保持不形于色也很不容易。真要掩饰这类表情，就只有劳烦其他的肌肉——咬紧牙关、抿紧嘴唇、垂低眉毛、瞪大眼睛……或许才能达到效果。

隐瞒强烈的情绪，最好的办法就是戴上面具。面对面跟人说话时，为了不泄露情绪，可以用手遮住整张或半张脸，甚至调头他顾，但这通常都不实用，反而会欲盖弥彰。最管用的还是搬出另外一种表情，即使是伪装出来的。伪装的情绪不仅可以产生误导作用，而且也是最佳的掩饰道具。当情绪感受十分强烈的时候，保持面部冷漠和手指静止是极为困难的。外表看起来喜怒不形于色是最难保持的样子，但摆出另一种姿态，用另一套能借机为真实情绪提供出口的行为来回应质疑，则容易得多。

在厄普代克的故事中，假设杰里告诉露丝，他不相信她的话，大概露丝会更为慌张，也更难掩饰。为此她或许会用生气、惊讶或诧异的情绪，为自己的慌张戴上面具。她可能会愤怒地责怪杰里不相信她，对他窥伺她的动静大表惊讶，对他偷听她的讲话表示不解。

然而并非所有的情况都允许说谎者为真实情绪戴上面具，有时谎言需要花更大的力气掩饰情绪但却不能加以捏造。前以色列国防部部长魏兹曼（Ezer Weizman）曾经描述过这种困境。前埃及总理萨达特（Anwar Sadat）戏剧性地访问耶路撒冷之后，以色列与埃及的军事代表团开始展开谈判。谈判过程中，埃及代表团团长贾马斯（Mohammed el-Gamasy）告诉魏兹曼，他刚刚得到消息，以色列正在西奈半岛建立新的定居点。魏兹曼深知，以色列能否继续保住现有的定居点都极具争议，这时又建立新的定居点，可能会因此毁掉谈判。

> 我气得要命，却又不能当场形之于色。我们在这里讨论国家安全大事，拼命想把和平列车往前推进一点，耶路撒冷的那些同僚却不吸取建定居点只能虚张声势的教训，在谈判的紧要关头，居然又搞出个新的来。[11]

魏兹曼对在耶路撒冷的同僚扯他的后腿感到生气，却又不能表现出来，只有隐瞒怒气，才能掩盖耶路撒冷方面事先连个招呼都不打的事实。他必须隐瞒内心的强烈情绪，但同时却不能用其他情绪做伪装,不能表现得高兴、担忧、惊讶或厌烦,也不能毫无反应。他不得不摆出一副专注而冷静的神色,丝毫不表现出贾马斯带来的消息有什么影响。魏兹曼是否成功,书中没有交代。

打牌是不能用伪装来掩饰情绪的另一种情况。抓到一手超级好牌的玩家,眼看可以大赢一把,为了不让对手就此收手不玩,任何足以泄露兴奋之情的信号,他都必须隐瞒;如果装出失望或不安,对手以为他拿的是一手烂牌,反而会等他收手而不是跟进,因此,这时候摆出一副面无表情的扑克脸才对。如果他拿的是一手烂牌,企图虚张声势以掩饰失望或不安,好让对手玩不下去,而装出得意或兴奋的表情,貌似拿到一手好牌,但对手更加不会中计,除非他们认为他是一个菜鸟,因为只有菜鸟拿到好牌才会沉不住气,喜形于色。*(附带一提的是,打牌时不动声色或虚张声势,并不符合我的说谎定义。玩牌的人都不会亮自己的牌,乃是大家公认的,扑克游戏的前提就是要试图误导对方。)

任何情绪都可以作为伪装以掩饰其他的情绪,而笑容则是其中最常用的。笑容可以掩盖任何的负面情绪——害怕、生气、忧伤、厌恶等等。笑容之所以好用,在于试图达成欺骗时,某些快乐的信息是不能缺少的:升职不成的员工,不想让老板知道自己的愤怒或难堪,微笑是最好的假面;无情的朋友话讲得难听,却硬要表示出善意,关切的笑容就会半路杀将出来。

---

* David Hayano 在对扑克玩家的研究中,描述了职业玩家所使用的另一种技巧:"活跃的玩家经常在游戏中不断聊天以使其对手焦虑不安……真的说成假的,假的说成真的,外加喋喋不休的口头表演和丰富夸张的姿态手势……一位这样的玩家被形容为'他所做的动作比跳肚皮舞还多'。"("Poker Lies and Tells," *Human Behavior*, March 1979, p.20)

笑容之所以常被用来作为假面情绪，因为它是标准欢迎姿态的组成部分，是礼貌交往最惯用的表情。打招呼时，即使心情低落，通常也不该摆在脸上；而且心绪不佳者被期望能收起负面情绪，用一个礼貌的微笑来配合"太好了""谢谢你""最近怎么样"等寒暄。真实的情绪得以隐而不彰，并非因为笑容的假面真有那么大的效果，而是由于人与人在礼貌性的问候之际，很少会计较对方的真实感受。自己的亲切与开心固然点到为止，别人也很少细察假面底下的真实动静。人们习惯于忽略礼貌交往中的谎言，并认为将之称为谎言是不当的，因为礼貌交往的潜规则已经给出提示：在此时表达真正的情感是不必要的。

笑容最常被用来作为面具，还有另一个原因，即笑容是最不需费力就可以随意做出来的面部表情。甚至在年满周岁之前，婴儿就能有意地扮出笑脸，这是婴儿最早的表情之一，可以有意用来取悦他人。而人在一生当中，出于应酬与需要，摆出言不由衷的微笑，更是司空见惯。但这种充场面的笑容如果在持续时间上不对，比如在脸上僵得太久或者一闪即逝，都会让人感觉不真实。笑容出现的时机不对，也会让人看破，配合着对方言辞而来的笑容，出现得太早或太迟，也会让人感觉不真实。但不管怎样，笑容的动作之好做，远非其他情绪的表情所能及。

对多数人来说，负面情绪极不容易伪装。我的研究（详见第5章）发现，一般人很难随意移动特定的肌肉以做出忧伤或害怕的表情，虽然假装生气或厌恶比较简单，但也很容易出现破绽。谎言如果需要负面情绪搭配，相对于以笑容搭配，说谎者将感到更困难，不过有人却是例外，譬如超级表演家希特勒，他就能轻易表现出令人信服的负面情绪。在一次与英国大使的晤谈中，希特勒大发雷霆，事情再也谈不下去，在场的一名德国官员事后却转述：

> 大使前脚刚出房门，希特勒便以掌拍膝大笑说："张伯伦这下子没得谈了，他的内阁今天晚上等着下台吧。"[12]

除了隐瞒与捏造之外，说谎还有很多方法。其中一种我在前面已经提过，以厄普代克的小说为背景，我们曾假设了露丝尽管慌张，但为了继续骗局，所能做出的一些反应。她可能不去掩饰自己的慌张，而是承认那种感受，但却谎称是其他原因造成的。为了模糊情绪的来源，她可能宣称自己纯属无辜，而之所以惶恐，是因为害怕杰里不相信她。精神病患者玛丽的医生若问她为何紧张，她也可能承认确实如此，但却捏造别的理由："我是等不及要跟家人团聚才紧张的。"总之，就是说谎者不否认真实情绪的存在，但却捏造情绪产生的原因。

另外还有一招，就是故意夸大和扭曲事实，让受骗对象怀疑其真实性，这就是所谓的"真话假说"（telling truth falsely）。当杰里问露丝跟谁在讲电话时，她大可以故布疑阵地说："跟情人呀，他每个钟头都打来，我们每天上床三次，非得时时保持联络，不然无法安排。"夸大事实既消遣了杰里，也让他虚实莫辨。所以，开玩笑的口气或表情也可以收到同样的效果。

在另一位美国作家戴利（Robert Daley）的《城市王子：爆料警察的真实故事》（*Prince of the City: The True Story of a Cop*

Who Knew Too Much）及其改编电影中，也有类似例子。正如副标题所示，这是真人真事，莱乌奇是一名卧底警察，他利用自己的身份，协助检察官取得警察、律师、被保释者、毒贩及黑手党成员的渎职或犯罪证据。他的大部分证据是用暗藏在衣服内的录音机取得的。有一次，他被怀疑就是告密者，万一形迹败露就是死路一条。此时，莱乌奇正在录音，谈话的对象是罪犯德斯特凡诺。

> 莱乌奇说："今天晚上我们不要坐在点唱机旁边好不好？害得我没办法录音。"
> "一点也不好笑。"德斯特凡诺说。
> 莱乌奇开始自吹自擂，说他真的是在为政府工作，还说房间里的酒店小姐也是，录音机就塞在她的……
> 大家都笑了起来，只有德斯特凡诺干笑两声。[13]

莱乌奇毫不避讳地讲出事实——太靠近点唱机确实使他无法录音，他也确实是在为政府工作。他一面公开承认，一面开玩笑说酒店小姐也带了录音机，藏在胸罩或内裤里面，这让德斯特凡诺虚实莫辨，并且继续追问的话就显得很傻。

还有一招与真话假说很相近，就是"避重就轻"（half-concealment），说谎者轻描淡写或故意漏掉关键部分，所言全都不虚，欺骗的目的也达到了。在《求婚》中，露丝说谎后没多久，杰里进房上床，搂着露丝，轻声细语问她喜欢谁。

"喜欢你,"她说,"喜欢树上所有的鸽子,喜欢镇上所有的狗狗,踢翻我们垃圾桶的那只除外,也喜欢所有的猫咪,除了那只让露露怀孕的,还喜欢海滩上的救生员和街上的警察,除了吼我违规掉头的那个,喜欢我们那些要命的朋友,尤其是我喝醉的时候⋯⋯"

"迪克(即露丝的情夫)呢?"

"没什么感觉。"[14]

另外还有一招,可以让说谎者不需要半句假话,却达到不讲真话的目的,这一招就是"虚应敷衍"(incorrect-inference dodge)。一位报纸专栏作家用颇为幽默的笔调,教人如何用这一招解决经常碰到的问题。譬如某个朋友的作品,你打从心底不喜欢却又不方便直说,朋友的画展开幕,你实在不敢领教那些作品,正想开溜却被画家逮个正着,迫不及待地问你感受如何。

"老李啊,"你一副深受感动的样子,紧紧盯着他,"老李、老李、老李⋯⋯"叫个不停,一面还不停地鼓掌,如此这般老李、老李个十来次,含含糊糊夹个两三句话,说些什么,反正天马行空,或是拉高了调子:"老李啊,没话说,没话说!"或是神秘兮兮压低嗓子:"老李,这还用说吗?"或是干脆带点反讽:"老李,老实说,大家都在谈你,谈你的大作。"[15]

这样的应对方式就跟避重就轻或真话假说一样,说谎者可以不必逼自己讲些言不由衷的话，但这毕竟还是说谎，因为是有意欺瞒对方而未提前告知。

所有谎言都会因欺骗者的行为而露出马脚，其间有两种迹象可循，其一是说谎者所犯的错误会泄露出真相，其二是虽然没有泄露真相，但它可能暗示了说谎者目前所说和所表现的并不是真相。说谎者泄露真相的错误，我称之为破绽（leakage）；说谎者的行为虽未泄露真相，但告诉我们他是在说谎的错误，我称之为说谎线索（deception clue）。玛丽说她心情不错时，如果同时绞着双手，医生注意到的话，就可以视为说谎线索，有理由怀疑她在说谎。但是，除非能找到破绽，医生便无法弄清楚她的真正感受——她也许生医院的气，也许是厌恶自己，也许是对未来充满恐惧。而要想知道的话，就得从面部表情、声音、口误或者某种能泄露出她真实感情的肢体行为中找出破绽来。

一个人是否说谎，说谎线索可以提供答案，却无法揭露谎言的内容，只有破绽才能告诉我们内容本身。但这往往并不重要，因为一般而言，知道某人是否说谎就已经足够，说了些什么谎反而无关紧要。例如雇主若是通过说谎线索发现应征者在面试中说谎，对于是否要雇用这个信息就已经足够，犯不着再去详细了解这个人想要隐瞒什么，有什么破绽。

但有的时候，光是这样还不够，准确知道真相可能是极为重要的。例如，仅仅发现一个颇受信任的雇员侵吞钱款可能是不够的。说谎线索能够指出雇员说了谎，这可能会带来当面对质和坦白交代。然而，尽管事情已经尘埃落定，雇员被解聘，起诉已完成，但雇主也许仍然在搜寻线索，他也许想知道雇员是怎么侵吞的，又拿这笔钱做了什么，以后如何防范。如果张伯伦能察觉到任何说谎线索，就能知道希特勒是在说谎，但这还不够，他说的是什么谎呢？在那种形势下，就必须找到破绽，才能摸清他的侵略计划，知道他的野心有多大。

破绽可以泄露的东西虽然多过于说谎线索，有时候却也只能提供给受骗者部分信息，而不是全部真相。再以《求婚》为例，杰里听到了露丝跟情人通电话，他到底听到了多少，露丝不免惴惴不安，一旦被问到，言谈举止都泄露了内心的恐慌，譬如嘴唇颤抖或上眼皮拉高等等。在所给的背景中，这个恐慌的线索将暗示露丝可能正在说谎，否则她为什么要担心他的质问。但是这样一个说谎线索是无法告诉杰里谎言的内容的。电话那一头的又是谁？杰里从露丝声音的破绽中又获得部分信息：

"……从你的语调听出来的。"［杰里说明他不相信她所讲的话，即所谓的电话内容。］

"真的？怎么可能？"她装傻，咯咯笑着。

他的眼睛望着虚空，似乎探索着一个美学问题。他看起来疲惫而单薄，他的头发剪得太短了。"很不一样，"他说，"温柔得多，是女人的语气。"

"我是女人，没错呀！"

"是你对我说话的语气，"他说，"十足的女孩子气。"[16]

她的声音不像是在跟主日学校的人讲话，而是情人对话的语气，因此也泄露了可能说谎隐瞒外遇，但还是无法让杰里明白整个真相。如果是外遇,杰里也无从知道是刚开始,还是有一段时间了,对方是谁也搞不清楚,但是,他所知道的信息已经远远多于说谎线索所能提供的,他知道的已经不只是她在说谎而已。

在这一章里,我定义了说谎是一种有意为之的选择,它误导受骗者,却没有事先告知其意图。说谎有两种主要形式:隐瞒,省略真实的信息;捏造,把假的信息当成真的说出来。其他的说谎方式主要包括四种:将错就错——承认存在某种感情但是偷换其产生原因;真话假说——承认真相但是用幽默夸张的方式使对方受到误导;避重就轻——即仅仅承认部分事实,以便将对方的兴趣从被隐瞒的事实上吸引开;虚应敷衍——即未说假话但是暗示对方的内容却与所说的相反。最后,有两种欺骗的马脚:破绽,即说谎者不经意间泄露了真相;说谎线索,即说谎者的行为背叛了他,但我们仅仅知道他所述不实而已。

破绽与说谎线索都是说谎者犯错的结果,未必一定会发生,因为并非所有的谎言都会穿帮。在下一章,我们将继续讨论为什么有些谎言会穿帮。

第 3 章

谎言何以穿帮

无法预知什么时候需要说谎；说辞编得不够周全，无法应付形势的变化；不记得自己讲过的说辞……都很容易成为线索，导致谎言穿帮。

此外，情绪也可能让谎言泄底，其中三种尤其是说谎者最难摆脱的：担心被识破的恐惧感、说谎的罪恶感与欺骗的快感。

谎言穿帮的原因极多。有时是客观物证：隐瞒的文件材料，手帕上的唇印，都可能会成为说谎的证据。有时则是有人爆料：心怀忌妒的同事、被遗弃的配偶、被买通的卧底，都可能是谎言穿帮的来源。然而本书所讨论的重点是说谎本身所出现的错误，即说谎者无意间出现的破绽与说谎线索，正是说谎者表现的这些行为导致了谎言的穿帮。破绽或说谎线索可谓比比皆是：表情变化、身体行为、声调变化、口水的频频吞咽、呼吸的深浅变化、说话停顿或打结、口误、微表情、肢体动作的失误等，都会泄露蛛丝马迹。问题是，说谎者为何无法避免这些失误？没错，有些谎言的确天衣无缝，说谎者的言谈举止无懈可击，但并不是任何人都能做到这一点，原因何在？答案有二，其一是想法，其二是情绪。

拙劣的说辞

什么时候需要说谎？说谎者通常无法预知。因此，事先编好说辞，牢记并加以练习，这些准备都来不及。在小说《求婚》当中，露丝跟情人通电话，没有料到丈夫在无意间听到，她所编的谎言当场穿帮，因为主日学校在邀请他们孩子的说法，跟她丈夫所听到的语气根本不搭调。

即使事前已有心理准备，说辞也精心设计，但说谎者不可能预知届时会碰到什么样的问题，更不可能对所有答案都成竹在胸。有时候即使聪明透顶也不够，因为情况变化往往难以预料，那些不确定因素会使原来可以过关的说辞不攻自破。在水门案的大陪审团调查中，对于尼克松总统的特别助理布查德（Fred Buzhardt）的证词，联邦法官西里卡（John J. Sirica）就描述了这种问题：

> 布查德在解释录音带遗失的原因时，第一个碰到的难题就是要圆谎。听证的第一天他曾说，总统4月15日与迪安的会谈没有录音，是因为定时器故障，但时隔不久［因布查德知道有其他证据出现，定时器已经不是问题］，新的说法就变成4月15日的会谈……根本没有录音，因为开了一整天的

会，仅有的两卷带子已经录满了。¹

即使不是因为情况改变，逼得非改变说辞不可，但有些说谎者记性不好，碰到新的问题，信口回答，也会出现前言不搭后语的情形。

无法预知什么时候需要说谎；说辞编得不够周全，无法应付情况的变化；不记得自己讲过的说辞……都很容易成为说谎线索，导致谎言穿帮。此外，说辞本身自相矛盾或与其他当时就可能知道的或稍后便被披露的确凿事实相抵触，谎言也难免会泄底。然而，这种明显的说谎线索并不总像它们看起来的那样直接可靠。虽然有些说谎者精于此道，可以把说辞编得天衣无缝，但有些人则更高明，故意弄些小瑕疵，让说辞看起来不够完美，故意造成误导。调查记者费伦（James Phelan）谈到休斯（Howard Hughes）传记的骗局，就描述了这一招的典型例子。

制作过多部电影，并拥有一家航空公司及拉斯维加斯最大赌场、身价数十亿美元的大富豪休斯，多年不曾公开露面，更增添了公众的好奇，甚至有人怀疑他已经不在人世。像这样一个隐身世外的奇人，有一天突然授权某人撰写他的传记，当然造成了轰动。当欧文（Clifford Irving）宣布此事时，麦克劳-希尔出版公司立即出价75万美元竞标，《生活》杂志也愿意以25万美元买下摘录分三期连载，但到最后，证明只是骗局一场。欧文"堪称极品骗子，是骗子中的骗子。譬如为了要戳破他的谎言，我们对他进行交叉诘问，

> 但他每次讲的话绝不雷同，总会有一点出入，当我们提出来时，他立刻毫不避讳地承认。一般的骗子，故事编得毫无破绽，说过来讲过去从不矛盾和失误；反倒是讲实话的人，辩解时难免会犯点小错，特别是像欧文编的那种情节又长又复杂的故事。欧文深谙此道，不时故意露点破绽，十足老实人的模样。把柄被我们抓到时，一副无辜状：'哎呀，这下糟了，怎么会这样呢？但事实确实是如此呀。'即使对他不利，照样坦承不讳，谎言也就一个接着一个讲下去"。[2]

碰到这种精明到极点的人，任谁都防不胜防，所幸这种人只是少数。

即使所言并无矛盾之处，但准备不足或记不清既有的说辞，也仍然会造成表述过程中的说谎线索。因为在讲出每句话之前难免要想上一想，譬如衡量一下得失利弊或是寻找适当的字眼和说法，如此一来，言辞就会出现明显的停顿，更为精微的线索还有，下眼皮绷紧或眉毛稍蹙，以及肢体上产生某些变化（在第4章和第5章将有详尽的阐释）。每句话出口之前，都必须思索一下的停顿，虽然不见得就一定是说谎线索，但在某种状况下，其可靠性则毋庸置疑。杰里问露丝在跟谁讲电话时，露丝如果字斟句酌，期期艾艾，基本上就是在说谎。

关于情绪的谎言

没有事先想好说辞、充分设计并加以排练仅仅是说谎时暴露说谎线索的原因之一，隐瞒或不实地描述情绪状态的困难，也会造成穿帮。谎言并非全都与情绪有关，但只要涉及情绪，通常都会对说谎者造成某些特殊的困扰。心有所感却要极力掩饰，言辞之间便难免露出破绽。但应注意口误并不是，它通常不能代表说谎。除非说谎者想承认其感受，否则他不必说出自己正在隐瞒着情绪，但面部表情变化、呼吸加速或声音变调等等，却往往是由不得人的。

情绪一旦波动起来，某些变化就自动发生，自己既做不了主也控制不住，而且都是短短一瞬之间的事。在《求婚》里面，杰里指责露丝说谎，露丝毫不费力就吞下了几乎脱口而出的"对，没错！"，但是，因外遇曝光而产生的恐慌却困住了她，以致让人看得见、听得着的信号全都跑了出来。恐慌的感觉，既非她所愿也非她所能阻止。之所以如此，我认为这正是情绪的本质。

何时感受到某种情绪，人们通常无法主动选择；相反，只能被动地承受情绪，尤其是负面情绪，例如生气或害怕，说来就来，想挡都挡不住。不但情绪的感受由不得人，而且对于是否表现出情绪的信号，也没有太多选择。露丝不仅藏不住自己恐慌的信号，也调动不起轻松的情绪来掩盖恐慌。情绪如果非常强烈，人们甚至连自己的行为都管不住，盛怒之下，三字经、拍桌子、打人等非理性行为，都是寻常可见的。尽管情绪激动并不总是真正原因，但却可以拿来当借口："我并不想大喊大叫，但是我失态了，无法控制自己。"

情绪的感受如果是渐进而非突如其来的，那么当情绪还处于低水平状态，例如只是感到厌烦而非盛怒时，自己一旦意识到，因行为的变化尚不显著就相对容易掩饰。但多数人并不一定做得到，因为情绪慢慢发动的时候，旁人可能已经感知，自己反而不容易察觉，非要强烈到一定的程度，才会进入意识层次，到那个时候，想要控制已经相当困难。掩饰面部表情、身体及声音的情绪变化，本来就很难，即使掩饰成功了，光是克服那种难度所花费的力气，有时也会变成说谎线索。

掩饰情绪不容易，想要伪装根本没有的情绪则更困难，即便伪装时并不需要隐瞒其他情绪也不容易。譬如口里说着"气死我了"或"吓死我了"，却没有相应的表情或声音，那就是在骗人。伪装情绪需要一些相应的动作和声调的特别变化来配合，但通常并不容易做到。另外就是面部的某些表情，也不是随便可以做出来的（详见第5章）。最难伪装的表情要数悲伤、害怕与生气等。

伪装如果是为了掩饰另一种情绪，更是难上加难，光是装出生气的样子已属不易，如果还要掩饰内心的害怕，整个人都会扭曲，因为引发怒气与引发恐惧的反应其实大相径庭。举例来说：害怕的时候，眉毛会不由自主地上扬，这时如果假装生气，就必须硬将眉毛往下拉，而这类真假情绪相互争斗所释放出来的信号，也会泄露说谎的信息。

那么，不以情绪为对象的谎言又会如何呢？与计划、念头、动机、事实或幻想有关的谎言，就真的与情绪无关吗？这一类的谎言，说谎者会泄露出行为线索吗？

说谎时的情绪

并非所有的欺骗行为都需要掩饰或伪装情绪。挪用公款者要掩饰的是偷钱的行为；剽窃者要掩饰的是将他人作品据为己有的事实；虚荣的中年人染黑头发，是要掩饰实际年龄。这些行为即使无关情绪，情绪仍然有可能会被卷进来。虚荣的中年男子可能会因为心虚而不自在，不但要掩饰年龄还要隐瞒那份尴尬；剽窃者或许会不耻自己的行为，不仅要湮灭作品的出处，还要装出自己有那份能力；挪用公款者被人检举时难免震惊，但他不得不掩饰震惊，或至少要掩饰震惊的原因。

说谎的目的即使不在于掩饰情绪，也往往摆脱不了情绪，而情绪一旦涉入，为使谎言不至于穿帮，就必须加以掩饰，任何情绪都可能让谎言泄底，其中三种尤其是说谎者最难摆脱的，值得分别说明，这三种情绪是担心被识破的恐惧感（fear of being caught）、说谎的罪恶感（guilt about lying）与欺骗的快感（duping delight）。

担心被识破的恐惧感

这种恐惧如果十分轻微的话，非但不具有破坏力，反而会使说谎者保持戒心，避免犯错；如果程度中等的话，因恐惧而产生的行为信号，会让高明的抓谎者照样逮到；如果足够强烈的话，光是形之于外的恐惧就足以致命。说谎者若能事先评估自己说谎时担心被识破的程度，将有助于做出是否值得冒险的决定。即使欺骗行为已经犯下，谎言已经出口，事后加以评估也还来得及，至少有助于设想应对措施，以降低或掩饰内心的恐惧。对抓谎者来说，这种恐惧所产生的信号也大有帮助。如果了解到某个说谎者会非常担心被识破的话，只要保持警觉，恐惧的信号不难发现。

至于担心被识破的恐惧感会有多强烈，相关的因素极多。最具决定性的因素是：自己所欺骗的对象是否是个高明的抓谎者，对此说谎者通常心里有数。如果知道目标是个软脚虾，是个嫩角色，担心被识破的情绪当然不会太高；反之，如果知道对手足够聪明，是个出了名的抓谎高手，担心被识破的心理负担就会越来越重。父母对孩子总是摆出一副抓谎高手的姿态，动不动就说："光看你的眼睛，就知道你是不是在说谎。"说谎的孩子一害怕，担心被识破的恐惧感就把他给出卖了，只好乖乖承认。

在拉蒂根（Terence Rattigan）的剧作《温家男孩》（*The Winslow Boy*）以及1950年由此改编的电影中，父亲阿瑟使用的就是这一招。儿子龙尼正值青少年，被控偷窃邮政汇票，受到海军训练学校退学处理：

> 阿瑟：信里说你偷窃邮政汇票。（龙尼张口欲言，但受到制止）你先闭嘴，听我说完。偷了没有，你老实告诉我，我就不生气——我只要你讲实话。但如果你说谎，我还是会知道，因为你骗不了我。龙尼，在你开口之前，记住这一点。（停顿一阵）到底偷了没有？
>
> 龙尼：（略显犹豫）没有，老爸，我没偷。

（阿瑟朝他逼近一步）

　　阿瑟：（盯住他的眼睛）到底偷了没有？

　　龙尼：没有，老爸，我没偷。

　　（阿瑟继续盯住他，好一会儿，松了一口气）[3]

　阿瑟相信了儿子。戏剧情节的描述是，父亲与全家人为了替龙尼讨回所谓的清白，付出了重大的代价。

　阿瑟所使用的这一招并非无往不利。撒谎成性，总能骗倒父母的孩子就不吃这一套，因为他没有理由不相信自己能够再度得逞。有的父母即使孩子认错，也不愿意宽恕他；也有的父母虽然表示愿意原谅，但因为过去的种种经验，孩子已经不可信了。龙尼一定很了解父亲，相信父亲能够相信他。如果父亲一向多疑，发生过儿子讲了真话也不被相信的事情，那么儿子明明无辜也会产生恐惧，这就是担心被冤枉的恐惧。测谎的时候，这种情形会导致严重的问题：几乎不可能区分无辜者的"担心被冤枉"与说谎者的"担心被识破"，因为两者表现出的恐惧信号是相同的。

　这些问题绝不只存在于父子之间。无辜者担心被冤枉，犯罪者担心被识破，这两者混为一谈的情形比比皆是。抓谎者如果特别多疑，有过以前怀疑并且拒不接受真相的名声，问题就会更加严重，日积月累，恶性循环，要区分两者更是难上加难。一个人惯于说谎，而又屡试不爽，担心被识破的恐惧感必然逐渐减轻。譬如外遇十四次的丈夫已经说谎成性，就不太会烦恼被抓到，什么该防，如何遮掩，全都熟门熟路，最重要的是，他知道自己能够全身而退，于是自信打败了担心被识破的恐惧感。只是时日一久，说谎者难免得意忘形，以致粗心大意露出破绽，从这个角度看，担心被识破的戒心，对说谎者来说未尝不是一件好事。

使用测谎仪测谎所根据的原理，其实跟检视说谎的行为线索相同，因此，碰到的问题大同小异，容易犯的错误也差不多。测谎仪所测的不是谎言，而是情绪信号。连接到嫌疑人身上的导线，所检测的是出汗情况、呼吸和血压的变化。血压升高与冒汗本身并不一定就是说谎的信号，但当情绪起了波动时，就难免会手心湿冷、心跳加快。在使用测谎仪时，大部分操作人员会在测谎之前对嫌疑人先来个"下马威"，也就是要让嫌疑人深信测谎仪是从不失手的。其中最常用的手法，是叫嫌疑人从一副纸牌中挑出一张然后放回去，每次当操作人员问他是否某一张时他都被要求说不是，但测谎仪最后却能指认出来。测谎者对测谎仪的抓谎记录其实心里有数，一些人之所以把这套把戏玩得百无一失，只不过是因为他们用的是一副做了记号的牌。以这种手法欺骗嫌疑人，但却理直气壮，理由有二：其一是嫌疑人如果无辜，很重要的一点是他会相信机器，因此不会害怕可能被冤枉；其二是如果他有罪，很重要的一点是他会担心被识破，如果神态自若，丝毫不受影响，机器也就发生不了什么作用。不过，这套把戏并非所有的测谎者都玩，大多数操作人员还是靠测谎仪的记录去找出所挑的那张牌。[4]

就像《温家男孩》里面所需要的情形一样，嫌疑人必须相信抓谎者具有那种能耐才行。除非一切都能安排得只有说谎者会恐惧，而说实话的人则不会，才可能得到想要的情况；如果做不到这一点，恐惧的信号就是模棱两可的。测谎仪测谎之所以不灵光，一方面是有些无辜者因为担心被冤枉而产生恐惧，或者因为其他因素造成情绪波动；另一方面则是有些罪犯压根儿不相信机器具有那种神奇的本领，宁愿相信自己应付得了，而这种自信更使他们过关的机会大为提高。*

可以与《温家男孩》相比较的另一个情形，是测谎仪操作人员迫使嫌疑人老实招供的手法。父亲宣称自己有特殊能力拆穿谎言，让儿子不敢不说实话；测谎人员也不例外，先要让嫌疑人相信不可能打败机器，只有乖乖招供一途。万一嫌疑人不吃这一套，测谎者就搬出另一套，恫吓威逼兼施，说什么机器已经显示他在说谎云云，以加强嫌疑人担心被识破的恐惧感，指望他会俯首认罪。至于无辜者，也因此遭受虚假的指控，但这些指控被盲目乐观的测谎人员认为是将要被证实为正确的。很不幸的是，在这种压力下，为了早点解脱，有些无辜者还真的认罪了。

为了让孩子说实话，做父母的常说，只要承认就会得到宽恕。使用测谎仪的测谎人员通常不会来这一套，倒是刑侦人员会采取类似的手法，建议嫌疑人坦白从宽。当然，所谓减刑通常只是攻心，像是提示嫌疑人，犯错并不一定可耻，甚至不需要付那么大的责任。刑侦人员还可以用同情的口吻说什么如果换成是他，在同样的情况下也难免犯同样错误；或用理解的态度对待犯罪动机，让嫌疑人保持尊严；等等。下面的例子取材自警方对一个谋杀嫌疑人的审讯录音，刑侦人员对事实上无辜的嫌疑人说：

---

* 有些测谎仪专家认为，嫌疑人相信机器准确与否，其实并没有太大的作用。有关测谎仪测谎的种种问题，以及与利用行为线索测谎之间的比较，详见第7章。

人嘛，因为环境、疾病，或其他许许多多的原因，总难免出轨……有时候根本是身不由己。激动、生气起来，脑袋里一片空白，哪个人不曾做过连自己都莫名其妙的事情？正常人也会犯错，问题是我们知道自己已经错了，就会想办法把它处理好。[5]

以上所谈，都是抓谎者对嫌疑人所造成的影响，包括说谎者担心被识破，以及无辜者担心被冤枉。另外还有一个因素也会造成担心被识破的心理，那就是说谎者的人格特质，有些人说起谎来艰难无比，有些人则是家常便饭。对于后者，人们的认识更充分一些，我在有关隐瞒负面情绪的研究中，对此颇有一些心得。

1970年，我开始了一系列的实验，以确认我所发现的说谎线索，当时是以第1章所提到的那位精神病患者玛丽为对象，对访谈影片进行分析而得到的。玛丽曾经极力掩饰其痛苦和绝望，好让医生恩准周末的假期，以便达到她逃脱监护进行自杀的目的。于是，我准备检视另外一些说过类似谎言的人，以便了解玛丽在影片中泄露的说谎线索，其他人是否也会表现出来。然而，找到足够多的临床案例似乎不太现实。医生怀疑患者说谎虽属常事，但很少能够坐实，像玛丽那样由患者自己承认的情形，在临床上实在是不可多得的例外。迫不得已，我只好人为制造一个实验的情境，模拟玛丽的谎言，检视其他人可能犯的错误。

为了切合玛丽的谎言，研究对象必须感受到非常强烈的负面情绪，而且必须具有非常强烈的隐瞒动机。我播放了令人毛骨悚然的医疗现场影片，以便让研究对象产生负面情绪，并要求他们在观看时不得流露内心的感受。最初的一次失败了，没有人极力配合我们的要求，当他们知道研究人员在盯着看他们不太体面的说谎行为时，态度上就显得极不自然。何况在实验室里说谎并不像在现实生活中骗人，所要付出的代价不大，不会尽力而为更是理所当然。后来我们选择了护理系的学生作为研究对象，对她们来说，说谎成功与否的代价极高，我们的要求是，在她们观看外科手术或其他血淋淋的画面时，必须隐瞒起所有的负面情绪，并且告诉她们，这个实验要让她们练习与医疗生涯有关的技能。选择护理学生的另一个理由是基于道德考虑，因为随便让一个人看这种令人倒胃口的影片毕竟不妥。不像护士们，基于职业生涯选择，面对这类事情则是必需的。我给她们的指示是：

假设你在急诊室上班，一个母亲抱着严重外伤的孩子冲进来。这时候，你绝不可以慌张，即使知道孩子情况危急，存活机会不大。你不仅要隐瞒自己的情绪，还要安慰母亲，等待医生的到来。或者想象你必须为一个大小便失禁的病人清理污物，病人已经退化到像个婴儿，并还为此感到困窘或羞耻，而你可能觉得非常恶心，但是绝不能对病人表现出来。这次实验就是要测试并训练你们控制情绪的能力。首先观赏一部展示海洋美景的影片，边看边要向对面的一位面谈者坦言观赏时的心情。当然，你们看什么影片，面谈者并不知情。接下来看的影片，是一些非常糟糕的场景，也是你们未来护理生涯中必须面对的，观看时你们必须隐瞒起真实的感受，让面谈者以为你们看的是一部赏心悦目的影片，譬如旧金山金门大桥公园里花团锦簇的美景。

我们选择的是我们所能找到的最糟糕的影片。据我们了解，人们观看严重烧伤的影片时，会极端难受，因为烧伤者非常疼痛，而且无法用药物舒缓。而截肢手术的场景所造成的不适尤甚，眼看血流如注只是原因之一，想到病人清醒后发现自己少了一只胳膊或一条大腿的心情，就更加令人难忍。我们将两部影片加以剪辑，看起来就像是烧伤患者被截了肢，利用这部骇人的影片，我们希望能够发现，不论是愿意或被迫，人们能够把极为强烈的情绪隐瞒到什么程度。

我所任教的那所大学的护理系，申请入学的竞争非常激烈，学生全都是一时之选，学科成绩都是优等，操行也都良好。尽管如此，她们在隐瞒情绪方面的表现却天差地别，有些人表现得无可挑剔，有些则束手无策。我在后来的面谈中发现，那些不善于说谎的学生并非只有在做实验时才如此。有些学生对于内心的感受根本无法伪装，有些则是担心被识破的恐惧感特别强烈，特别害怕被抓到，他们只要一说谎，任何人都能一眼就看穿，可以说正是那种不打自招的类型。我又为这些学生做了多次客观的人格测验，令我惊讶的是，那些不善于说谎的学生与其他参加测试的人相比较并无太大差异。撇开不善说谎这个特质不论，她们似乎无异于任何人，而她们的家人和朋友也都知道这一点，对她们太过老实这一点并不计较。

跟他们正好相反的一类，是那些能把说谎当成家常便饭，而且非常成功的人，我对他们也做了深入了解。那些天生说谎家知道自己拥有这种能力，熟悉他们的人也了解这一点，这种人从小就可以骗父母、骗师长、骗朋友，只要想骗就能骗，每回都能得手，从不担心被识破，对自己的说谎能力信心十足。这种毫不担心被识破的信心其实是一种病态人格（或称反社会型人格）的特征，但这也是他们与精神病态人格者所唯一共有的特征，因为天生说谎家不会像精神病态人格者一样缺乏判断能力，也不至于无法从失败中得到教训，更没有诸如"表面功夫……不知羞耻、毫无愧意、非理性的反社会行为、病态的自我中心以及缺乏爱心"[6]等其他特征。（后面谈到说谎的罪恶感时，将再详谈愧意、羞耻与谎言穿帮之间的关系。）

　　实验中，在各项客观的人格测验上，天生说谎家所得的分数跟其他人并无明显差异，也未显示精神病态人格者的人格特征。她们跟精神病态人格者最大的不同是，这种人不会利用这种本事去伤害别人。[*]他们善于伪装，但不是毫无良知。他们能将天赋用于某些特定的职业，如演员、销售人员、辩护律师、谈判代表、间谍或者外交官等。

---

[*]　犯罪的精神病态人格者会愚弄专家。"联邦调查局行为科学部门的主管雷斯勒（Robert Resllser）……曾经接触过36名多重谋杀犯……他说这些人在言谈举止上大多是正常的……前警官鲁尔（Ann Rule）是一位心理学家，写过五本有关连环杀手的论著……她有过一段想起来令人后怕的机缘，她曾经和特德·邦迪（Ted Bundy，他后来被查实犯下了多重谋杀罪，其中一些罪行正是在他和鲁尔同事期间所犯）在一起工作过，从而有机会对连环杀手的思想世界略有接触。二人当时很快成为朋友，鲁尔回忆说，邦迪是个操纵者，你永远不知道他是否正在欺骗你……这个反社会者总是听起来十分真诚，他的正面形象绝对完美，我认为我平时知道应该怎么找线索，但是当我和邦迪在一起工作时，却从来没发现丝毫的马脚。"（Edward Iwata, "The Baffling Normalcy of Serial Murders," *San Francisco Chronicle*, May 5, 1984）

研究军事欺骗的学者，对善骗者的人格特征也极感兴趣："他的头脑一定具有灵活机巧的组合能力，能够将想法、概念或'言辞'打破，变成最基本的单位，然后再以各种不同的方式予以重组（拼字游戏的思考方式即属此类）……历史上最了不起的骗局谋略家……全都非常自我、热衷竞争；他们无法安于大的组织……只适合独当一面，他们对自己的看法深信不疑，认为无人能及。他们做事的方式就像孤僻古怪的波希米亚艺术家，只不过二者所实践的'艺术'有所不同。显然，大家公认够资格名列伟大骗局谋略家的人只有丘吉尔、希特勒、达扬*以及劳伦斯**等人。"[7]

这种伟大的骗局谋略家也许需要具有两项特异技巧：一是设计高明的诈敌策略，二是在面对面会谈中能够误导对手。希特勒显然两者兼具，但一般而言，人们在两项中通常只有一项属于强项。相当可惜的是，对于这类善于诈敌者的特质，相关研究极少；他们的人格特质是否会因为施展骗局的领域不同而有所差异，也无人研究过。不过我认为答案应该是否定的，在军事领域内能够兵不厌诈的人，在商场上照样可以得心应手。

对于被证实说过谎的政敌，有些人动辄贬之为反社会者或精神病态人格者，我虽然没有证据可以插得上嘴，但仍然很怀疑这样的评判。尼克松是英雄还是坏蛋，应该唯其政绩是问；外国领

---

*　Moshe Dayan，1915—1981，以色列前国防部部长，他领导以色列对阿拉伯邻国取得戏剧性的胜利，以色列人以他为安全的象征。——校者注

**　T. E. Lawrance，1889—1935，英国士兵、探险家和作家，1916—1918年领导了阿拉伯人反抗土耳其的起义。——校者注

袖到底是精神病态人格者还是精明多谋，也要看他们的谎言是否提升了他们自身的价值。依我的看法，一个精神病态人格者是无法位至一国之尊的，因为他根本不可能在官僚体系的架构中存活那么久。

以上讨论的，是担心被识破的两个决定性因素，一是说谎者的人格特质，一是抓谎者的名声和性格。此外，还有另一个同样重要的因素，则是说谎的代价，也就是说，代价越高，担心被识破的恐惧感就越强。这条简单的规则运用起来却可能相当复杂，因为并不总是容易搞清楚代价到底有多大。有时候代价是不难判断的，例如护理学生非常在乎自己的职业生涯，在这个实验中，说谎的代价就非常大，担心被识破的恐惧感就会泄露出她们的谎言。如果实验与职业生涯无关，担心被识破的心理恐惧就会削弱许多，例如，要是让她们隐瞒入店行窃的不道德感，其中大多数人就不会太在意失败。但若让她们以为在这次实验中失败，就将申请不到护理学院的入学许可，代价就会变得很高。*

推销员推销商品，难免误导顾客，推销的佣金如果越高，担心被识破的心理就越强。报酬或许不是最重要的，有时候获得同事钦佩赞赏的满足感也会加强动机，佣金的多寡反而变成其次。骗倒一个难缠的顾客，即使佣金很少，但在获得同事钦佩的角度上，也是收获颇丰。打牌也是如此，玩牌者如果是想痛击情敌以获得女友的芳心，则赌注即使十分微小，代价却很高，因为他丢

---

* 我们日后的调查显示，在这个实验过程中最能控制自己情绪的学生，在其后三年的护理训练或课程中，也是表现最优异的。

不起这份儿脸。对有些人来说，不能容忍自己的失败，赢本身才是一切，与赌注的大小无关，这种人不管在什么竞争中，代价都是很高的。还有些人，某些事情的代价纯属癖好，旁人难以理解，一个花心者可能会觉得愚弄妻子犹如重复幼时隐瞒母亲的偏执，比满足火热的情欲来得更令人享受。

除了赢得报酬之外，风险如果也包括避免惩罚，担心被识破的恐惧感就会更强。刚下决心要说谎时，通常只想到报酬，考虑的只是能够得到什么。挪用公款者一开始或许只是满脑子的醇酒、美人与歌舞，时日一久，公司起了疑心，享乐已经不再诱人，为了不被抓到，只得一路骗下去，唯一要紧的事也就成了逃避惩罚。避免惩罚也可能一开始就利害攸关，如果欺骗对象一开始就起了疑心，或当事人自己信心不足，通常都会落得如此下场。

说谎的代价是惩罚有两种情况：一是说谎失败后随之而来的惩罚；二是说谎这件事本身会受到的惩罚。如果两种情况都有，担心被识破的恐惧感就会更强，有时说谎本身将受到的惩罚，甚至会比说谎失败的惩罚更重。在《温家男孩》里，父亲所表现的正是这种处理态度，如果抓谎者在质询嫌疑人之前就说明，对说谎行为的惩罚将比所犯错误的惩罚更严重，那么将会有利于打消嫌疑人继续说谎的念头。

父母应该知道，孩子做错事后，承认还是隐瞒，受父母惩罚轻重的影响极大。威姆斯（Mason Locke Weems）在《乔治·华盛顿逸事》（*The Life and Memorable Actions of George Washington*）一书中的描述最为典型。父亲对年幼的华盛顿说：

没错，只要犯点小错就是一顿毒打，许多父母反而逼得孩子说谎，正因为如此，下次又犯错时，吓得半死的小家伙只好说谎，为的是要逃避棍子。但对你来说，你明白我一向以来都是提醒你，现在我再说一遍：偶尔不小心犯错不要紧，是因为你还小，没有经验，不懂事理，因此不需要用说谎来掩饰，应该勇敢说出来。像个小男子汉一样，把事情原原本本地告诉我，我不但不会打你，还会为此更疼你、爱你。

樱桃树的故事正说明，华盛顿对父亲的训示深信不疑。

说谎之举本身可能比说实话损失更大的，不仅仅是孩子。丈夫可以告诉妻子，假如她坦白有了外遇，虽然他会很痛心，但是仍然能够原谅她。他会宣称，夫妻间的不信任比怀疑她的忠诚更可怕。他的妻子过去可能不知道这一点，也可能认为这种声称的原谅并不是真的。但是，对外遇出于好心承认了，那份儿歉意也可能会被残忍地消解，被冒犯的配偶会声称：你还说什么深思熟虑啊，一个真正深思熟虑的伴侣就不会做出这种不检点的事情来。承认之后，夫妻二人往往就会出现不和谐，发展到感情失调后便可能结束婚姻。因为一旦落实了外遇的事实，对方的态度可能就会很快随之改变，与一切还处于猜想时的情况大不相同。

即使犯错的人明知坦白从宽、说谎从严，但仍然可能舍诚实而不为，因为说实话的结果，肯定是立刻受到惩罚，继续说谎却极有可能全身而退。看得见的惩罚可以免掉，的确诱人，这也导致说谎者低估了被抓到时所要付出的代价。等到后来认清坦白才是较佳策略时，为时已晚，因为处心积虑去遮掩的谎言已经积重难返，再承认往往只会遭受更重的惩罚。

老实招供，或是继续遮掩，在所要付出的代价上，有时并不会有太大的差别。所犯的过错太过严重，即使主动承认，也无法减轻该受的惩罚，所以犯下虐童、乱伦、谋杀、叛国或恐怖活动等罪行的人，便会想尽办法隐瞒，就属此类。与一些满心忏悔的花心男人可能得到的结果不同，那些犯了如上罪行的人并不能指望通过坦白得到原谅（尽管坦白悔罪可能会减轻一点惩罚）；当罪行被曝光时所引起的道义上的强烈愤怒，也不会因为坦白与否有多大改观。可能会身处这种境地的，不仅仅是那些卑鄙或残酷的人。譬如在纳粹占领区内掩饰自己身份的犹太人，或战时的间谍，反正承认也得不到好处，还不如继续隐瞒下去，倒也没有什么损失。当然，有时候明知求取较轻的惩罚既不可得，但为卸除不断说谎的心理负担，让担心被识破的恐惧感早日消失，或为了让良心得到平安，说谎者也可能会最终选择坦白。

还有一种因素会让说谎者担心被识破，那就是欺骗对象在其中的得失。通常，说谎者的获益都是建立在欺骗对象的损失之上的，譬如盗用单位钱财者将使老板蒙受损失。但所得与所失并不总是相抵，譬如推销员通过不实地宣传一种产品而获得的收益，要远小于受骗顾客的损失。对于说谎者和欺骗对象来说，利害得失不仅数量会不同，类别也会不同，譬如一个花心男人可以赢得风流快活，而此时一个戴了绿帽子的男人将会失去自尊。当得失对于说谎者和欺骗对象不同时，对其中任何一方的代价都可能让说谎者担心被识破。当然，这取决于说谎者是否认识到其中的不同。

欺骗对象会因此付出什么代价，说谎者的说法并不可靠，因为他们往往只相信那些有助于他们达成目标的事情。说谎者发现，认为欺骗对象将从自己的谎言同样获益甚至获益更多时，就会感到心安理得。当然，这是有可能发生的，并不是所有的谎言都会伤害对方，也存在着善意的、利他的谎言：

> 一架小型飞机周日坠落在约塞米蒂国家公园的山上，昨天从飞机的残骸中抢救出来一个面色苍白、身形瘦弱的11岁小男孩，他受了伤，但万幸还活着。他从3300多米高的上空坠落，在暴风雪和严寒中幸存，当时他独自蜷缩在被大雪掩埋的飞机残骸后排的一个绒毛睡袋里。"我的爸爸妈妈怎么样？"这个昏昏沉沉的五年级孩子问道，"他们还好吗？"援救者并没有告诉孩子，他的继父和母亲已经遇难，尸体依然固定在破碎座舱的位子上，而且与孩子当时所在的地方相去不远。[8]

很少有人会否认这是一个善意的谎言，它对救援者并没有任何好处，但却使小男孩获益。然而，只有受骗者获益并不意味着说谎者不会担心被识破，不论谁将获益，只要代价很大，就依旧会强烈担心被识破。譬如在这个例子中，由于担心孩子不能禁得住这个打击，救援者将非常在意其隐瞒能否成功。

总结一下，当出现以下条件时，担心被识破的恐惧感会最强：

- 欺骗对象素有难以愚弄之誉；
- 欺骗对象开始起疑；
- 说谎者甚少尝试说谎并从未有过成功的经验；
- 说谎者极易为担心被识破的恐惧感所困扰；
- 说谎的代价很高；
- 好处与惩罚并存，如果只取其一的话，那就是存在惩罚；
- 被识破后的惩罚很大，或者惩罚远超过说谎本身的惩罚，以至于无法选择坦白；
- 欺骗对象不会因相信这一谎言而丝毫获益。

说谎的罪恶感

说谎的罪恶感是指一种对于说谎本身的感觉，与法律上的有罪或清白无关，也与对说谎所要隐瞒的内容的罪恶感有区别。再以《温家男孩》为例，假设龙尼确实偷窃了邮政汇票，他或许对偷窃行为本身感到不安，并因此看轻自己，这实属小人所为。如果又对父亲隐瞒了自己偷窃的事实，他也将会为自己的隐瞒行为感到不安，这就是说谎的罪恶感。不过，为说谎感到罪恶，未必也会为说谎所要隐瞒的事情感到不安，假设龙尼所偷的东西是属于曾经欺侮过他的同学的，他或许丝毫不觉罪恶，是同学先不义于他，他只是报了一箭之仇，但是，他若对校长或父亲谎称没有偷窃，却免不了感到说谎的罪恶。这就跟精神病患者玛丽的情形一样，不会为自己的自杀计划感到不安，却因对医生说谎而感到罪恶。

与担心被识破一样，说谎的罪恶感也有强弱之分，良心不安的感觉可以很轻，也可能强烈得足以让谎言穿帮，产生破绽或说谎线索。罪恶感强烈到极致时，甚至会变成一种折磨，足以毁掉当事人最基本的自尊感；此外，良心上的不安也可能使说谎者甘于接受惩罚，以消除精神上的煎熬。事实上，对于减轻罪恶感的折磨，惩罚也许正是所需要的，此时，获得惩罚也成为人们坦白的原因。

刚决心要说谎时，对于事后是否会感到良心不安，往往一无所觉。说谎者意识不到，当受骗者为自己的虚情假意而再三感谢时，当眼睁睁地看着别人为自己代过、蒙受不白之冤时，自己心态所产生的微妙变化，这些情景尤其会激发人的罪恶感。但对于另外一些人来说，这些情景却会让他们更加兴奋刺激，从而说谎，我将在本章"欺骗的快感"部分讨论这种反应。说谎者低估罪恶感的另一个原因是，随着时间的推移，说谎者才知道一谎不能遮天，于是为了圆第一个谎，谎言就不得不接二连三地说下去。

羞耻感（shame）与罪恶感密切相关，但二者存在一个本质的差别：罪恶感这种情绪不需要旁人知晓，完全是自我的评判；羞耻感则不同，耻辱的蒙受完全来自别人的非议或嘲讽。行为失检却无人知晓，就不会感到羞耻，但却可能感到罪恶。当然，有时也可能两者兼具。羞耻感与罪恶感之间的区别非常重要，因为这两种情绪可能会形成相反的力量，把一个人撕裂——为摆脱罪恶感，可能兴起坦白承认的念头，但羞耻感却在旁边拉住，一旦讲出去只怕颜面尽失，因而陷入矛盾的挣扎。

假设《温家男孩》中的龙尼确实偷了钱，自觉罪大恶极，又因隐瞒本身而产生说谎的罪恶感。他可能为消除良心不安而想坦白，但一想到父亲会如何反应时，出于羞耻感便打消念头。回顾上文，父亲为了鼓励他坦白，愿意原谅他，不会给予惩罚，没有害怕受罚的恐惧，只是让龙尼担心被识破的心理随之减轻。但若真要龙尼诚实，父亲还得消除他的另一层障碍——羞耻感。先前提到的那位刑侦人员力劝犯罪嫌疑人招供时所采取的策略，父亲就有必要尝试一下，也就是说，他可以这样对龙尼说："偷东西，我是了解的，要是我在你的情况下，面对诱惑可能也会，人哪有不犯错的？也许当时身不由己，但过而能改，善莫大焉。"当然，一个传统的英国父亲估计不会说出这番话来，与面对犯罪嫌疑人的刑侦人员不同，他不会为了千方百计获取坦白而到了言不由衷的地步。

有些人对说谎特别敏感，很容易产生羞耻感与罪恶感，从小便被教导"说谎罪大恶极"的人就属此类。尽管将说谎视为罪不可赦并用以教人的情况，或许已不多见，但说谎之于人心，总不免产生罪恶感，则是一般的社会教化所为。有些人一旦怀有这种罪恶感，似乎就会主动往那种体验上靠，强化自己的罪恶感，保持被别人指点的羞耻感。可惜的是，对于这种人，相关的研究不多，倒是对与他们恰好相反的人，却多少有一些研究。

报纸专栏作家安德生（Jack Anderson）就谈过一个既无羞耻感又无罪恶感的骗子，即ABSCAM政治丑闻案中联邦调查局的主要证人温伯格（Melvin Weinberg）。安德生在专栏中谴责温伯格的诚信，文中提到他隐瞒长达14年的婚外情被妻子发现时的反应：

梅尔文回到家，玛丽要求他给个解释。他耸耸肩，说："就算我被抓到了，又怎么样呢？我不是告诉过你吗，我是天下第一大骗子！"说完，窝进心爱的摇椅，跟餐厅订了些中国菜，便叫玛丽帮他修指甲。[9]

对自己的罪行毫无羞耻感和罪恶感被认为是精神病态人格者的标志，如果这种缺失遍及其生活的各个方面或绝大多数方面的话，那就可以确诊了（很明显，诊断时仅靠报刊文字是不足为据的）。这种情况的产生是由于教养还是某些生理性的因素，专家对此意见纷纭，莫衷一是。但是，值得注意的是，说谎时既不感到良心不安，又不担心被识破，反而会使精神病态人格者失去警惕而露出破绽，这一点倒是大家都同意的。

说谎者与欺骗对象之间，如果没有相同的社会价值观，欺骗的罪恶感通常可有可无。人们对于他们眼中的那些坏人或恶人说谎，通常就不会感到有多么罪恶。如果妻子性冷淡而不愿同床，花心的男人对于隐瞒外遇可能会毫无愧疚；革命分子或恐怖分子欺骗政府当局的眼线，说什么也不会感到罪恶；间谍对间谍，各怀鬼胎，当然也无愧于心。一位中央情报局的前探员说得好："用不着美化谍报工作的行径，间谍们所干的就是背叛信任的勾当。"[10]安全官员想尽办法迫使企图刺杀政府高层人物的杀手招供时，问我有什么办法，我绝不可能叫他们利用说谎的罪恶感去找线索。没有经过职业训练的杀手，可能会担心被识破，但说到罪恶感，那可是想都别想的事，这和外交人员或谍报人员误导对手而不会感到良心不安，道理相同。由于价值观不同，说谎者站在自己的立场，所作所为都是对的。

在下列事例中，大部分的说谎都是经过特许的，即他们可以诉诸某种明确的社会规范，来解释自己的合法欺骗。当欺骗对象是敌对的一方，服膺的价值观又相左时，特许的欺骗很少被视为有罪。不过即使欺骗对象并非敌对，所持的价值观也相同，同样会出现合法欺骗；医生如果认为欺骗对病人本身有利，大可不必良心不安，安慰剂（以糖丸冒充有效药物）就属医疗上行之有年的骗局。只要病患者因此觉得舒服，或至少不再缠着医生开些不必要甚至有害的药物，很多医生就相信说谎是正当的。古希腊希波克拉底立下的行医誓词就没有规定医生必须对病患者诚实。医生所作所为都是为病人设想，这几乎是理所当然的。* 罪犯向神父忏悔告白，警察想借此问出案情，神父隐瞒不说并不会有罪恶感，因为他的誓约特许了他的欺骗，他不曾因此获利，得到好处的是罪犯，他的身份仍然不为人知。在我的实验中，护理学生隐瞒真实的情绪，可能担心被识破，但不会良心不安，因为将来为了安抚患者的痛苦，护士不得不说谎，这种欺骗也是被特许的。

说谎者或许不知道或不愿承认，某些善意的谎言其实对说谎者也有好处。一家国民保险公司的副总裁认为，谈到某人很在乎的事情时，讲真话其实并不厚道，他说："有时最好不要明白地告诉某人：'这次人事升迁没你的份儿。'"[11]此时的隐瞒不仅不

---

* 虽然病患者服用安慰剂因而获得舒缓的比例高达百分之三四十，但一些医疗工作者和学者仍然认为，使用安慰剂会破坏医病关系之间的信任感，并为更多危险的谎言铺路。（Lindsey Gruson：“Use of Placebos Being Argued on Ethical Grounds,” *New York Times*，February 13，1983，p.19）

会伤了那位仁兄的感情，副总裁本人也不致感到尴尬，至于某人升官不成，即使难免失望，但至少不会把责任怪到副总裁身上。这时，谎言使两个人都免遭伤害。当然，有人也许会说，某人被剥夺了知情权，如果据实以告，他即使不爽，至少可以使他知所改进，大不了另谋出路，谎言反而害了他。与此类似，给患者开安慰剂的医生虽是出于善意，自己仍可能因欺骗而受惠，因为如此一来，医生就无须处理患者担心无药可医的心理问题，但是患者要是知道医生认为他得了虑病症而开了安慰剂打发时，肯定会很愤怒。总之，谎言究竟对患者是好是坏，有相当多的争议。

不管怎么说，完全利他的谎言还是有的。神父隐瞒罪犯的告白是一例，救援者向受伤的小男孩隐瞒他父母在空难中的死亡也是一例，其间说谎者均一无所得。说谎者如果自认没有因说谎得到任何好处，罪恶感也就无从产生。

说谎如果经过特许，即使是纯为自己打算，也不大会产生罪恶感，换句话说，在某些场合说谎是约定俗成的。打牌的时候虚张声势，明明是在说谎，肯定不会良心不安。同样的，做买卖也是如此，不论是在中东的市集、在华尔街，或者在本地房地产公司的办公室里均不例外。有一篇文章如此谈到工商业界的谎言："最常听到的谎言或许就是：这已经是我的底价了。这种话不仅在工商业界被接受，而且也被视为常态……举例来说，在集体谈判当中，没有人会相信，有谁会一开始就把底牌都亮出来。"[12]屋主卖房子，出价超过市价许多，以此脱手也绝不会良心不安，只因为他的谎言是特许的。买卖也好，打牌也罢，身在其中的人都心里有数，反正也不指望信息是真的，一切只有靠自己去拿捏。这类事情本质上就是摆明大家都是尔虞我诈，只有傻瓜才会亮自己扑克的底牌，或在卖房子时一开始就开出底价。

特许之外，绝大多数谎言都有可能产生罪恶感，其中尤以欺骗对自己满怀信任的人为最。信任自己的人从未想到会遭受欺骗，因为他与说谎者之间存在着诚信关系。在这种投机性的欺骗中，受骗者蒙受的损失如果等同或者超过了说谎者的所得，那么说谎者的罪恶感将会更大。但即使这样，说谎的罪恶感（如果有的话）也不会太重，当然，如果双方有着一些相同的价值观的话就另当别论。父母亲虽然告诫吸食大麻有害，青少年却根本不认同父母的看法，甚至视为落伍保守，照样偷偷吸食，在他心中是不大会产生罪恶感的；如果他知道父母只是说一套做一套，却干涉他吸食禁药，罪恶感自然更不会产生。尽管他在大麻问题上不认同父母，甚至在其他方面也存在歧见，但假如他仍然依恋父母并关心他们，那么说谎一旦被发现，羞愧之心便会油然而生。说谎者对那些自己虽不认同却怀有敬意的人，才会产生羞愧，若非如此，那些人的怒气与谴责只会使说谎者恼羞成怒罢了。

当说谎的对象不是个人或者完全匿名的话，说谎者很少会感到罪恶感。当顾客向结账员隐瞒了其购物车中有一项贵重物品没有交钱时，如果他不认识这个结账员就不会感到多大罪恶感。假如结账员是店主或店主家属，假如这是一家私人小杂货店，说谎者将比在大型连锁超市里说谎更具罪恶感。如果欺骗对象是匿名的话，更容易滋生一系列为自己开脱的幻想：对方并没有真正受到伤害，并不在意，并没有注意到谎言，甚至活该就被欺骗等等。[13]

在说谎的罪恶感与担心被识破的恐惧感之间，经常存在着此消彼长的关系。可以使说谎的罪恶感减轻的因素，有时会增加担心被识破的恐惧感。特许的谎言比较没有罪恶感，但代价也相对提高，因此也更加担心被识破。例如参加实验的护理学生是被特许说谎的，但说谎成败关系到她们的职业生涯，就会很在乎穿帮，她们的罪恶感虽低，担心被识破的恐惧感却很高。再比如雇员监守自盗已经被老板怀疑，但是老板并不说破此事，是为了能抓他的现行，这时的老板虽然很担心被识破，但却没有说谎的罪恶感。

另一方面，正是那些会增加罪恶感的因素，有时反而减轻了担心被识破的恐惧感。欺骗信任自己的人，或许良心有所不安，但正由于对方绝未料到会发生这种事情，说谎者自然气定神闲，比较不担心被抓到。当然，罪恶感与恐惧感两者都很重或都很轻的情形也不是没有，只不过也要视特定情况，以及说谎者与抓谎者的特质而定。

有些人甚至沉溺于说谎的罪恶感中乐此不疲，这种人说谎的动机甚至可能只是要过那种良心不安的瘾。但对绝大多数人来说，罪恶感绝不好受，必先除之而后快，将谎言合理化就是方式之一。把谎言合理化的借口极多，有时说谎被当成报复不义之举的手段，对一个卑鄙龌龊的小人讲诚信，有人或许认为太抬举他了："老板吝啬到家，我的付出他既然不知回报，何不自己动手？"有些欺骗对象人老实，容易上当，说谎者就占了便宜还卖乖："要怪就全怪他自己笨。"

将谎言合理化以减轻罪恶感，还有前面曾经提过的两招。其一是搬出崇高的目标或工作上的需要，例如尼克松认为自己的不实之言并非说谎，狡辩这是因为其所作所为对于胜选并连任而言都是必不可少的。其二则是为了保护欺骗目标，有时说谎者甚至扬言一切都是受骗者心甘情愿，假如受骗者明明了解真相却故作不知，欺骗也就不再是欺骗，说谎者也不需要再承担任何责任。一个心甘情愿的受骗者甚至会替说谎者圆谎，对于任何谎言破绽也就会视而不见。当然，如果不甘心受骗的话，对方可能会将起疑之处刨根问底，极力寻求真相。

关于受骗者情愿被骗，我想最近有关卧底警察莱乌奇事件的真实报道可以作为例子。我在第2章末尾曾经引述过戴利的《城市王子》一书，它号称莱乌奇的真人真事，描述了他如何协助联邦检察官取得证据，揪出贪污渎职的警察与律师，但书中其实进行了不少美化，后来据此改编成的电影也是如此。真实世界中的莱乌奇在与检察官合作办案期间，曾经被问及，他自己是否也曾有过不法行为。莱乌奇承认只有三次。但他所检举的人后来却指控：莱乌奇所犯的罪行远多于他所承认的，而且由于他隐瞒自己的不法，所提出的证据应该也不足以采信。不过所有这些指控都未能坐实，多名被告也因为莱乌奇的证词被判有罪。审判结束后，一名被告的辩护律师德肖维茨（Alan Dershowitz）与莱乌奇接触，交谈中莱乌奇承认自己确实还犯过其他的案子。德肖维茨的叙述如下：

> 我［德肖维茨］对莱乌奇说，案子审判之前，如果说联邦检察官麦克·萧（Mike Shaw）不知道你还有其他案子，

说什么我也不会相信。

莱乌奇说:"他给我的感觉是,我还犯过哪些案子,他根本一清二楚,麦克可不笨。"

"那他为什么眼睁睁看着你在证人席上说谎?"我问。

"他大概也不太能确定我是在说谎吧!"莱乌奇接下去说,"他当然曾经起疑心,甚至根本相信确有其事,是我叫他不要逼我,他也就放手了。我告诉他说'三件'。"莱乌奇伸出三根指头,笑了开来:"他不得不接受。哪个检察官没有过教唆别人做伪证,这你是再清楚不过的。"[14]

德肖维茨后来才知道,连这个承认说谎的告白也是谎言。在莱乌奇第一次接受联邦检察官约谈时在场的一位执法官员后来告诉德肖维茨,莱乌奇一开始就向检察官坦白,公然承认他所犯的案子不止后来公开的三件。检察官之所以帮莱乌奇遮掩整个案情,就是为了加强莱乌奇作为一个证人的可信度:一个只犯过三件案子的警察,陪审团可能还会相信他的证词,但如果是犯案累累,看来就不会有人相信了。莱乌奇欺骗德肖维茨,说检察官只是甘心被骗,却不承认他们刻意隐瞒他的犯罪记录,乃是为了要掩饰他跟检察官之间的交易。即使盗亦有道,各怀鬼胎仍然难免,据说莱乌奇制作了一卷录音带,把自己对检察官的招供保存下来,如此一来,莱乌奇随时可以把他们串通作伪证的证据曝光,也就不怕检察官不保护他。

不论莱乌奇事件的真相如何,他与德肖维茨的谈话提供了一个很好的例子,说明因谎言得利而情愿受骗的人,多么轻易就能够让一个骗局大功告成。此外，谎言若非怀有恶意，人们有时也会保持缄默，或出于礼貌睁一只眼闭一只眼。客人提早告辞，不论理由是什么，做主人的很少细究，重要的是，要能顾及主人的面子，不伤了彼此的感情。像这种不仅甘愿被骗，而且默许对方的误导，虽然也是一种不诚实，却是礼节所需，并不在我所定义的谎言范围之内。

在爱情中，这种非恶意的谎言也不乏其例。受骗者配合说谎者，双方合作让彼此的谎言都不拆穿。且看莎士比亚是怎么写的：

> 我爱人起誓，说她浑身是忠实，
> 我真相信她，尽管我知道她撒谎；
> 使她以为我是个懵懂的小伙子，
> 不懂得世界上各种骗人的勾当。
>
> 于是，我就假想她以为我年轻，
> 虽然她知道我已经度过了盛年，
> 我痴心信赖着她那滥嚼的舌根：
> 这样，单纯的真实就两边都隐瞒。
>
> 但是为什么她不说她并不真诚？
> 为什么我又不说我已经年迈？
> 呵！爱的好外衣是看来信任，
> 爱人老了又不爱把年龄算出来：

> 所以，是我骗了她，她也骗了我，
> 我们的缺陷就互相用好话瞒过。[15]

当然，并非所有的爱情谎言都毫无恶意，也不是每个受骗者都甘心被耍。受骗者是否真的心甘情愿，根本不能相信说谎者的说法。说谎者之所以一厢情愿认为受骗者心甘情愿，实在是因为这样可以减轻自己的罪恶感。但假如他们能使受骗者承认自己早已起疑，那么说谎者的说法还稍稍可信。

有些受骗者起先或许还吞不下这口气，经过一段时间，为了避免谎言曝光所要付出的代价，到头来还是默不作声。不妨想象一下，某位政府高官，开始怀疑自己知无不言的情妇居然是个间谍，内心的挣扎可想而知。又或者一位高级主管，录用了一个行为不端的员工，为掩饰自己的识人不明，也只得睁一眼闭一眼。沃尔施泰特举过很多国家领袖放任他们的对手胡作非为的例子，张伯伦只是其中之一而已。"在这些例子中，尽管不利的证据越来越多，也越来越明显，但局面已经骑虎难下，不得不一错再错。其中一个很重要的因素就是受害者从一开始便对可能会坏事的人宠信不疑，或者把捣蛋分子误信为利益共同体……这些说谎者也许只要把受骗者拉上贼船，对那些在别人看起来很危险的发展势头，后者就会主动加以辩护。"[16]

总结一下，当出现下列情况时，说谎的罪恶感将最为严重：

- 欺骗对象并不甘心受骗；
- 骗局完全是自私的，受骗者非但不会获益，反而会赔上不少于说谎者所得的损失；

- 欺骗是不受特许的,并且人们所处的情境要求人们要诚实;
- 说谎者长时间未进行说谎实践;
- 说谎者与欺骗对象享有共同的社会价值观;
- 说谎者本人非常熟悉欺骗对象;
- 欺骗对象轻易没有为人卑鄙或易受骗的缺陷;
- 欺骗对象有理由并不指望得到真话,恰恰相反,说谎者已经着手赢得信心,让别人觉得自己值得信赖。

欺骗的快感

以上我所讨论的只是欺骗可能带给说谎者的负面情绪,即担心被识破和对受骗者的罪恶感。不过说谎也能产生正面的情绪,说谎可以被视为一种感觉良好的成就。不论是预期说谎将会面对的挑战,或是正在进行欺骗的行动时,因为成功与否尚在未定之天,说谎者都可能会感到某种刺激与兴奋。至于事后随之而来的,可能是松了一口气的愉悦、完成一件事的得意,或是对受骗对象轻易上当的轻蔑。说谎的快感不论是哪一种,如果不能小心掩饰,都有可能让谎言穿帮,例如在一堆朋友的怂恿之下,愚弄某个老实人,由于有人在一旁看热闹,最容易产生骗人的快感,也容易因得意忘形而功败垂成。

欺骗的快感也有强弱之分。如果同时强烈地担心被识破,说谎者可能一点快感都没有;但有时却可能兴奋不已,以致泄露某些行为信号而导致失败。骗局得逞之后,有些人可能憋不住心中的得意，搬出来要与人分享。罪犯可能向朋友、陌生人甚至警察透露战果。这种例子有案可稽，说穿了不过是说谎者的虚荣心在作祟，想以此炫耀自己有多么聪明而已。

说谎之所以刺激，在于类似登山或下棋，其间存在着失败的风险。50年代初期，我就读于芝加哥大学，到学校的书店偷书是当时的一种风尚，甚至新生的"入门仪式"之一就是偷书，而且通常约定是少数几种，一旦得手就能大出风头，也不会有什么罪恶感。在学生看来，大学里的书店应该是以合作的形式来经营的，如果只顾自己营利，被人糟蹋也是活该倒霉，但他们对学校附近的私营书店却秋毫无犯。又因为大学书店里毫无保安措施，也没有什么人担心被逮到。在我就读的那段时期，只有一个人失手，问题正是因为得意忘形。这位仁兄为了炫耀手段，不断提高行窃的风险，专偷一些很不容易"偷渡"的大部头艺术书，几次得手之后，他又让难度升级，一次就偷个三四本，发现仍然是轻而易举，干脆一不做二不休，他开始挑衅店员，把战利品直接挟在腋下，不但不藏不掖，还故意在柜台四周晃荡，店员当然开始注意他了。欺骗的快感挑起他的侥幸心理，而他的行为信号泄露了他的行藏，有一天他终于被逮了个现行，结果警方从他宿舍中起出的赃书近五百本！顺便说一句，这个人叫伯纳德，后来在从事一项颇受尊敬的行业，成了百万富翁。

另外还有几种情形也会增加欺骗的快感，如果愚弄的对象是出了名的不容易上当，挑战难度升高，快感就随之增加。如果旁人知道即将有好戏上演，也会增加欺骗的快感，等着看好戏的人不一定在现场，只要有所期待，就会让当事人跃跃欲试。一旁若有人在场，说谎者更会乐在其中，甚至不免沾沾自喜，这时候想要压制种种行为信号也就难上加难。这种情形就像一个小孩在哄骗另一个，而其他的伙伴在观望，这个小孩想到他正在给那么多人提供笑料时，就得意得忍不住笑了出来，于是谎言便收场了。高明的扑克玩家就知道要设法控制欺骗的快感，即使一手好牌，不仅不会喜形于色，还会误导对方以为自己手里的牌不怎么样，从而提高赌注继续玩下去。甚至当周围的旁观者知道他的意图时，他必须更为不动声色，这时最容易的办法就是避开旁观者的眼光。

有些人可能比其他人更喜欢享受欺骗的快感。虽然研究者并没有专门研究过这些人，甚至也没有证实过他们的存在，但是很明显，一些人就是比另一些人更为张扬自夸，这些吹嘘者很可能更易受到欺骗快感的诱惑。

人们说谎时有可能在同时或相继产生快感、恐惧感与罪恶感等不同的情绪。再以扑克为例：某人一手烂牌，虚张声势让对手不疑有他，快感油然而生，但当赌注不断提高时，被识破的恐惧就逐渐取而代之，不过赌牌时表现错误信息既属特许，只要玩家不出老千，罪恶感当然是不会有的。挪用公款的人则可能三种情绪都会感受到：把领导和同事都蒙在鼓里，可以快意一时；不知道什么时候会东窗事发，难免提心吊胆；想到自己违法乱纪，又毁掉公司对自己的信任，罪恶感也因而升起。

总结一下，当出现下列情形时，欺骗的快感将最大：

- 欺骗对象是一个挑战，素有难以愚弄之誉；
- 谎言本身是一个挑战，因为必须隐瞒的事情，或者必须编造的情节很有难度；

● 其他人知道或关注这个谎言，并且对说谎者充满技巧的表演表示欣赏。

恐惧感、罪恶感、快感都能表现在表情、声音或身体行为之上，就算说谎者试图去隐瞒也不行。即使没有非口语的破绽，力阻破绽产生的努力也可能会提供说谎线索。接下来的两章，我们就讲讲如何根据言辞、表情、声音和身体行为来探查谎言。

第 4 章

言辞、声音、身体行为与谎言

"你怎么可能知道我在说谎?"

"宝贝,谎话是很容易认出来的,因为谎话只有两种:一种生着短脚;另一种生着长长的鼻子,不信你看,你的谎话就是长鼻子的那一种。"

——《木偶奇遇记》(*Pinocchio*,1892)

如果说谎真的有某种明显表征的话,就没有人会说谎了。问题是,谎言的本身什么表征都没有,任何姿势、表情或肌肉的颤动,里里外外,都不足以明确告诉你别人正在说谎。有的只是那个人措手不及露出的行为线索,以及与其说辞不搭调的情绪线索。换句话说,谎言没有任何表征,但有破绽或说谎线索。情绪在言辞、声音与身体上显露的情形,说谎者为了掩饰情绪而留下的痕迹,以及伪装的情绪所显现的形态,都是抓谎者必须熟悉的。相关的行为线索如何反映了说谎者正在竭力拼凑"故事",也是抓谎者必须了解的。

抓谎绝非轻而易举，问题出在信息千头万绪上。短短时间内要顾及的细节数不胜数：言辞、停顿、声调、表情、头部动作、手势、姿态、呼吸、脸颊绯红或发白、冒汗等等，所有这些来源所传递的信息，不是说来就来同时涌现，就是转瞬即逝彼此交叠，抓谎者丝毫不能分心。幸运的是，抓谎者并不需要全神贯注于每件听到或看到的事，因为谈话时的各种信息并非全都是可靠的，其中一些破绽会比其他的更有价值。但很奇怪的是，大部分人还是热衷于注意那些最不可靠的信息来源，譬如言辞和表情，因此难免被误导。

说谎者通常并不留意、控制并伪装自己的所有行为，就是他们想如此的话，恐怕也不容易做到。任何一个人都不可能成功地控制从趾端到前额的一切部位而不露出丝毫破绽。实际上，说谎者将隐瞒或伪装的是他认为别人最可能关注的地方。说谎者首先往往对言辞字斟句酌。在成长的过程中，人们知道，大多数人习惯于仔细倾听别人的话，言辞往往受到最多的关注，因为它显然是日常提供信息最丰富、最不易产生误解的交流方式。比之通过表情、声音和身体行为，通过言辞可以更为便捷地传播更多的信息。说谎者三思而后言，唯恐放过些许不当，这是因为他们不但知道任何人都会注意到这个信息源，而且知道自己将要为言辞负起更多的责任，远超过为其表情、声音和大多数的身体行为所需要承担的责任。一副生气的表情和一种刺耳的声调总可以矢口否认："你听错了吧，我并没有生气啊。"原告面对如此狡辩，只能退守。但是说过一句伤人的话就很难否认，它经久不变，易于再现，任何辩解都无法彻底消除。

言辞之所以被仔细留意，并常常成为伪造的主要目标，是因为言辞作伪非常容易。所说的话事先能够精确地写出来并加以复述，但只有一个经过严格训练的演员才能准确地调度每一个表情、姿态和声调来与之声情并茂。言辞容易一遍遍地加以复述，言说者能够持续地反馈修正，即倾听自己并准确调整其中的信息，但表情、声音和身体行为等渠道的反馈过程则要粗枝大叶多了。

面部表情承受别人的关注仅次于言辞。人们常听到别人指责自己的表情："不要一副那种死样子！""说话时笑点好吗？""少跟我照眼啊！"面部承受了别人的注意，很大程度是因为相貌是一个人自我的标志和符号，是人们辨识他人的主要方法。相貌是一个人的化身，它以照片的形式挂在墙上、摆在桌上、装在钱夹中。[1]最近的研究表明，大脑有一个分区是专门用来识别面貌的。[2]

人们何以关注面部，还有很多其他的原因。面部是情绪显现的主要位置，配合着声音，倾听者可以从说话者面部获悉他说出此话时的感受——尽管有时并不保证正确，因为表情也可能撒谎。假如听着费劲，倾听者盯着对方嘴唇的变化，也有助于领会对方此刻所说的言辞。对面部加以关注，也为谈话得以继续提供了一个重要的信号。说话者会想知道他的听众是否正在用心听，假如听众在眼巴巴地看着你那就表示如此，但这并不是最可靠的信号。听得无聊却素有礼貌的听众可能眼光停留在你的脸上，但心思却在别处。听众也能用点头称是来鼓励说话者继续，尽管这

些可能并非出自真心。*

相较于对言辞和表情的过多关注，声音和身体所受到的关注则少得可怜。人们往往忽视这一点，因为身体提供的信息本身就比表情少，声音也比言辞少。手势也会提供丰富的信息，如果作为失聪者，手语更是如此。但是北欧人和美国人交谈时很少使用手语，除非在不便说话时。** 声音像表情一样也能反映出情绪的变化，然而是否能像表情那样反映出更多的信息，也更为精准，则有待研究。

相对于声音和身体，说谎者通常会更为留意和控制其言辞和表情，因为他们知道别人正在关注这些。其中言辞又比表情更容易获得成功，因为言辞更便于准备和演练，隐瞒也更轻松，因此造起假来比表情容易得多。人们能更有准备地留意言辞，检查其中的蛛丝马迹。人们很容易听到自己说了什么，但是看到自己的表情则常常比较困难，除非说谎者准备一面镜子放在面前，否则他很难获得与言辞同样准确的反馈信息。虽然面部感觉可以提供面部肌肉何时拉紧并移动的信息，但大多数人却不注意利用这种信息。在表情剧烈直至人们失态之前，很少有人会注意防微杜渐。***

---

* 大多数人谈话的时候很关注听众的反应，如果对方没反应就会问"你在听吗？"然而也有少数人不受外界影响，可以滔滔不绝地自顾自说下去。

** 例如在因为噪声而不便用语言进行交流的锯木厂工人中间，就有一套比较完善的手语可供使用。飞行员和地勤人员之间也使用了一套有详细规定的手语。

*** 我们自身的表情如何变化，以及这种变化是源自肌肉还是皮肤，对于这些信息，神经学家尚不能确定其产生机制，而心理学家对于人们如何能更好地感受到自己所出现的面部表情也意见不一。我的研究指出，人们并不能很好地感知自己的表情，并且大部分时间我们并不会注意到面部的表情。

表情会比言辞提供更多的说谎线索，还有一个更为重要的原因：面部直接与大脑中涉及情绪的区域相关联，而与言辞的关联则要间接得多。当情绪产生时，面部肌肉就会不知不觉地被激活。人们只能够通过选择和习惯来干扰这些表情的显现，以期隐瞒它们，实际上也获得了不同程度的成功。但是情绪刚涌现时的面部表情并不能刻意选择，除非表情是假的。面部表情是一个双重体系，在说谎甚至讲实话时，有意为之和无意为之的表情往往会同时出现。所以表情一事实在是错综复杂，令人困惑而着迷。在下一章中，我将就故意做出的与无意流露的表情之间的区别进行神经学方面的解释。

起疑者应该更为关注对方的声音和身体，但他们实际所做的还不够。声音与表情一样，直接与大脑中涉及情绪的区域相关联。当情绪失控时，隐瞒声音的变化也变得很困难。声音本身听起来感觉如何，对于说谎者留意自己的声音十分必要，但是这种反馈远不如声音的内容，即言辞来得准确。人们从录音带中初次听到自己的声音往往十分惊奇，因为平时对声音的自我监听，部分地通过了骨骼的传导，所以两者听起来会有些不同。

身体行为也是破绽和说谎线索的一个很好的信息来源。与表情和声音不同，大多数身体行为并不与脑部涉及情绪的区域直接关联。身体行为的留意并不困难，人们可以感受到自己的一举一动，而且其中大多数自己通常都能看到。但是大多数人并不为此劳神，他们的成长经验告诉他们不必太关注这些，反正人们很少会为其身体行为的不当而负责。正因为它被忽略了，所以常常会露出破绽，毕竟人们都太忙于关注表情和揣度言辞了。

第4章　言辞、声音、身体行为与谎言

众所周知，言辞是会说谎的，我的研究发现，一般人往往习惯从话语来判断别人，以致经常受到误导。我在这里并非建议大家可以完全忽略言辞。的确，人们会犯下一些语言错误，为说谎提供破绽与线索，即使言辞无懈可击，在说话进行中，如果话语内容与身体、声音或面部的表现出现不谐调，仍然会使谎言露馅。可惜的是，大部分面部、声音与身体的说谎线索都受到忽略或曲解。我做了大量研究，要求实验对象根据录像带判断别人的表现，此时这种情形屡见不鲜。

实验中，有的人只看到面部，有的人只看到身体，有些人只听到声音（讲话是透过一个滤音筒放出来的，言辞被弄模糊，但语气保持原样），其余一些人则是读到言辞本身。这些人所观察的对象都是同一批人，也就是上一章所提到的护理学生，她们有的说实话，有的说谎，所谈内容则是观看影片时的感受。在诚实组的访谈中，学生看的是赏心悦目的海景影片，且被要求诚实地描述感受；说谎组学生看的则是令人作呕的医疗现场，并被要求务必让面谈者相信，她们所看的也是一部赏心悦目的美景影片。学生看什么影片，面谈者并不知情，面谈之前，我们提示学生，实验的目的是要测试她们在急诊室或手术室中控制情绪的能力，这对她们来说，显然意义重大，因此无不极力设法误导访谈者。

在测试人们抓谎能力的研究中，我们不仅对面部、身体、声音或言辞这些信息来源中的哪一项最利于抓谎感兴趣，也想知道比起毫无戒心的人，持有怀疑态度的人是否会表现得更好。实验把测试对象分成两组。我们提示其中一些人，他们的角色是法官，看对方是否在说谎；对另一些人，则尽量不让他们存有戒

心，他们对实验一无所知，完全不知道其中可能会有骗局或谎言，仅被告知，他们将会看到或听到一些人谈论自己观看影片的感受。为了不让他们起疑，我们开出了长长的一列清单，让他们判断对方是否友善、外向、有主见、机警、冷静等等，这样混杂在其中的是否诚实就不那么显眼了。

除了少数护理学生说起谎来太过蹩脚，轻易就被识破外，不怀戒心的那一组，大部分都被学生给骗倒了，对实际上在说谎的学生，他们全都给了诚实的评判，其中又以仅看到面部或只获知言辞的人表现最差；不过，持有怀疑态度的一组，表现也好不了多少，这一组已被事先告知，护理学生所要面对的要求是什么，他们必须判断学生们是否在说谎，而且只能给出一个结论：诚实或说谎。结果只有极少数的人勉强过关，其中又以仅观看身体部分的人表现最佳，但他们的判断也只有65%正确，但随机猜测的话也会答对50%。[3] 少数人表现得非常好，抓谎准确率高达85%，其中有些是资深心理治疗师，拥有丰富的临床经验，另一些虽是其他方面的专业人士，但为人格外敏感。[*]

如此容易受到误导，其实是可以避免的。本章与下一章将会谈到，实验对象如果被事先告知一些经验，再去判断护理学生是否说谎，结果都会表现不错，并不输给最有经验的心理治疗师。所以，有些说谎线索是可以学而知之的。说谎者如果不是精神病

---

[*] 许多心理学家都曾尝试研究，使人们抓谎能力高下有别的原因何在，但是迄今毫无进展。有关这一研究的综述，可以参见 Maureen O'Sullivan, "Measuring the Ability to Recognize facial Expressions of Emotion," in *Emotion in the Human Face*, ed. Paul Ekman（New York: Cambridge University Press, 1982）。

态人格者、天生说谎家或受过特训者，谎言只要涉及情绪，抓谎的成功概率就很大。而学习辨识说谎线索的目的有三，一是较能识破谎言，二是减少误判实话，三是最重要的，即要意识到何时上述两点是不可能的，因而不要勉强为之。

言　辞

令人惊讶的是，许多说谎者之所以穿帮，原因都出在掉以轻心，编谎编得太马虎，而不是他们能力有限。某家猎头公司主管谈到一位仁兄，他在同一年内对其代理使用了两个名字，问他到底该叫哪个名字时：

> 这位原来叫作Leslie D'Ainter，后来换成Lester Dainter的仁兄，总是支吾以对，说他之所以改姓是因为发音更容易，之所以改名是因为Leslie听起来太过于女性化。但他提供的材料却露了底，他的三个"老板"为他写的推荐函虽然把他捧上了天，却都把他的名字给拼错了。[4]

弗洛伊德率先指出，即使一个精明小心的说谎者，也难免因口误而穿帮。在《日常生活的精神病理学》(*Psychopathology of Everyday Life*)一书中，弗洛伊德指出，口误、忽然忘记熟悉的名字、误读、笔误，这类日常的小毛病绝非偶然，而是有意义的，它们显示了某种内在的心理冲突。弗洛伊德说："某些不想说的话，却说溜了嘴，就是典型的自我招供。"[5]有关说谎的问题，弗洛伊德虽未特别谈过，却举过一个口误泄露说谎的例子，是早年追随过他的知名学者布里尔博士所记下的一段经历：

一天傍晚，我同弗林克博士散步，讨论纽约精神分析学会的一些事情，巧遇同行R博士，由于多年未见，我们对他的生活近况不太了解。再度相逢，大家都很开心，相约去一家咖啡馆，一聊就是两个小时，他对我倒是颇知一二，寒暄之余，还问起我的小儿子，并说常跟我们共同的朋友谈到我，对我在医学刊物上发表的东西也蛮感兴趣。当我问起他结婚了没，他回答说还没，又补上一句："像我这样的男人干吗要结婚？"

临离开咖啡馆之前，他突然对我说："我倒是有一个问题，如果是你碰到同样的情况会怎么做。事情是这样的，在一桩离婚官司里面，一个护士被列为共同被告，官司是妻子告丈夫，她也被牵扯在里面，结果'他'获准了离婚。"我打断他的话："应该是'她'获准离婚吧。"他马上改口说："对，没错，是'她'获准离婚。"接着他谈到那位护士的处境，官司过程中，深受丑闻的打击，借酒浇愁，变得神经质等等。他希望听听我的意见，该如何治疗她。

更正他的错误之后，我请他解释一下原因，就像我经常遇到的情况一样，他也惊讶地说：难道连口误的权利都没有吗？又说了一些纯属意外、没什么意义之类的话。我回答说，每个口语上的错误都一定有原因，如果不是他刚才告诉我他单身，我还以为他就是男主角呢。我说，在这个案子里，口误可以做这样的解释：他希望，获准被迫离婚的人是他自己，而不是他的妻子，因为如此一来，［按照作者所在国的法律］他就不需要付赡养费，还可以在纽约再婚。他断然否认，但情绪大为反常，先是焦虑，继之以大笑，这反而更加深了我的怀疑。我劝他何不理性一点，实话实说，他的回答是："除非你希望我骗你，否则还是相信我单身比较好，看来你的精神分析显然有问题。"又说，把什么鸡毛蒜皮都当成一回事其实是蛮危险的，说着，突然记起另外还有约会，匆匆离去。

我对他的口误所做的解读，弗林克博士也深信不疑，于是我决定进一步了解。数天之后我拜访了一位邻居，他是R博士的旧识，我的推论果然经他一一证实，离婚官司是数周前的事，共同被告正是那位护士。[6]

弗洛伊德说："口误之出现，与说话者想说却说不出口的压抑有着难以割舍的联系。"[7]如果是在说谎，所受的压抑就会被刻意隐瞒，但弗洛伊德更关心的则是讲话者本人并没有意识到这种压抑的例子。发生口误时，说话者或许会意识到所受的压抑，但也有可能意识不到。

抓谎者必须谨记，并非任何口误都可作为说谎的证据。一般来说，口误发生的背景有助于解读口误是否在泄露谎言。当然，没有出现口误，也不表示所说的都是实话，许多谎言就从不出现口误。有的谎言会因口误泄底，但大多数却不至于如此，原因何在，弗洛伊德没有说明。有一种说法认为，说谎者如果担心被识破或者于心有愧就会发生口误，而R博士确实有可能是因为欺骗平时很敬重的老同事，而感到说谎的罪恶感。但是，何以口误所能泄露的谎言仅属少数几种，迄今无人研究，甚至无人多想。

在言谈中，说谎者把自己给出卖的第三种情形是言辞激烈（tirade），不同于口误只是一两个字眼的失误，言辞激烈所泄露的信息不是涓滴之数，而是倾泻而出。说谎者完全被自己的情绪所控制，时过境迁，才知道自己把不该讲的都泄露出来了。说谎者如果够冷静，结果就不至于如此，导致说谎者失控的，通常都是压倒性的情绪——愤怒、恐惧、慌张或悲痛等等。

汤姆·布罗考（Tom Brokaw）担任国家广播公司《今日焦点》（*Today Show*）节目的主持人时，曾经谈过他的抓谎经验，可以说是第四种说谎线索：

> 我所得到的线索，大部分都是语言上的，而非身体上的，寻找说谎的信号，我不看对方的脸，而是抓住那些不知所云的回答，或听起来言之成理的遁词。[8]

布罗考的这种直觉，颇受一些研究的肯定：有些人说谎时，回答问题总是闪烁其词，而且画蛇添足地说上一堆不相关的话；另一些研究则显示相反的情形：大多数人或许是足够机灵，回答问题反而不会迂回闪烁。* 对于这类说谎者，布罗考可能就抓

---

* 在有关说谎的研究文献中，对于这类矛盾产生的原因，很难说得清楚，因为实验本身不见得十分可靠，受测者几乎都是学生，说的都是小谎，要付出的代价不高。绝大部分的实验显然很少考虑说谎的类型，通常选择实验室中比（转下页）

不到了，还可能发生更严重的失误，说话原本就会不知所云或闪烁其词的人，明明说的是实话，结果却受到冤枉。对于讲话总是犯这种毛病的人，这绝不是他说谎的信号，只不过是说话的习惯而已。有些行为确实能提供说谎的线索，但对某些人来说却只是正常行为的一部分，对于这一类的误判，我称为布罗考陷阱（Brokaw hazard）。抓谎者如果对嫌疑人不熟悉，不知道他们的行为习惯与癖好，往往会落入布罗考陷阱，如何避免这种错误，留待第6章讨论。

到目前为止，有关言辞方面的破绽与说谎线索，其他的研究并无新的进展或发现，不过，我怀疑也许已经没有什么值得发现的了。对一个存心说谎者来说，弄虚作假绝非难事，但掉以轻心、口误、言辞激烈与闪烁其词这类错误，却也屡见不鲜。

声 音

声音所要考虑的是说话时除了言辞内容本身之外的一切方面。口语上最常见的说谎线索就是停顿（pause），过长与过于频

（接上页）较容易安排的谎言做研究。例如要求学生对死刑或堕胎发表违心之论，或者对学生出示照片，要求他们表示喜欢或不喜欢，再叫他们编一套反话。其中最典型的问题是，这些实验未能考虑说谎者与欺骗对象之间的关系，以及这种情况将如何影响说谎的困难程度。通常说谎者与欺骗对象都是素昧平生，而且没有理由相信还会相遇，有时甚至没有明确的欺骗对象，只是对着一部机器说些无中生有的话。对这一类的实验，最近不乏相关评论，但仍然有待充实。可参阅：Miron Zuckerman, Bella M. DePaulo, and Robert Rosenthal: "Verbal and Nonverbal Communication of Deception," in *Advance in Experimental Social Psychology*, vol. 14（New York：Academic Press，1981）。

繁的停顿都属此类。语句涉及转折，尤其是在回答问题时，如果出现犹豫，大多会令人起疑；同样，讲话过程中，短暂的停顿发生频率过高，也表示大有问题。说话打结（speech error）也可能是另一个可能的说谎线索：包括没有意义的叹词，例如"哦""啊""呀"；或没有意义的重复，例如"我……我……我是说真的……"；以及断句拖音，例如"我——真的——很——喜欢。"

声音的说谎线索——说话打结与停顿，发生原因有两个，而且这两个原因相互关联。一是说谎者事先没有料到会说谎，没有准备说辞，或虽然有准备，却没有料到会碰上什么问题；二是虽有准备，但担心被识破的恐惧感影响了临场发挥。说谎者听到自己讲出来的话左支右绌，于是便更加慌乱，以致停顿与打结频频发生。

语气也可以泄露谎言。尽管大多数人都认为，语气能够表现人的情绪，但在这一方面，研究者却仍然不够确定。他们虽然已经发现了种种方法来区别正面与负面的语气，但对于各种负面情绪——生气、害怕、焦虑、厌恶或轻蔑等，迄今仍然无法从语气上予以区分。我相信，随着时间的前移，这些差别迟早会被发现。但在此处，我只能讲一些已知的和看起来有希望的东西。

与情绪有关的声音信号，文献研究上最充分的首推声调。据研究显示，70%的人心烦意乱时，声调就会提高，生气或慌张时更是如此。还有研究显示，悲伤或难过时，声调则会降低，对此虽然不乏证据，但仍不能十分确定。至于声调是否会随着兴奋、焦虑、厌恶或轻蔑等情绪而改变，学者们也还没有定论。至于说话的音量与语速等其他情绪信号，相关研究虽不完整，但已颇有进展，例如在生气或慌张时讲话比较大声，也比较急促；悲伤时则较为柔和与缓慢。最有可能取得新突破的地方在于对声音其他方面的性质进行定量的研究，如音色、不同波段的能谱、与呼吸有关的变化等。[9]

情绪造成的声音变化很难掩饰。谎言如果就是为了要掩饰此时此刻的情绪感受，出现破绽的机会将会很大。例如声调听起来比较高，声音也较大，则说明说谎者正在掩饰生气或害怕的情绪；声音出现相反的变化，则会泄露说谎者正在掩饰悲伤的情绪。

谎言如果不是要掩饰情绪，却有情绪牵涉其中，语气也可以露馅。担心被识破会使说谎的语气的声调升高，呈现恐惧时的语气。说谎的负罪感则使语气的声调降低，类似悲伤时的语气，但这一点更多地停留在猜想阶段。目前还不清楚欺骗的快感是否会有独立可供判断的声音特征，但我相信只要是兴奋了都会有特定的体现，尽管有待检验。

我们以护理学生为对象所做的实验，可说是开了说谎时声调变化研究的先河。[10]我们发现，说谎时声调会升高，我相信这是恐惧感所致。恐惧的理由有二：一是我们尽量加重说谎失败的代价，让他们感受到被识破的强大压力；二是观看恶心的医疗现场使一些学生产生身临其境的恐惧。如果没有这两种心理压力来源，可能就无法发现这种结果。假设我们的研究不影响实验对象的职业生涯，对她们来说仅是一项代价很小的实验而已，可能就无法产生足够的压力，导致声调变化；再假设，我们让学生观看的是一个小孩濒死的影片，所产生的情绪可能就是悲伤而非恐惧，即使她们因为担心被识破而慌张，伤感却可能让她们声调降低，结果两种情绪反应抵消之下就会减少了声音的特征。

　　声调的提高本身并不是说谎的信号，而是生气或恐惧的信号，有时也可能是兴奋的信号。在我们的实验中，学生谎称他们看的是花卉影片，表现出很愉快的样子，但全都被这些情绪的信号给出卖了。然而，若将任何时候的这种声音特征都解读为说谎的证据也不可取。譬如一个说实话的人，由于担心被人误解，也可能因恐惧而提高声调，表现出与说谎者担心被识破时一样的情况。抓谎者必须了解，情绪的起伏不只见于说谎者，有时一个无辜的人也会如此，抓谎者在解读说谎线索时，因为这个问题所造成的混淆，我称为奥赛罗谬误（典出莎士比亚戏剧《奥赛罗》）。关于这种错误，我将在第6章详细讨论，并讲解抓谎者如何能对此加以预防。不幸的是，这并不容易避免，我们前面提到的布考罗陷阱也很容易干扰对声音出现反常变化的鉴别。

　　说话时的情绪信号（例如声调）并不一定表示说谎，同样，没有发现任何情绪信号，也不能证明所说的一定属实。美国民主党全国委员会总部所在的水门大厦遭人非法闯入，事件发生一年之后，时任尼克松总统顾问的迪安到参议院的水门案听证会作证，在全国性的电视转播中，迪安的证词被认为可信度极高，关键之一在于他的声音丝毫不带情绪，语气出奇平静。在此前一个

月,尼克松已经承认,他的助理确实企图掩盖"水门事件"的实情,但仍然否认自己事先知情。用联邦法官西里卡的话说:

> 在彼此证词的相互印证下,小人物们已经纷纷入彀。接下来要确定的,只剩下顶头的那个人是真的有罪,还是不知情,问题的核心则是迪安的证词……迪安[在参议院听证会上]指称,他曾经告诉尼克松,要让[水门案]被告封口,不再咬出别人,代价是一百万美元,尼克松回答,最近用钱不方便。没有愤怒,没有震惊,没有拒绝,迪安做了令舆论大哗的指控,他的意思是说,尼克松本人已经同意用钱来封住被告的口。[11]

对于迪安的证词,白宫第二天立即予以驳斥。五年之后,尼克松在自传中也就此写道:

> 在我看来,迪安的水门案证词是实话与谎言的巧妙混合,其间既有可能真实的误解,也有明显有意的扭曲。他拼命想要淡化自己的角色,于是使出浑身解数来掩盖实情和心中的焦虑,将事情全都转嫁到别人身上。[12]

迪安当时所受到的攻击是前所未有的。白宫的可靠人士向媒体透露,迪安是在说谎,因为害怕一旦坐牢便会受到鸡奸,所以才拖总统下水的。

迪安与尼克松的证词相互矛盾,很少人能确定到底谁说的是实话。法官西里卡谈到他自己的怀疑时说：

> 我不得不承认，对于迪安本人的开脱和辩解，我是有所疑虑的，在整个掩盖实情的计划中，他无疑是关键人物……他会损失惨重……依我当时的看法，迪安在乎的不是讲实话，而是拖总统下水来保护他自己。[13]

法官西里卡对迪安的声音颇为印象深刻，他如此描述道：

> 在他宣读过那份声明的数天之后，面对听证会委员毫不留情的质询，他对自己的陈述毫不退让，从容以对，语气平静，丝毫不带情绪，大家都相信了他。[14]

如果换一个人，某人说话的语气平静，有可能是在控制自己的情绪，若是如此，那就表示他有所隐瞒。对迪安平静的声音，如果想要不做出错误的解读，就必须先了解这种语气是否根本就是他的特质。

声音中没有显示情绪的信号，不一定证明所说的就是实话，有些人从来不流露情绪，至少在声音中不会。甚至还有另一种情况，有些人本身就是很情绪化的，并不一定是跟某个谎言有关。如此说来，法官西里卡显然很容易落入布罗考陷阱。回想一下在前面提到过的，布罗考说他把言辞闪烁解读为说谎的信号，而我的看法却是，他可能因此发生误判，因为言辞闪烁根本就是某些人的特质，即使说实话时也会如此。法官西里卡所犯的错误正好相反——只因为某人没有显示出说谎线索，就判断他是诚实的，却不知道有些人是从来不会显示说谎线索的。

上述两个错误之所以发生，问题出在情绪表现因人而异。除非抓谎者他们了解嫌疑人平常的情绪行为，否则就很容易犯错误。如果没有任何可资依赖的说谎行为线索，也就不会有布罗考陷阱，如此一来，抓谎者当然也就无从下手。此外，如果行为线索对所有的人都一体适用，而不是仅适用于大部分人，布罗考陷阱也就同样不存在。任何说谎线索并非适用于所有的人，但是，在抓谎者对大部分人做判断时，单一的线索或几个线索综合起来，却是很有帮助的。迪安在表现声音情绪上是与常人无异，还是他特别能够控制自己的声音，他的妻子、朋友或同事一定就知道得比较清楚，法官西里卡并没有预先了解迪安，所以误入布罗考陷阱也就不足为怪了。

迪安作证，语气平静，还给我们上了另外一课：抓谎者必须随时想到，嫌疑人很可能是天生说谎家，能够把自己伪装得天衣无缝，让人无法知道他是否在说谎。根据迪安自己的叙述，法官西里卡与其他人会如何解读他的行为，他似乎成竹在胸，谈到出席听证会该讲些什么，该如何应对，他心中早已拿定主意，他后来如此写道：

> 对于作证一事，一般不是太过于戏剧化就是草率从事……我则决定，平平静静宣读，丝毫不带情绪，尽量保持冷静，并以同样的方式回答问题……人嘛，总是这样认为，说实话的人一定讲话镇定。[15]

作证结束，开始交叉询问，迪安说，他开始紧张起来：

> 我发现自己紧张得要命，面对的是总统的权力，感到既孤独又无助。我深吸一口气，假装是在思考，拼命控制自己……告诉自己，千万不能动了情绪，只要流露任何一点怯意，媒体就会把你生吞活剥。[16]

结果迪安过关了，他的行为控制无懈可击，丝毫不会让人认为他是个说谎者。倒是其他人，在解读他的行为时应该更谨慎才对。事实上，接下来的证据显示，迪安的证词大体真实，至于尼克松，他不像迪安那样善于表演，但却在说谎。

在结束对声音的讨论之前，还有一个话题需要考虑：有人宣称可以用一些机器来分析声音自动并准确地识别谎言。这些机器包括心理压力评估仪、Mark II语音分析器、语音紧张度分析仪、心理压力分析仪、语音紧张度监视器等等。这些设备的制造商宣称他们能通过声音，甚至是电话来识别谎言。当然，他们也说明他们检测的是紧张度，而不是谎言本身。毕竟说谎本身没有语音特征，只有负面情绪才会有。但制造商并没有直言警告抓谎者，这些价钱昂贵的小玩意儿，将会放过没有丝毫不安的说谎者，或者将会冤枉心烦意乱的无辜者。研究语音与其他抓谎技巧的专家已经发现，这些机器的抓谎准确率并不比随机猜测强多少，而且对于辨别测试者是否意绪消沉这样较为容易的任务也并不能轻松胜任。[17]但这些并不影响销售，存在着一种保管有效又不招人嫉妒的办法去测谎，这个想法本身太迷人了。

身　体

　　二十五年前还在求学时，我从一项实验中学习到如何从身体行为辨识出隐瞒的情绪。身体行为能否准确地反映情绪或个性，当时还没有太多实证，少数精神治疗医师认为答案是肯定的，但当时心理学界的主流——行为主义学者，却斥之为奇谈怪论。1914—1954年，为了证明非口语的行为能够提供情绪与性格的准确信息，人们曾经有过许多研究，但均徒劳无功。高高在上的心理学界根据科学实验的结果，认为想从面部或身体读取情绪或性格根本是外行人的天方夜谭，对于少数钻研身体行为的社会学家或治疗医师，更是一律打入第六感与笔迹学之流，讥为异想天开者或江湖术士。

　　这种态度我无法认同。在团体治疗的课程中，观察身体的动作，我就能够看出某个人因为某件事而心烦了，而且八九不离十。在读研究生的第一年，我信心十足，准备挑战心理学对非口语行为的成见。我设计了一项实验，证明人会因为压力而明显改变行为。我提出计划，并获得资深教授的支持，针对同学们最在乎的事，由教授扮演压力来源，对同学提出问题："毕业之后有什么职业规划？"并以隐瞒的摄影机，录下问答过程中他们的一举一动。凡是回答将从事研究工作的同学，都会受到责难："只知躲在实验室里逃避责任，袖手不管需要帮助的心理疾病患者。"回答打算悬壶执业的同学，则会碰到这样的批评："只知道赚钱，却逃避心理治疗新疗法的研究责任。"另外，教授还会问学生是否曾经接受过心理治疗，答案若是肯定的，教授就会说："既然自己也是病人，如何期望他能去帮助别人。"回答若是从未接受过心理治疗，教授则会指责说："自己都没有经验，竟然也想去帮助别人。"总之，那是一个怎么也不讨好的局面，我担心事情会弄得一团糟，曾中途建议教授停止，免得同学们受罪。

自愿参与实验的学生，本意是要帮我的忙，只知道这是一项与压力研究有关的访谈，根本没有想到，一旦展开，竟然变成一桩苦差事，而且教授大人居然走火入魔，竟要将权力的魔掌伸到实验以外：教授宣称实验中对学生的评估将会直接影响他们的毕业，而他的推荐甚至可以决定他们未来的工作。实验进行不到几分钟，学生已经沉不住气，走也不是，辩也不是，怒不可遏却又无可奈何，不是无言抗议，就是咕哝以对。还不到五分钟，我就建议教授暂停实验计划，向学生们解释实验的做法和目的，并赞扬参加实验的学生，但未被接受。

访谈进行时，我透过一面单向镜子操作摄影机，不间断地记录同学的身体行为。第一个同学接受访谈，就出现了连我自己都不敢相信的场面：受到三波指责之后，学生对教授竖出了中指（见图1），那个手势居然足足维持了一分钟之久，但她的外表看来却很平静，教授则是故作不见。访谈一结束，我冲进去，两人都责怪说是我干的好事，同学承认她气得不得了，但不想发作，教授则同意我的确有先见之明，因为他可没漏掉那个肮脏的手势。影片出来，我也证据在握了，竖中指虽是无意识的动作，但表达的却不是无意识的情绪。她清楚地知道自己气得不得了，动作也绝非有意的，但却使她要隐瞒的情绪由此泄露出来。

第 4 章 言辞、声音、身体行为与谎言

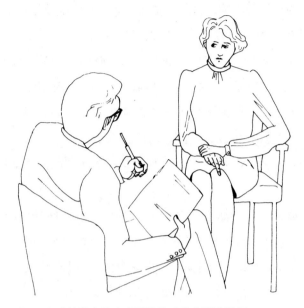

图1 职业访谈实验中出现肢体动作失误的场景

十五年之后,在护理学生观看恶心的医疗影片,企图隐瞒她们的情绪反应时,我又看到了类似的非口语破绽。这次偷偷溜出来的不是中指手势,而是耸肩。当面谈者问她们"你还想再看吗?"或"你会放这部片子给小孩看吗?"几乎每个护理学生都在口里说"是",但都伴随着微微耸肩,这一耸,就把她们的谎言给出卖了。

耸肩与竖中指都是具有象征意义的肢体符号(emblem),这种动作不同于其他的身体姿势,而是在某一文化群体内,具有特定的意义且众所周知,例如大家都知道,竖中指的意思是"操"或"去你妈的",耸肩则是"不知道""办不到"或"无所谓"。

大多数的动作若不辅以言辞，意义不大，肢体符号却并非如此，既可以在交谈中代替言辞，碰到难以启齿或不便出声的时候，还可以派上用场。在美国，现今通用的肢体符号多达六十余种（每个国家，甚至同一国家不同地域的人们，都有不同的肢体符号语汇），一般为人所熟知的肢体符号有：点头表示"是"，摇头表示"否"，招手表示"过来"，挥手表示"你好"或"再见"，以手圈耳表示"请大声一点"，竖大拇指表示"能搭便车吗？"，等等。[18]

肢体符号几乎都是有意而为的动作，使用者知道自己在做什么，并且选择它来表达某种信息。但是也有例外，就像口误一样，泄露隐瞒情绪的肢体符号，乃是身体行为上的失误，不仅泄露隐瞒的信息，而且是无意识的。识别的方法有二：

第一个可资辨识的特征是，肢体符号仅止于片断，而非完整的动作。完整的耸肩是两肩齐耸，有时还加上手心上翻，或配以扬眉、上眼皮下垂、耷拉嘴角等面部动作，甚至这些动作齐出，还加上歪头撇脑。然而肢体符号失误时，不仅只做出其中一个动作，甚至连这个动作也不完整，例如只有一肩耸起，而且仅是微耸，可能只有下嘴唇微提，或手心微翻。有关手指的肢体符号，不仅涉及五根手指的特定安排，而且手势是向前往上做出来，通常会重复几下；当手指的肢体符号不是有意识的动作，而是泄露压抑的愤怒时，其他的动作并不会出现，就只有手指的动作而已。

第二个可资辨识的特征是，这个肢体符号不出现在正常的表现位置上；大部分的肢体符号，都是出现在身体正前方，大约介于脖子与腰部之间。正常位置的肢体符号，不可能被漏掉，反之，会被漏掉的肢体符号，通常都不是在正常表现位置。例如在学生向教授竖起中指的那次压力会谈时，动作并没有在正常位置展开，而是显现在学生的膝盖上。而在护理学生的实验中，耸肩的动作泄露了她们勉强与为难的感受，但动作只表现出放在大腿上的手轻微转动。如果肢体动作不是片断的，而且是在正常表现位置之内，说谎者就会意识到，并立刻将之终止。肢体符号失误的特征——片断与不在正常表现位置，当然不是那么容易就让人逮到的。一般来说，说谎者都会反复出现肢体符号失误，但说谎者本人与欺骗对象往往不会注意到。

并非每个说谎者都会表现肢体符号失误，而说谎时出现肢体符号失误的机会有多大，至今还没有做过确定评估。屈服于教授的高压，五个学生中有两个表现了肢体符号失误；护理学生说谎时，表现出肢体符号失误的，则略超过半数。至于为什么有的人会发生，有的却不会，原因迄今不明。[*]

虽然并非每个说谎者都会出现肢体符号失误，但只要抓得住它们，倒是挺管用的，肢体符号失误象征一个人有难言之隐，而且这种象征的可信度非常高。解读肢体符号会犯错的机会，远低于其他说谎线索，类似布罗考陷阱与奥赛罗谬误的问题也比较不易发生。讲话时言辞迂回闪烁，对有些人来说是常态，但经常出现肢体符号失误的人则少之又少。讲话打结可能表示

---

[*] 遗憾的是，并没有其他研究欺骗的学者曾检查，看看是否能复制我们关于肢体符号失误的发现，但我对此感到乐观，相信可以通过肢体符号的失误发现破绽。

有压力，但压力并不一定是说谎造成的。由于肢体符号代表特定的信息，这点与言辞极为类似，因此肢体符号失误通常也比较明确。如果有某个人出现了"去你妈的""我受够了""我不是故意的"或"一边去"这类肢体符号的失误，解读其意义，应该是八九不离十。

说谎的时候，哪些肢体符号会失误，哪些信息会泄露出来，要看所要隐瞒的内容。在教授存心找碴儿的实验中，学生要隐瞒的是愤怒与被人糟蹋的感觉，肢体符号失误是竖中指与握拳头。在医疗现场影片的实验中，护理学生并不生气，但许多人都感觉得到，她们无力掩饰自己的情绪，耸肩这一肢体符号失误表现的正是她们的无助感。肢体符号的语汇，任何成年人都无师自通，同一个文化群体的成员所表现的肢体符号，大家也都不陌生，真正该知道的事实是，这些肢体符号可能会无意地表现出来，从而泄露真实的感受。但这种失误产生时，其特征往往是片断的，并且不在正常表现的位置，所以很容易被忽略掉，抓谎者需要提高警惕才有可能察觉。

另外一种能够提供说谎线索的身体行为是肢体比画（illustrator）。肢体比画与肢体符号经常被混为一谈，如何区分两者，相当重要，因为说谎时，这两种身体行为会产生相对的变化，即肢体符号如果增加，肢体比画通常会减少。

肢体比画具有解说语言、加强语意表达的作用，比画的方式有很多种。例如用动作强调某一个字或某一个词，有如加重语气或画重点；又如在空中抓住流动的思绪，仿佛讲话者在导引话语的进行；还可以双手在空中比画着形状或动作，反复强调正在陈述的事情。虽然眉宇之间的神情也常扮演强调语言的角色，整个身体，尤其上半身也具有这种功能，但用双手来诠释语言却是最常见的情景。

所处社会对于讲话时进行肢体比画是否合宜的态度，最近几个世纪以来一再反复。有些时代，比画被认为是上层社会的标志，而另一些时代则被认为粗鄙不堪。但有关讲演术的著作通常把肢体比画看作成功的公众演讲所必不可少的。

最早有关肢体比画的科学研究，原本目的不在于揭露说谎行为，而是对纳粹社会学家的观点提出挑战。但其研究结果却为各个民族的肢体比画给出了区分，使抓谎者知所依循，避免犯下张冠李戴的错误。在20世纪30年代，德国大量论文指出，肢体比画是先天的，"低等人种"犹太人或吉卜赛人，肢体比画的动作多流于夸张，而"高等人种"雅利安人的肢体比画则斯文得多，但却闭口不提德国的盟友意大利那种"波澜壮阔"的肢体比画。阿根廷籍犹太学者埃弗龙（David Efron）在哥伦比亚大学做研究时，与人类学家博厄斯（Franz Boas）以纽约市下东区的居民为样本研究肢体比画。他发现，来自意大利西西里的移民肢体比画多喜欢比画形状或动作；而犹太裔的立陶宛移民，肢体比画则侧重于强调或捕捉思绪的流动。但这些移民的小孩就读综合学校后，在肢体比画的使用上却不分彼此，十分类似。[19]

埃弗龙的发现显示，肢体比画的方式和类型是后天习得的，而非先天自有的。不同文化的人不仅使用肢体比画的方式不同，而且频度也不同，有的文化极少使用，有的则大量使用，甚至在同一个文化体系内，经常用到的肢体比画以及使用的多寡，也因人而异。*因此，单单是肢体比画的多寡或形式，并不足以成为说谎线索。不过，如果某人的肢体比画比平时少了许多，就有可能是一种说谎的信号。为了避免误解有人为什么会减少，有必要先说明人在什么时候会做出肢体比画。

首先要说明，人在说话时为什么会比手画脚，肢体比画的用途是为帮助说明难以用言辞表达的概念或想法。我们常会看到，一个人描述形状怪异的事物时所用的肢体比画，一定比描述一张椅子时要来得多；指点别人去邮局的路，所用的肢体比画，也一定比谈到自己的工作选择要来得多。另外，当我们找不到适当的字眼时，肢体比画也会派上用场，指头弹得噼啪作响，或指向空中比画，似乎都是在帮助讲话的人寻找字眼。这种寻找字眼的肢体比画至少让人了解，寻找的动作正在进行，讲话的人尚未转移话题。肢体比画也有自我梳理的作用，帮助讲话的人将字词梳理成有条理的言谈。至于肢体比画的增加，则与讲话时的情绪有关，一般来说，暴怒、惊恐、焦虑或兴奋时，讲话的肢体比画都会多于平时。

接下来的问题是，一个人的肢体比画为什么会变得比平时少？这个问题的答案也将厘清进一步的问题：究竟在什么情况下，这种减少可以视为说谎线索？肢体比画之所以减少，第一个原因是对所讲的事情缺乏感情的投入，当某人觉得事不关己、厌烦、缺乏兴趣，或正好心情极度悲伤时，讲话所伴随的肢体比画

---

* 那些来自经常利用肢体比画进行交流的文化圈的移民家庭，往往训练他们的孩子说话时尽量不要辅以手势，否则就加以警告。不加手势就会使他们看起来更像北欧人，也就是美国人的远祖。

自然少于平时。某人对某事表现出关心或热心，言谈之间的肢体比画却不见增加，那就多半是在虚应故事了。

当一个人正在为该讲些什么而举棋不定时，肢体比画也会减少，每句话都小心翼翼，肢体比画自然也不多。无论演讲或推销，新手上路，肢体比画不多，原因就在此，等熬到后来，寻找字句不再需要花那么大的力气，肢体比画也就丰富起来。当对于所要讲的事情十分在乎，不免字斟句酌，肢体比画也会减少，但是，这种情形不一定与说谎有关，讲话变得小心谨慎，或许是因为说错话的代价太高。例如，要给老板良好的第一印象，回答问题就难免踌躇再三；答对了会有奖励的情况，也会使人三思而后言；一直只能远远仰慕的人，好不容易碰上了交谈的机会，启齿的第一句话可能都要酝酿良久。矛盾情绪也会使人说话小心，一个胆小的人可能非常渴望一个回报更丰厚的工作，但却担心新工作十分棘手，于是他饱受跳槽与否的煎熬，不知道该说什么以及怎样说好。

如果说谎者说辞事先准备得不够充分，言辞上就会小心翼翼，出口之前字斟句酌。如果没有预先排演，平时又没有说过这种谎言，或临场碰到意想不到的问题，说谎者的肢体比画也会随之减少。但即使说辞已有充分准备，事先也经过反复练习，临场时肢体比画仍然可能会减少，因为这时候情绪介入了，例如恐惧，就会干扰说话的流畅性。控制强烈情绪所造成的心理负担，会打乱组织言辞的过程。如果不只要控制情绪，更要加以隐瞒，而情绪又很强烈，这时就算说谎者已有万全准备，讲起话来也一定吞吞吐吐，肢体比画必定大为减少。

在我们的实验中，观看截肢手术影片的护理学生为隐瞒内心的情绪，比起她们如实描述观赏花卉影片的心情时，肢体比画就减少许多。之所以如此，原因至少有二：一是学生说谎的练习不够，没有时间准备说辞；二是强烈的情绪作祟，包括担心被识破的忧虑，以及由于观看影片所产生的低落情绪。另有许多研究也发现，拿人们说谎时的情形跟讲实话时做比较，说谎时的肢体比画明显减少，在这些研究中，情绪作祟的情形比较少，不过说谎者也没什么事前准备。

我曾经强调过，肢体比画与肢体符号的区别是相当重要的。因为在说谎的时候，两者会发生相反的变化：肢体符号失误会增加；肢体比画则会减少。两者之间的区别，关键在于动作与信息的明确度。就肢体符号来说，动作与信息明确，无法以其他动作取代，即只有某种规定的动作是在传达某个信息；与此相反，肢体比画可以包括非常多的动作，所传达的信息也是含糊而非明确的。试以拇指与食指圈起来表示OK的肢体符号为例，就没有其他符号可以取代，如果以拇指与中指或小指来做这个符号，那就完全是另外一回事了，而且意思很清楚，代表的是"很好"、"没问题"。* 肢体比画则不同，离开言辞，肢体比画也就失去意义。只看到某人在进行肢体比画，却听不到他讲话，就根本无法沟通；而做出肢体符号就不一样，别人还可以大致明白你的意思。肢体符号与肢体比画的另一个区别是，在人们对话时，尽管会两

---

* 这个肢体符号在南欧一些国家里有一个与众不同的淫秽含义。肢体符号的含义并不是一成不变的，它们会随着所在文化的不同而不同。

者并陈，但在不能说话或不愿出口的情形下，只有肢体符号可以代替言辞；至于肢体比画，严格来说，只有在讲话时才会出现，既不能代替言辞，不讲话时也毫无意义。

抓谎者解读肢体比画，必须比解读肢体符号的失误更加谨慎小心。前面已经提到，奥赛罗谬误与布罗考陷阱只会影响肢体比画，对肢体符号的失误则不发生作用。某人的肢体比画减少，抓谎者如果注意到了，必须先把他谨慎说话的其他可能原因逐一排除，才能确定是否是由说谎造成的。肢体符号失误则明确得多，所传达的信号相当清楚，解读也比较容易。此外，解读肢体符号失误，抓谎者不一定要对嫌疑人有事先的了解，因为动作本身就足以说明一切。至于肢体比画，平时表现的频度因人而异，除非抓谎者已经掌握某些可资对比的基本资料，否则不宜轻率做出判断。跟解读其他说谎线索一样，解读肢体比画需要事先做足功课，初次会面就想有所突破并非易事。

接下来所要提醒的是，关于身体行为，还有另外一种表现：零碎动作（manipulator）。零碎动作不可一律解读成说谎信号，我们发现，有些人明明是在讲实话，只因零碎动作太多，以致受到误判。零碎动作有可能是情绪波动的信号，但也不一定。如果认为零碎动作增多就是在说谎，误判的机会将会很大，但人们却往往怀有这样的成见。

零碎动作所包括的动作很多，从身体某一部位对外界事物的清洁、按压、摩擦、握抓、捏掐、剔挖、搔刮，到对身体其他部位的各种操作均属于此。零碎动作可能很短暂，也可能长达好几分钟。短的如整理头发、掏挖耳朵、这边抓抓那边挠挠，一般都是有意识的行为；时间长一点的零碎动作，例如不断卷起又松开发丝、不停搓动手指、不停抖动脚等等，通常则是无意识的。手是零碎动作最多的地方，同时也是操作零碎动作的部位，而最常被操作的则是头发、耳朵、鼻子或胯部。此外，面部的零碎动作也不少，舌头顶颊、牙齿咬唇等等均属之，两腿交叠也属常见，还可以加上小道具，例如打火机、铅笔、曲别针或香烟等。

多数人从小被教导不可当众做出不雅的动作，但从来不曾完全做到，只有自己警觉时才会停下来。零碎动作并不全都是无意识的，一旦我们知道有人在注意自己，通常都会立即中断、减少或加以掩饰，用其他大一点的动作带过去，有时甚至这个掩饰动作都是无意间完成的。零碎动作是意识边缘的行动，多数人即使想停止，却未必做得到，多半已经成为习惯。

一般而言，人们对于零碎动作的观察者比实施者有更多的礼貌要求。正在做出零碎动作的实施者，其完成动作的隐私受到保护，甚至当动作出现于谈话当中也是如此。其他人会调头他顾，直到动作完成才转过头来。如果零碎动作是看起来无意义的长时间行为，例如用手指缠发梢，那么别人当然不会一直扭着头，但他们不会长时间直视动作本身。这种礼貌性的视而不见是长期养成的自然习惯，不需要有意为之。就像偷窥时一样，冒犯礼节的是零碎动作的观察者而非实施者。当两辆汽车并排停在红灯前时，往别人车里乱瞥就会造成冒犯，而再怎么聚精会神地竖起耳朵旁听却没关系。

在有关零碎动作的研究中，我和研究人员比较好奇的是：为什么一般人的零碎动作通常情有独钟于一种类型？譬如喜欢摩擦的，往往不会挤压；喜欢剔挖的，便很少搔刮……原因何在，是否能够从其中读出什么意义？如果挠的部位是手掌、耳朵，或是鼻子，是否代表不同的信息？关于这些问题，答案之一是：癖好。任何人都有自己偏好的零碎动作，那也是每个人的"注册商标"。有些人喜欢转动戒指，有些人习惯抠指甲，有些人则爱捋胡须，不一而足。没有试图去找出为什么有人喜欢这个，而有人喜欢那个，或者为什么有些人根本没有钟情的零碎动作。有一些证据说明某些特定的零碎动作所揭示的不仅仅是行为人不安的情绪，这是我们在观察那些没有处于生气状态的精神病患者时发现的，譬如感到害羞的患者会遮住自己的眼睛。但这比起零碎动作会随着不安而增多的普遍共识来，证据上的支持还不够。[20]

一个人感到不自在或心情紧张，除了意识无法集中之外，通常也会坐立不安，这不仅是一般人的看法，学者们也已经予以证实。任何内心的波动都会导致零碎动作增加，包括搔刮、掐捏、挖鼻、掏耳或更换姿势等等。同时，我也十分确定，人在完全放松、自在无碍的时候，零碎动作也会增多，譬如与亲密的朋友相处，往往比较不在乎形象和礼貌，平时有所节制的一些动作，例如打嗝儿、捏脚等，全都会不自觉地表现出来。上述说法如果无误，将零碎动作视为内心不安的一种信号，其前提应该就有二：一是在比较正式的场合，二是和谈话对象不太熟悉。

正因为零碎动作既可能是不安的行为，也可能是自在的表现，将之一概视为说谎信号便值得商榷，更何况说谎者通常都知道应该压抑自己的零碎动作，而且往往都能奏效于一时。在一般人的认知里面，说谎的时候，坐立不安或心神不宁是相当自然的表现，说谎者有鉴于此，莫不极力压抑，也就成为理所当然。因此，把零碎动作当成说谎线索，其实是不太可靠的。要记住，当说谎代价很高，而说谎者极力避免被抓时，一种线索越是众所周知，越包含容易被抑制的行为，就越不可靠。

护理学生的零碎动作，说谎时并不比讲实话时来得多。但另外的研究却显示，说谎时零碎动作会有所增加。之所以会有这种矛盾，我认为问题出在代价不同，所要付出的代价极高，零碎动作自会相对减少，因为此时警觉在起作用。由于代价高，说谎者对一般人所熟悉的说谎线索，例如零碎动作，自然提高警觉并加以控制；但在另一方面，高代价增强了说谎者担心被识破的恐惧感，这又导致不安行为的增加。如此一来，可能发生这样的现象：说谎者零碎动作增加，一旦警觉，立即予以压制，使之暂时消失，但过不久又再度出现。总之，在我的实验中，零碎动作少是因为说谎代价极高，护理学生们拼命压制的结果；而在其他的研究中，被识破的代价不高，零碎动作增加也就不足为奇。被要求说谎的实验本身就已经令人相当不习惯，心情不安导致零碎动作增加本属正常，这时如果说谎成败所带来的得失并不重要，说谎者也就没有理由花那么大力气去管制零碎动作。即使以上我对于结果矛盾之处的解释是错误的（这些事后诸葛亮般的解释必须被看作尝试性的，直到被进一步的研究加以确认为止），但是这些矛盾的结果本身就足以提醒抓谎者，对于零碎动作的解读，千万不可掉以轻心。

在我们的研究中，测验一般人的抓谎能力时，多数人都将零碎动作视为风向标，零碎动作多的就是说谎，反之则否。这种错误极为危险,很有可能漏掉了说谎者,却冤枉了诚实人。识别犯这种错误可能出现的情形非常重要,让我们再回顾一下为什么零碎动作不是可靠的说谎线索的几条原因。

对于零碎动作的方式和多寡,个体差异巨大。假如抓谎者事前熟悉了情况并比较了行为,布罗考陷阱(个体差异的问题)就能有效地减少。

既然人们出于任何不安都会增加零碎动作,那么奥赛罗谬误也会造成将零碎动作误解为说谎线索。这对于其他说谎信号也成问题,但对于零碎动作则尤其尖锐,因为零碎动作不仅会是不适的信号,当与密友共处时也可能是极为惬意的信号。

人们普遍认为过多的零碎动作将暴露谎言,因此一个有心计的说谎者将刻意掩饰这一点。人们也试图控制面部表情,但零碎动作相对于表情更容易约束。如果说谎代价很大,说谎者将会至少在一段时间内成功地约束零碎动作。

姿势(posture)是身体行为的另一方面,它已经被大量研究者检视,但很少从中发现破绽或说谎线索。人们知道自己必须保持何种坐姿和站姿,合乎正式会谈的姿势绝不是与老朋友交谈的姿势。当人们行骗时,控制起姿势来似乎都得心应手。我和其他研究欺骗者也并没有发现人们在说谎与否时姿势会有任何差异。*当然,我们不可能测量到姿势变化的各个方面。一个可能的结果

---

* 一项欺骗研究发现,人们认为频繁改变姿势的人正在说谎。但事实上,姿势被证明无关说谎与否。参见:Robert E. Kraut and Donald Poe, "Behavioral Roots of Person Perception: The Deception Judgments of Custom Inspectors and Laymen," *Journal of Personality and Social Psychology* 39(1980):pp.784-798。

是，对话题感兴趣时，人的姿势会前倾，而恐惧或厌恶时则会后撤。然而，对于这些情绪，一个有心计的说谎者将有能力约束姿势线索中几乎最细微的信号。

自主神经系统的线索

前面所讨论的，都是骨骼肌所产生的身体行为。接下来要谈的是，随着情绪波动，自主神经系统也会造成身体的变化，这包括呼吸的模式、吞咽的频率与排汗量等（自主神经系统引起的面部变化，如面红耳赤、面颊发烫、瞳孔放大等，将在下一章讨论）。所有因情绪波动而产生的上述身体变化，都是不由自主的，很难加以约束，因此都可以视为可靠的说谎线索。

使用测谎仪可以监视这些变化，但许多变化不需要动用特殊仪器，目视就可以辨识。说谎者如果感到恐惧、生气、兴奋、悲痛、羞愧或罪恶，因此呼吸加速、胸口起伏、猛吞口水或沁出汗珠均属常见。但是，不同的情绪是否有各自相对应的自主神经系统的活动，过去数十年来，心理学家的看法并不一致。大多数学者持否定看法，认为任何情绪波动都会导致呼吸、吞咽及异常出汗，自主神经系统的变化仅表示情绪的强度，而非情绪类别。然而大多数普通人的经验却有悖于这种观点，一般人的感觉是，不同情绪会有不同的身体感受，例如害怕就与生气不同。心理学家指出，之所以会有这种错误的认知，是因为普通人都是用不同的情绪来解读相同的身体感受，才认为自主神经系统的活动会因不同的情绪，产生了不同的变化。[21]

但我最新的研究显示,这个观点大有问题,如果我的研究无误,自主神经系统变化确实会随不同情绪而各异,这对测谎将是一项重大突破。换句话说,不论使用测谎仪或仅以目视耳听,测谎者都可以不仅发现嫌疑人是否情绪有波动,而且能辨别是哪一种情绪,恐惧、生气、厌恶还是悲痛。这一类的信息有时也可以从面部取得,但即使有些人能够轻易阻断面部的许多情绪信号,他们却对这种自主神经系统的活动无可奈何。

我们的研究到目前为止仅发表过一次,一些声望极高的心理学家并不认同,认为仍有争议,但我依然深信我们证据确凿,最终将获得科学界的肯定。

要证明不同的情绪各自对应有不同的自主神经系统的活动,有两个关键问题,我认为我都已经解决。

第一个问题是:如何取得纯粹情绪的样本?要将自主神经系统因生气或害怕所产生的活动加以区分,研究者必须确定其研究对象确实体验了这两种情绪。由于测量自主神经系统变化需要用到精密仪器,所做的研究就必须在实验室中进行,但是在一个冷冰冰的非自然环境中,该如何才能引发情绪?如何使一个人先生气后害怕,而两者又不是同时发生呢?不让人同时既害怕又生气,避免发生所谓的情绪混合,这个问题非常重要。除非情绪是分开的,即情绪样本是纯粹的,否则就不可能确定自主神经系统的活动会因不同的情绪而各异。如果生气中有一丝害怕,害怕中有几许生气,那么测量出来的自主神经系统的变化往往会趋于一致。事实上,不论在实验室或日常生活中,混合情绪往往多于纯粹情绪,避免混合并不容易。

情绪取样最常用的技术，就是要求实验对象回忆或想象某种恐怖的事情。假设实验对象想象自己受到了持枪强劫，研究者必须确定，除了害怕的情绪外，实验对象并未对抢匪感到愤怒、对自己的害怕感到生气，或为自己蠢到身陷险地而恼火。如果用其他方法制造情绪，也会产生同样的结果，即混合情绪的机会大于纯粹情绪。假设研究者是播放一部恐怖电影，譬如希区柯克的《惊魂记》(Psycho)，片中男主角突然持刀攻击淋浴的女主角，实验对象可能会为研究者播放这种吓人的片子而生气，为自己的胆小而郁闷，也可能会因男主角的暴力而义愤，甚至可能因血腥而厌恶，因女主角的受害而沮丧，等等，想要取得纯粹情绪的样本，绝非易事。进行此类研究的大部分研究者都一厢情愿认为，实验对象当然能够轻易制造他们想要的纯粹情绪的样本，但我完全不能苟同，因为他们并没有采取必要的步骤，以保证或确认情绪样本是纯粹的。

第二个问题则来自研究器材所造成的影响，是实验室取样所必然会遭遇到的现象。大部分的实验对象一进实验室大门，对即将发生的事会有些难为情，结果一切都被放大了。测量自主神经系统的活动，要在实验对象身体的不同部位接上许多导线，监察呼吸、心跳、体温与出汗。实验对象动弹不得，坐在那儿看着研究者监察自己体内的变化，而且一般都有隐瞒的摄影机在一旁伺候，多数人难免感到窘迫。窘迫也是一种情绪，如果自主神经系统产生这种情绪，不论研究者想要取得什么样本，全都会因此而受到污染。此时，研究者可能认为实验对象此时正在回忆某件可怕的往事，彼时又可能以为他记起了令他生气的事，但实际上却是在这些回忆中掺杂着窘迫。然而,却没有人设法消除实验者的窘迫,对于窘迫是否破坏了纯粹情绪的样本,事后也未加查证。

而我和同事们选择职业演员作为实验对象,便消除了窘迫的问题。[22]演员习惯于旁人的监察,也不会因为别人盯着他们的一举一动而不适,将导线接在身体上,反而令他们觉得有趣。另一方面,以演员为实验对象也有助于解决第一个问题——取得纯粹情绪的样本,演员都接受过一种名为斯坦尼斯拉夫斯基表演技巧(Stanislavski acting technique,又称为体验派表演技巧)的训练,精于回忆与重温各种情绪,模拟各种角色。在我们的实验中,当一切就绪,摄影机对准演员的面部,要求他们尽最大的可能回忆及重温往昔最愤怒的感觉,然后逐一陈现最强烈的恐惧、悲伤、惊讶、快乐与厌恶等等。其他研究者在研究中也曾对一般人教导过这种表演技巧,但我们则直接使用训练有素的职业演员,所以窘迫的问题迎刃而解。此外,对实验对象按我们的要求所做出的情绪,我们绝不视为理所当然,而是必须确认情绪样本是纯粹的,而不是混合的。在记忆追溯之后,针对演员对指定情绪的感受,我们要求他们在强度上做出自我评估,并问他们是否感受到其他情绪。如果在他们的评估中,存在与指定情绪接近的其他强烈的情绪,则被我们剔除出样本。

以演员作为实验对象,也使我们在纯粹情绪的取样上更容易试用另一项获取技术,而这项技术是以前从未使用过的。这项新技术的发现纯属意外,多年前,我们进行了一项了解面部表情产生机制的研究:哪些肌肉做出哪些表情?我们系统地做出了数千种面部表情图,拍摄照片并分析肌肉运动的组合与面部外观的关系。出乎意料的是，面部肌肉做出与情绪相关的动作时，我们发现身体竟然也发生了变化，即因自主神经系统的活动而产生了变化。我们从来不曾认为，有意识地运动面部肌肉，会使自主神经系统产生不自觉的变化，但这种情形却一再地发生了。对于自主神经系统的活动是否会随着面部肌肉动作的不同而不同，我们还不清楚。于是，在后续实验中，我们明确地要求演员运动某些面部肌肉，按照六种不同的要求，表现六种情绪，既不要感到窘迫，也不必在乎旁边有人盯着看。他们熟练地运作面部肌肉，轻而易举就做到了大部分的要求，同样，我们并未就此相信他们已经制造出纯粹情绪的样本，我们将所有的面部动作都录下来，录像带经过检测，对于那些确实做到了指定面部动作的样本，我们才加以使用。

实验结果发现，强有力的证据显示，并非所有的情绪都有相同的自主神经系统活动，每种情绪所造成的心跳、皮肤温度与出汗的变化均不相同，例如演员在脸上做出生气与害怕的肌肉动作时（并非要求他们表现这些情绪，只是做出特定的肌肉动作而已），心跳都加速了，但皮肤温度却出现不同变化：生气时变热；害怕时变冷。换不同的人做实验，所得的结果也相同。

所有这些结果如果经其他研究者复制实验而证明成立，将可改变测谎人员对测谎仪的解读。他们不仅可以知道嫌疑人是否感受到任何情绪，并可借自主神经系统的活动，得知是哪一种情绪，即使没有测谎仪，抓谎者只用目视，留心呼吸或出汗的变化，就可以知道是哪一种情绪在活动。由于自主神经系统的活动非常难以阻断，如果能够借此揭露嫌疑人感受到的是哪一种情绪，抓谎所犯的错误将可大为减少。到目前为止，我们还不确定，仅依据自主神经系统运动所产生的视觉与听觉信号，是否就能够区分不同情绪，但有理由相信这是可以做到的。特定情绪的信号，不论是来自面部、身体、声音、言辞或自主神经系统，均有助于确定某人是否说谎，也有助于了解相关的陷阱与预防措施，这些将是第6章的主题。

捏造时的情况

第2章解释了说谎的两种基本方法：隐瞒和捏造。本章所讨论的主要是隐瞒的情绪是如何被言辞、声音和身体泄密的。当说谎者并没有感受到任何情绪，但需要有一种情绪或者需要借以隐瞒另一种情绪时，则需要捏造情绪。例如，当一个家伙听说姐夫生意失败时，他可以做出一脸的悲哀相。假如他对此完全无动于衷，那么这副假表情可以让他看起来近乎人情；假如他暗地里幸灾乐祸，这副假表情则可以掩饰他的真实心情。言辞、声音或身体能出卖这种假表情，揭露出对一个并未感受到的情绪的表演吗？没有人知道答案。学术界对于装出虚假情绪的纰漏的研究，比起隐瞒真实情绪的破绽来说少得可怜。我只能给出我的观察、解释，甚至直觉的看法。

当使用言辞来捏造时，无论诚实与否，任何人都不会很容易地找到恰当的言辞来形容情绪。只有诗人才能表达出一种情绪的微妙之处。也许用言辞来宣称自己拥有一种并未感受到的情绪不再困难，但是却不再生动感人，或者不再令人信服。只有声音、身体和面部表情才能将口头表达的情绪赋予意义。我猜想大多数人都能装出足以愚弄别人的生气、恐惧、悲痛、快乐、厌恶或惊奇的声音。当这些情绪真的出现时,声音所发生的改变隐瞒起来并不容易,但是无中生有,装出情绪则相对容易得多,大多数人也许就是被声音所蒙骗的。

自主神经系统产生的一些改变是容易被假装的。呼吸或吞咽的情绪信号难于隐瞒,但假装起来并不费事,无非是呼吸得更快,吞咽得更频繁而已。出汗是一件困难的事,它难于隐瞒和假装。但说谎者可以通过呼吸或吞咽上的假装,给人充满负面情绪的印象,但我认为很少有人会这么做。

说谎者可以通过增加零碎动作以装出不安,但大部分人往往忘了该这样做。这样容易的事该做而不做,往往会使说谎者通过其他途径煞费苦心宣称的恐惧感或悲痛感徒劳无功。

肢体比画能够假装,当某人对自己所说的内容并不以为如何时,可以通过肢体比画来给人以投入和热情的感觉,但可能并不会有多成功。报道说前总统尼克松和福特都曾经接受私人辅导,以增加其肢体比画的运用。但我在看电视时,反倒觉得辅导让他们显得那么做作。肢体比画应该依赖于言辞,有意地设计一个精确的动作细节是困难的,它们不是太早就是太晚,要么就是做得太长。这更像试图通过深思自己每一个动作细节来滑雪一样,很难协调,看起来也笨拙。

我已经描述了一些行为线索,它们能够泄露隐瞒的信息,揭示出没有准备说辞的人,或者揭示出那些与言辞不符的情绪。

口误、肢体符号失误，以及言辞激烈能泄露任何种类的信息，包括情绪、往事、计划、意图、幻想、主意等。

闪烁其词、停顿、说话打结，以及肢体比画的减少可以显示出说话者字斟句酌，没有事前准备说辞，它们可以是任何负面情绪的信号。当然，肢体比画的减少也可能只是因为比画烦了而已。

声调升高、音量变大，语速加快的情况通常伴随着恐惧、生气，也许还有兴奋。相反的变化则说明悲哀，也许还有罪恶感。

呼吸或出汗的变化、吞咽动作的增加，以及口干舌燥都是情绪强烈的信号。将来有可能根据这些变化的模式，判断出究竟是何种情绪在作祟。

第 5 章

说谎的表情线索

面部所包含的说谎线索极多：微表情、碎表情、面部不随意肌所泄露的信息、眨眼、瞳孔扩张、流泪、涨红与发白、表情不对称、出现时间与位置的错误、假笑等。有些可以提供破绽或线索，有些则摆明了表情根本就是假的。

对抓谎者来说，面部提供了最有价值的信息来源，因为表情既会说谎，也会道出实情，而且经常是两者同时发生。面部通常包含两种信息：一种是说谎者想要表现的，另一种是他想要隐瞒的。某些表情可以为谎言提供不实的信息；但有些表情则会泄露谎言，因为一看就知道那是装出来的，尽管极力掩饰，仍然难免形迹败露。装出来的表情或许乱真于一时，但在下一刻，掩藏的表情就可能会现形了。面部的不同部分甚至可能出现不同的表情，真假并陈，混合在一起。大部分人之所以无法从面部识破谎言，关键就在于不知道如何分辨真假表情。

真表情是无意识的面部动作，脸上的表情未经思索或刻意做作；相对而言，假表情则是有意识地控制面部动作，以阻止真实的情绪泄露,而呈现出虚假的表情。面部是一个二元系统,往往兼有装出来的表情和自发的表情,有时脸上浮现出来的表情,甚至连本人都不自知。在有意识表情与无意识表情之间还有一类表情,它们需要习得,但是却会不经选择而自动表现出来,而当事人一般也不会意识到。特有的或习惯性的面部动作就是这种中间表情的例子,它们控制了对某些表情的展现,譬如在主管面前不可动怒。但我们在这里要谈的只是前两种,即为了误导别人而刻意装出来的表情,以及有时候会泄露当事人谎言的自然流露的表情。

研究大脑不同部位受损的患者时,我们发现,有意识表情与无意识表情分别属于大脑的不同控制区域。大脑受损部位如果涉及所谓锥体神经系统(pyramidal neural system),要求病患者笑的时候,他无法办到,但听到笑话或碰到某些开心的事情时却会自然展现出笑容;当大脑的非锥体神经系统(nonpyramidal neural system)受损时,情形刚好相反,即病患者能够有意识地笑,开心的时候却面无表情。锥体系统受损的病患者,即无法刻意做出表情的人,面部无法说谎,因为他们根本装不出表情;非锥体系统受伤的病患者,即心有所感却面无表情的人,则可以是高明的面部说谎家,因为他们根本无须掩饰内心的真实感受。[1]

无意识的面部表情是进化的产物,人类的许多表情跟其他灵长类动物并无二致。某些情绪,例如快乐、恐惧、愤怒、厌恶、悲伤、痛苦等等,面部表情是普世一致的,不分年龄、性别、种族或文化。[2] 面部表情是最丰富的情绪的信息来源,可以把瞬息之间极细微的内心感受泄露出来,这些感受如果用语言来描述的

话,或许只有诗人才能做得到。透过面部,情绪可以形之于外的计有:

- 情绪的种类:愤怒、恐惧、悲伤、厌恶、沮丧、快乐、满足、兴奋、惊讶与轻蔑,全都能够以不同的表情传达。
- 情绪的混合:内心往往会同时感受到两种或多种情绪,而面部都会分别显示出来。
- 情绪的强度:每种情绪都可以呈现出不同的强度,如从烦躁到暴怒、从忧虑到恐惧等。

但是,面部表情绝不仅仅是一个无意识的情绪信号系统。在人生的最初几年,幼儿就已经学会控制一些面部表情,隐瞒真正的感受,做出虚假的表情。父母亲的身教,固然是教导孩子控制表情的榜样,但更多的时候是出之于言传,譬如告诉孩子"不许对我板着一张脸","阿姨送礼物时,要显出开心的样子",或是"别一副不耐烦的样子"。等到长大之后,人们学会了表态规则(display rule),并形成根深蒂固的习惯。然后这些管理情绪的表态规则就会自动运作,不经思索,无需意识,便能调整自己的表情。有时即使意识到表态规则,也很难摆脱,因为一旦习惯变成了条件反射,就会很难改掉。我相信,这种表态规则的自动运作,可能是人们最难破除的习惯。

某些表态规则随不同的文化而有所不同,以致让人产生面部表情并非普世一致的印象。但根据我的观察,日本人与美国人观赏煽情电影时,表情并无二致。唯一不同的是,日本人通常只在独自观赏时才会真情流露;如果有旁人,尤其是重要人物在场时,日本人会比大部分美国人更遵守表态规则,隐瞒他们的负面

表情，而代之以礼貌的微笑。³

除了习惯性地自动控制表情外，人类还能够刻意地、完全出于自觉地不让真情流露到脸上，或装出某种内心并没有那种情绪的表情。这种表情的骗局，绝大多数的人都可以做到，因此，几乎每个人都有受别人表情误导的经验。不过，相反的情形也司空见惯，即只要从对方脸上掠过的神情，就可以看出对方是在讲假话。夫妻之间，会在另一半的脸上看到某种情绪（通常是生气或害怕），对方尽管否认，却还是不自觉地形之于脸上。这一类的经验谁都有，因此，绝大多数的人都认为自己能够识破任何装出来的表情，但是，我们的研究结果却显示完全不是那么回事。

前面提到了一项实验，该实验发现，一般人并不能够指出护理学生是在说谎还是在讲真话。其中，只看学生表情的人判断正确率不足五成，比随机猜测还差，把大多数说谎者都看作了诚实的。人们对装出来的表情几乎都信以为真，而忽略了那些泄露出真实感受的表情。人在说谎的时候，脸上最明显的、最显而易见的表情往往会成为被注意的焦点，殊不知那些表情通常都是假的，而反映这些表情虚假的细微信号，以及隐瞒的情绪在脸上转瞬即逝的微弱信号，却大多受到忽略。

对于说谎者，大部分的研究人员并没有在表情上用心，而是把注意力放在比较容易掌握的行为上，比如肢体比画或说话打结等。只有少数人对表情下过功夫，但也仅是针对笑容，而且把笑容看得太过于简单。这些研究者发现，人在说谎时就跟讲实话时一样，笑容寻常可见，但对于笑的种类，他们却从未加以区别。笑容并非全都相同，根据我们对面部所做的测量，可以区分出不下50种的不同笑容。我们发现,护理学生讲真话时,笑的方式完全不同,关于这一点,让我卖个关子,本章末再做说明。

正因为面部表情太过复杂,难以辨识,所以那些对非口语交流和说谎感兴趣的研究者往往都避之唯恐不及。对于面部表情,至今也没有一套完整而客观的测量方法。在检视护理学生说谎的录像带之后,我们明白了,想要破解说谎的面部表情信号,就需要经过精准的测量,于是我们开始致力于开发这样一套方法。历时将近10年,我们总算发展出一套精准地测量面部表情的技术。[4]

彼此互异的面部表情多达数千种,而且其中有许多根本与情绪无关。许多是所谓的对话信号,类似于肢体比画,用于加强语气或表达某种语意(例如面部的问号或惊叹号);还有许多是面部符号,诸如眨眼做出示意,撇嘴传达不屑,扬眉表示怀疑等等;另外就是面部的零碎动作,像咬唇、舔唇、咂嘴、鼓腮等;最后才是情绪性表情,有的是真的,有些则是装出来的。

每种情绪都不止一种表情,而是多达几十种,有的其至达数百种。但每种情绪都自成一个表情类型,同一类型中的表情间也有明显的差异。关于这一点,丝毫不值得惊讶,因为每一次发作的情绪,尽管经验类型可以同属一种,但却并不来自相同的感受或经验。以生气这种经验类型为例,差异可以体现在:

- 强度:从不耐烦到暴怒。
- 发作方式:从暴跳如雷到生闷气。
- 反应时间:从一触即发到长期郁积。
- 发作时间:从短暂到长久。
- 火气程度:从火冒三丈到冷漠以对。

- 真实程度：从真正的生气到心情很好的父母对脏兮兮的宝贝装腔作势。

如果把生气与其他的情绪混合——诸如喜中带怒、恼羞成怒、轻蔑之怒，那么生气的经验类型所包含的种类也就更多了。

每种不同的生气体验是否表现为不同的面部表情，迄今无人知道，但我相信还是存在不少这样的对应的。我们有证据表明，面部表情之多，绝非形容各种情绪的单词所能尽述。面部所发出来的信号，其间差异极为微小细致，已经超过文字的描述能力。我们为面部表情所做的数据库收集整理工作始于1978年，主要目标是厘清每种情绪能表现出多少种表情，哪些是彼此等效的，哪些外在信号不同但内在状态相关。我对于说谎的面部表情的一些见解，就基于使用这套新的面部测量方法所做的系统研究，其中有些部分，是耗费了数千个小时侦测面部表情才得出的结果。我的报告绝非定论，但到目前为止，对于有意识表情与无意识表情之间所存在的差异，除了我们做过的研究外，还没有其他研究者尝试过。

让我们从最具诱惑的面部破绽——微表情（micro expression）开始，这种表情可以完整呈现隐瞒的情绪，但转瞬即逝，往往为人所忽略。从浮现到消失，微表情一闪而过的时间，不到四分之一秒。大约在20年前，我们第一次研究说谎线索时，就发现了这种微表情，当时我们正在检视一盘访谈的录像带，接受访谈的病人就是前面曾经提到过的精神病患者玛丽。玛丽住院数周之后，访谈时告诉医生她不再沮丧，并请求周末与家人团聚；但事后她坦白自己是在撒谎以便获得自杀的机会，自己当时仍然感到悲观和绝望。

在录像带中,玛丽多次轻微而不完整地耸肩,这是肢体符号的失误,但她的肢体比画却很少。我们也发现一个微表情:以慢镜头回放,可以看到脸上迅速掠过极度忧郁的神情,随即换上一副笑脸。所谓微表情,是指极大地压缩了正常表现时间的完整的情绪性表情,尽管它完整地表现于脸上,但持续的时间仅一瞬,快到让人

图2

难以察觉。图2就是悲伤的表情,由于固定在纸页上,不难解读。但如果是一个微表情,就只有二十五分之一秒的时间,随后便被其他的表情所掩盖,那么就极不容易被捕捉到。就在我们发现微表情之后不久,另外一个研究团队也发表了他们的发现,并说微表情乃是被压抑的结果,显示了无意识的情绪云云。[5]但是,就玛丽而言,她那种情绪肯定不是无意识的,因为她的微表情透露,她正痛苦地意识到了那种悲伤。

我们出示玛丽接受访谈时包含那个微表情的片断给别人看,请他们判断她的心情。结果未经训练的人都漏失了微表情中的信息,造成误判,认为她的心情还不错嘛。但当播放慢镜头时,大家都抓住了忧郁的信号,接着再以正常速度放片,忧郁的微表情也能够捕捉到。然而,有经验的临床医生一般不需要慢镜头播放就能捕捉到微表情。

经过一小时左右的练习,大部分人都学会了观察这种一闪即

逝的表情。我们在投影仪的镜头前放置一个快门，控制幻灯片瞬间投影的时间。刚开始，播放每次只闪现五十分之一秒的表情，大家都说看不出名堂，也不可能看出名堂。但他们很快就都进入状态，一旦抓住诀窍，有时还认为故意放慢了快门。看过几百张脸之后，尽管闪现的时间极为短暂，每个人都已经能够辨识其中的情绪。学习这门技术，不一定需要快门装置，把有表情的照片放在眼前，尽可能快速地对着照片打出闪光即可。对照片中的情绪先做尝试性的猜测，然后仔细加以确认，再换另外一张，如此不断练习至少数百张后，就可以得心应手了。[6]

微表情十分诱人，因为它们内容丰富，提供了隐瞒情绪的破绽，但是微表情出现的机会并不大。在护理学生说谎的实验中，就很少发现微表情，反倒是碎表情（squelched expression）较为常见。当一个人意识到某种表情会泄露心情时，立刻中断该表情，这就形成所谓的碎表情。有时碎表情会用其他表情掩盖，最常用的是微笑。碎表情也是稍纵即逝，表情一经打断，所携带的情绪信息就很难再捕捉得到，尽管如此，碎表情仍然是值得留意的线索，表示这个人正在掩藏某种情绪。微表情虽然在时间上经过压缩，但优点在于充分展露；碎表情则是表情受到打断，并没有完整展现，而只是局部的表情碎片，但优点在于延续时间比微表情长，并且打断本身值得玩味。

微表情与碎表情虽然能够提供说谎线索，但大多数情况下却存在两个问题。第一个问题是布罗考陷阱，抓谎者根本没有考虑到每个人情绪性表情的个体差异，并不是每个隐瞒情绪的人都会表现出微表情与碎表情，因此，没有出现微表情或碎表情，并不能证明这个人是在说实话。第二个问题是奥赛罗谬误,某些诚实的人被误解为说谎时情绪反应强烈,反而更加深别人的怀疑。为避免奥赛罗谬误,抓谎者必须了解,某人即使表现出微表情或碎表情,并不足以代表他就是在说谎。这些表情所泄露的几乎每一种情绪也能被无辜者所感受到。无辜者可能因为受到怀疑而恐惧,可能为其他事情而怀有罪恶感,可能为受到不当的指控而愤怒或厌恶,可能为有机会证明原告的错误而满怀欢喜,还可能为莫名的攻击感到惊讶乃至错愕……总之,什么可能都有。如果无辜者想要掩饰这些情绪,微表情或碎表情就会出现。在解释微表情或碎表情的过程中会存在一些陷阱,处理这些问题的方法将在下一章讨论。

并非每条产生面部表情的肌肉都容易控制,有些肌肉就比较诚实。说谎者想要装出假的表情,不随意肌便不听使唤。说谎者尽管试图隐瞒内心的真实感受,但却不易阻止或打断这类肌肉的活动,以致隐瞒行为难以得逞。

为了解哪些肌肉是不容易控制的,我们请实验对象有意地移动其面部的每条肌肉,把表情摆在脸上。[7]有些肌肉的确只有极少数人能够随意移动,例如,在测试者当中大约只有一成的人不需要用到颊肌(chin muscle),就能够把嘴角往下拉。但在真实情绪的召唤之下,我们注意到那些不容易控制的肌肉却动了起来,例如嘴角无法随意下垂的人,感到悲伤、难过或痛苦时,就会很自然地表现出来。如何移动这些不容易控制的肌肉,是可以学会的,只不过要花上好几百个小时。这些肌肉之所以是不随意的,原因出在人们通常不知道如何把信息传递给它,好利用它做出假的表情。据此，我有理由认为，如果一个人无法把信息传达给某些肌肉做出假的表情，也就很难传递"阻止"或打断的信息，以干预肌肉响应内心真实情绪所表现出来的动作。换言之，如果你无法随意移动肌肉做出假的表情，也就无法约束肌肉的动作，掩藏已经流露出来的真表情。*

除了阻止之外，有感而发的表情也可以用其他方法掩藏起来。表情可以被戴上面具，典型的方法就是微笑，只不过出现在额头及上眼皮的情绪信号却是遮不掉的。此外，绷紧拮抗肌（antagonistic muscle）也可以控制脸上的表情，例如，抿紧嘴唇并将两颊的肌肉往上推，原来一副开心的笑容就不见了。然而，只要用到拮抗肌，说谎往往就会露了底，因为硬要拮抗肌与表现内心感受的面部肌肉一起动作，便会使表情看起来极不自然，一副僵硬或是被竭力控制的样子。掩藏真实情绪的最好办法，就是完全阻止与表情有关的肌肉的活动，但是，如果涉及面部的不随意肌，那就很困难了。

不随意肌的主要活动地带是额头，图3A所显示的是悲伤、痛苦、忧愁，可能还伴随罪恶感时，脸上不随意肌活动的结果（这个情况与图2所显示的相同，但在图3A中，面部的其他部分没有表情，所以注意力比较容易放在额头上）。值得注意的是，眉毛的内侧角耸起，这通常会使上眼皮呈三角形，并在额头中央产生皱纹。在我们的测试中，只有不到15%的人能够随意做出

---

* 我曾经就此与一些研究表情和情绪的神经学专家进行讨论，他们认为我的推理是合理的，但是未经实证，只能视为假设。

这种面部动作。这种无法随意装出来的表情，在一个人悲伤或痛苦（或许还有罪恶感）时，即使想要掩饰内心的情绪，还是会出现，而假装有这些情绪时，这种表情应该不会出现。这里的几张面部表情图，都经过特别修饰，目的在于让表情显得清晰，只不过无法表现出现和消失时的动态效果。如果悲伤不是太深，额头所显现的样子会与图3A相同，但更为浅些。一旦熟悉了某种表情的模式，在日常生活中，看到类似的面部动作，当然那时是动态的，即使只是轻微的，也可以察觉出来。

图3B显示的是恐惧、担忧或焦虑时的不随意肌活动。注意看，眉毛扬起来而且紧蹙在一起，这两个动作同时出现，是最不容易装出来的，在我们测试的人当中，能够随意做到这点的不到10%。图中扬起的上眼皮和紧绷的下眼皮是典型的恐惧效应，由于眼皮的动作并非难以控制，想要掩饰恐惧的情绪时，眼皮就会回复正常，但眉毛的位置却不会改变。

图3C与图3D显示的是生气与吃惊时眉毛与眼皮的动作。眉毛与眼皮出现这种动作，一定就是在表现这两种情绪。两图中眉毛与眼皮的动作都不难做到，因此可以装出来，也可以轻易掩饰。把这两张图归入眉毛与眼皮表现情绪的图片，目的是要与图3A和图3B对照，以彰显不随意肌的表情动作。

图3C与图3D中扬起或下垂的眉毛动作是最常见的面部表情，常被用来当作对话信号以加强语气。此外，眉毛扬起也表示惊讶或怀疑，是不相信或不信任的符号。让眉毛低垂紧蹙的肌肉，达尔文称为"困难肌"（muscle of difficulty）是有道理的，因为处理任何困难的事，从举起重物到演算复杂的算术题，都会出

第 5 章 说谎的表情线索

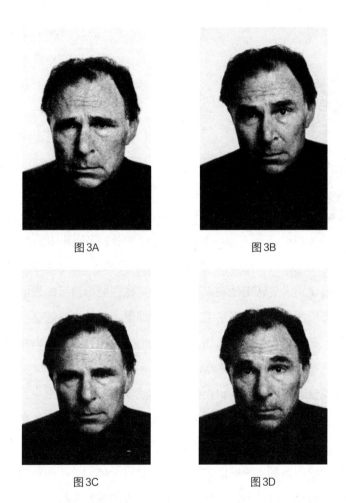

图 3A　　　　　　　图 3B

图 3C　　　　　　　图 3D

现这种表情，当困惑与专心时，这种表情也经常出现。

　　面部另外一个不随意动作发生在嘴部，生气最明显的符号就是嘴唇变窄，红润的部分变小，但嘴唇并没有缩进去，也不一定是紧抿的。对大部分人来说，这个动作很难伪装，我注意到，人只要一开始生气，甚至在还没有意识到生气的情绪时，这个动作

图4

就已经先出现了。但是，这个动作极不容易察觉，也很容易以笑容掩饰过去。图4显示这个动作对嘴唇外观造成的变化。

当诚实人被怀疑是在说谎时，表情会流露说谎者的情绪，这种产生奥赛罗谬误的危险使得面部不随意肌的解读更加复杂。一个无辜者担心被冤枉，会不由自主地流露图3B所显示的恐惧，再加上担心自己露出恐惧的表情，会让别人更认定他在说谎，于是又试图掩饰自己的恐惧，结果使恐惧的情绪出现在眉毛上，因为那里正是他无法随意控制的地方。而说谎者担心被抓到，试图掩饰恐惧，也会表现出相同的表情。第6章将说明抓谎者处理此问题的方法。

说谎者可能没有露出说谎线索，诚实人反而表现出来，这种未能考虑到个体差异的布罗考陷阱也是在解读面部的不随意肌时应该避免的。一些人，包括精神病态人格者与天生说谎者，阻断真实情绪的面部表情的能力高人一等，对于他们，即使是面部的不随意肌也不可以相信。许多有超凡魅力的领袖人物就是这方面的高手，据报道说，教皇保罗二世（Pope John Paul II）在1983年访问波兰期间就露过一手。*

---

* 我们极端不赞成说谎，因此若以"说谎者"加诸任何值得尊敬的人显然相当不妥。但本书第2章说明过，我所用的"说谎者"一词是不带任何贬义的，下一章我也将解释，我相信一些说谎者在道德上是站得住脚的。

1982年，波兰的格但斯克造船厂罢工，这使人们希望波兰领导人在政治上放宽松些。但许多人担心，如果团结工会（Labor Union Solidarity）的领袖瓦文萨（Lech Walesa）太过于躁进，苏联军队可能会像过去发兵匈牙利、捷克斯洛伐克和东德一样开进波兰，当时苏联军队已在波兰边界"军事演习"了好几个月。但最后的结局是，纵容团结工会的政权倒台，波兰军方在莫斯科的同意下接管局势。雅鲁泽尔斯基（Wojciech Jaruzelski）将军查禁团结工会，软禁瓦文萨，宣布实施戒严。18个月之后，本身也是波兰人的教皇到访，大家都拭目以待，看他是支持瓦文萨，重新鼓动罢工，催生反抗，还是祝福雅鲁泽尔斯基将军。新闻记者萨菲尔（William Safire）描述了当时将军与教皇会面的场景：

教皇与波兰领袖微笑着握手。教皇深知公开场合姿态的作用，因而特别讲究自己的表情，只见他一脸笃定的神情，这传达了一个信号：教会与国家已经达成秘密协议。莫斯科所选定的波兰领袖雅鲁泽尔斯基已经受到政治的祝福，它透过国家电视台一而再地播送出去。[8]

并非每个政治领袖都能收放自如地管理自己的表情，埃及前总统萨达特（Anwar Sadat）谈到他青少年时学习控制面部肌肉的经验，写道：

我自幼热衷于政治，当时正值墨索里尼在意大利当政，我观察他的照片，揣摩他发表公开演讲时表情的变化与姿势的变换，听众们被吸引着，从他特有的姿态中读到了权力与力量。这令我着迷得要死。在家里，我站在镜子前面，想要模仿那种君临天下的表情，结果却大失所望，徒然累坏了面部的肌肉，真伤人。[9]

尽管在面部表情上弄不出什么骗人的把戏，但在1973年，萨达特成功地联合叙利亚，对以色列发动奇袭，仍然显示他是一个骗敌高手。这两者之间并不矛盾，欺骗不一定需要在表情、肢体动作或声音上具备弄虚作假的技巧，这些技巧只有当说谎者与受害者面对面直接接触时才有必要，就像希特勒把张伯伦骗得团团转那样。据说，萨达特与对手面对面接触时，从不掩饰真实的情绪。1973年战争后，直接与萨达特谈判的以色列国防部部长魏兹曼就说："他不是一个藏得住情绪的人，内心的感受全写在表情、声音及姿态上。"[10]

还有另一种更为少见的个体差异，也会干扰到对面部不随意肌的解读。它与我在前面提到的面部的对话信号有关，某些对话信号就跟肢体比画一样，能够加强言谈中的特别字眼。在这方面，大多数人不是垂眉就是扬眉（如图3C与图3D所示），但是有极少数的人是用悲伤或害怕的眉毛形态（图3A与图3B）来加强语气，能够这样做的人，这些动作都是可以随意的。演员兼导演伍迪·艾伦（Woody Allen）就是这类的人，他的眉毛是可以随意的，即他用悲伤的眉毛动作来加强语气。与大多数人不同，当伍迪·艾伦要强调某个字眼时，则把眉毛的内角扬起，这使他看起来显得落寞而惆怅。像伍迪·艾伦那样能够用悲伤眉毛加强语气的人，就能够随意地用这些动作做出假的表情或隐瞒情绪，他们控制肌肉的能力非一般人所能及。抓谎者碰到这种犯罪嫌疑人，最好不要靠这些肌肉来判读表情。

造成面部不随意肌及其他说谎线索的解读复杂化的第三个问题，是一种可以使肌肉做出假的表情戏剧技巧——斯坦尼斯拉夫斯基表演技巧。这是一种教导演员学会如何记忆并重温情绪，以便精确表达情绪的方法，在上一章我曾提到，我们利用这种表演技巧来研究自主神经系统。使用这种技术的演员，面部表情不是刻意做出来的，而是重温某种情绪的结果。我们的研究显示，情绪的生理机能是可以唤醒的，碰到某些人无法做出图3A或图3B的动作时，我就要求他们使用斯坦尼斯拉夫斯基技巧，教他们重温悲伤或害怕的感觉，结果他们原来做不到的动作，后来几乎都可以随意做到。说谎者也可以利用斯坦尼斯拉夫斯基技巧，使自己的假表情天衣无缝，因为在某种意义上，那不是假的。面部不随意肌的动作之所以出现在说谎者的假表情上，是因为说谎者真的感受到这种假的情绪。斯坦尼斯拉夫斯基技巧一旦奏效，真假情绪之间的界线就模糊掉了，更糟的是，说谎者会成功地欺骗了自己，渐渐相信自己的谎言是真的。而这种信以为真的说谎者根本无法抓谎，因为只有说谎者知道自己是在说谎时，才有可能透过测谎逮到他们。

到目前为止，我已经提到三种情况，可以将隐瞒的情绪泄露出来：微表情、碎表情，以及因无法阻断不随意肌的动作而残留在脸上的表情。大多数人认为，还有第四个泄露隐瞒情绪的来源，那就是眼睛。眼睛被视为灵魂之窗，大家都相信眼睛会泄露最真实的情绪，但一位苏联教授不同意这种看法，人类学家米德（Margaret Mead）引用过这位教授的话：

> 革命之前我们常说"眼睛是灵魂的镜子"，但眼睛是会说谎的。怎么说呢，眼睛表现你正专注于某事，表现出平静或吃惊的样子，实际上你根本无动于衷。[11]

要解决这种对眼睛是否值得信任的争议，可以把眼睛的五个信息来源分开来讨论，在这五个信息来源中，有三个能够提供说谎的破绽或线索。

第一个来源，是眼轮匝肌（orbicularis oculi muscle）所造成眼睛外观的变化，这些肌肉调整眼皮的形状，露出眼白与虹膜的多少，以及注视眼部所得到的整体印象。这种肌肉的变化，有某些可以在图3A、图3B、图3C与图3D中看出来，但如前所述，它们并不能提供可靠的说谎线索，也就是说，可以相当容易地随意移动这些肌肉，或者阻断其动作。除了作为微表情或碎表情的一部分外，这个来源所能泄露的东西实在不多。

眼部的第二个信息来源是目光的方向，目光会随着情绪而变：悲伤时目光下垂，害羞或愧疚时低垂或旁顾，厌恶时则移开。但是，说谎者即使感到愧疚，却不会转开目光，因为如此一来就泄了底。米德引述过的那位教授就指出，控制目光的方向简直轻而易举。令人惊讶的是，富有技巧的说谎者故意不移开目光，而人们还是不断地被误导：

维格里多（Giovanni Vigliotto）之所以吸引派加德纳（Patricia Gardner），就是因为这个跟一百个女人结过婚的男人在凝视她的时候，他眼中的"那股真诚劲儿"。她昨天［在他重婚罪的审判中］如此作证说。[12]

第三、第四与第五个眼部的信息来源，则更有希望成为比较可靠的破绽或说谎线索。第三个来源是眨眼，它可以是随意的动作，但来了情绪时却是不由自主的反应。第四个来源是瞳孔扩张，情绪波动时就会如此，而且是不可以随意选择的。瞳孔扩张是由自主神经系统造成的，第4章曾提到，流口水、冒汗、呼吸急促等都是自主神经系统造成的，下文将提到的某些面部变化也是如此。频繁眨眼与瞳孔扩张表示一个人的情绪正在剧烈波动，只不过不知道是哪种情绪，兴奋、生气或恐惧等可能如此。要想将频繁眨眼与瞳孔扩张作为有价值的线索，必须满足两个前提条件：一是要有显示某人可能正在说谎的情绪存在；二是抓谎者必须先排除无辜者怕被冤枉而产生这些信号的可能性。

眼部的第五个也是最后一个信息来源就是流泪，这也是自主神经系统的活动所引起的。但是，并非所有的情绪都会使人流泪，流泪只代表了某几种情绪：忧愁、悲伤、解脱、某种形式的欢喜以及无法自制的大笑。一个人或许能够隐瞒忧愁或悲伤的表情，但流泪却可以说明一切，尽管眉毛也能泄露这种情绪，但只要一流泪，那就什么都藏不住。至于高兴得流泪，如果笑容被压抑下来，那就什么都看不出来了。

自主神经系统还会造成其他的面部变化：涨红、发白与冒汗。正如自主神经系统在脸上及身体产生的变化一样，涨红、发白与冒汗都很难加以掩饰。冒汗是否跟频繁眨眼与瞳孔扩张一样，象征任何情绪的波动，或者只是代表一两种特定的情绪，目前尚不能确定；关于涨红与发白，所知就更少了。

一般认为，脸颊涨红表示困窘，也可能是害羞或愧疚。似乎女性比男性更容易脸红，至于原因何在则不甚清楚。脸红可以表示人们因为在掩饰什么而感到困窘或羞耻，但也可能只是为了掩饰困窘而脸红。生气时脸色也会变红，但这跟困窘的脸红有何区别，没有人说得清。想来两者都与皮肤外层血管的充血有关，但生气的脸红与困窘的羞红，在面部受影响的范围及维持的时间上似乎有所不同。我的看法是，只有在怒气控制不住，或怒气行将爆发却憋住时，脸才会涨红，如果此说成立，生气一定能在脸上与声音上找到其他证据，抓谎者不一定非靠脸色来捕捉这种情绪。怒气忍得太厉害时，就跟害怕一样，脸色会发白，或者说，脸色发白会泄露正在掩饰的怒气或恐惧。令人惊讶的是，流泪、涨红、发白，这些现象与表情或与特定情绪的隐瞒之间有什么关系，很少有人研究过。

让我们从面部如何泄露隐瞒的情绪回到假表情的面部信号上来，前面已经提到，识别假表情的一种可能是，不随意肌没有受控而构成假表情的一部分，当然这要排除伍迪·艾伦问题或斯坦尼斯拉夫斯基技巧问题的干扰。此外，还有三种线索可以告诉我们表情是假的：对话过程中的不对称（asymmetry）、时间因素（timing）与相对顺序（location）。

在不对称的面部表情中，两边脸的动作相同，但其中一边的动作强过另一边。这种表情与单面的表情不能混为一谈，后者只出现在脸的一边。单面的面部动作通常与情绪无关，但是上唇翘起或嘴角撇向一边的轻蔑表情则属例外。眨眼示意或扬眉表示不信等单面表情，通常都只是一种面部符号，而不对称表情则更为细致、更为常见，也更为有趣。

科学家们发现，右脑似乎专司情绪的处理，因此推想，有一边脸可能更为情绪化。由于右脑控制左脸的许多肌肉，而左脑控制着右脸的许多肌肉，于是一些科学家认为，情绪在左脸上表现得应该比较强烈。我曾试图去解决他们实验中的矛盾之处，却很意外地发现，不对称居然可以视为一种说谎线索。扭曲的表情，即当一边脸的动作比另一边来得大时，显示情感可能并不是真实的。

之所以说是意外，有一个小插曲。率先宣布发现左脸表现的情绪较强的科学团队所使用的材料并不是他们自己的，而是跟我借用的大量照片。正因为如此，我才有机会近距离地检视他们的发现，并因为照片是我自己拍的，有一些照片的内情是不为他们所知的。研究者萨凯姆（Harold Sackeim）和他的同事把我所提供的面部照片竖着切成两半，合成一张双左和一张双右的照片，这样每张完整面部的图片都是半边脸与其对称镜像的合成。人们看过这些图片后，都认为双左图片的情绪比双右图片的强。[13]但我发现一个例外，即高兴时表情的强弱度却不分轩轾。萨凯姆对此并不在意，我却心里有数。因为照片是我拍的，我知道表情高兴的那些照片才是真情流露，是实验对象心情好的时候，我在他们不知情的情况下拍摄下来的，至于其他的，全是我要求他们移动面部肌肉而做出来的表情。

前面我们提到过脑部受损与面部表情的关系，拿这个结果与之参照，对面部的不对称现象就会产生完全不同的解读。前面所提到的研究显示，随意的（装出来的）与不随意的（自然流露的）表情所涉及的神经通路各异，其中一类表情可以被削弱而另一类却不受影响，这取决于哪部分神经受损。由于随意与不随意的表情互不相干，因此，随意的表情即使不对称，不随意的却可能对称。按照这样的逻辑推下去，可以得到一个确定不移的事实：大脑左右半球指挥的都是随意的面部动作，而不随意的面部动作则是由脑部低级的、更原始的部分驱动。左脑与右脑的区别只会影响随意的表情，无法影响不随意的真情流露。

萨凯姆发现，根据我的推论，原先他所认定的情况就完全不是么回事了。事实上，两边脸上由衷的表情并不会有所不同。只有故意装出来的、按别人要求摆出来的表情才会发生不对称，若非如此，例如发自内心欢喜的一张脸，就很少出现不对称。因此，不对称可以说就是假表情的线索。[14] 为此，我们又做许多实验，对故意装出来的面部动作与发自内心的表情进行比较。

在这方面，科学的证据一直在增强，不久之前，部分结论已经证明成立，在有关正面情绪的表情中，大部分研究人员都同意我们的发现：在装出来的表情中，与笑容有关的主要肌肉会出现一边脸动作较强的情形。当我们要求别人强颜欢笑时，不对称就出现了，例如要求观看血腥暴力影片的人展露笑容，情形就是如此。相当典型的是，受测者如果惯用右手，左脸的动作会稍微更大。确定无疑的则是，发自内心的笑容，出现不对称的概率相当低，即使有，也不会有左脸动作较大的倾向。[15]

我们同时发现，只要是装出来的表情，与负面情绪有关的一些面部动作也会出现不对称，有时是左边的动作大，有时是右边的大，当然也有时没有不对称；但发自内心时则一般没有不对称。除了微笑时，眉毛下垂也常见于生气时，此时如果表情是装出来的，左脸的动作则较大。厌恶时鼻子会皱起，恐惧时嘴角会往后拉向耳朵，这两种表情若是故意装出来的，则是右脸的动作较大。所有的这些发现都已经发表，但对那些主张情绪性表情不对称的人来说，说服力显然还有待加强。[16]

由于不对称太不明显，必须精确地度量才容易看出来，因此，我曾认为这些发现对抓谎者来说作用不大。但是我错了，当我们要求别人判断某些表情是对称还是不对称时，结果出乎意料地好，他们做判读时，甚至不需要慢镜头或重复播放。[17]当然，这些测试者只是专心于这一件事，我们尚无法确定的是，人在心有旁骛的情况下，例如看着对方的肢体动作、专心听讲，以及回答对方问题时，是否也能表现得这么好。但若要设计一套实验来加以验证，那又得大费周章了。

即使不对称表情是刻意为之的比率极高，但并不说明不对称表情一定是装出来的，少数发自内心的表情也有可能是不对称的。同样的，没有发现不对称也不能证明表情就是真的，一来可能是抓谎者忽略了，二来并非每个装出来的表情都是不对称的。抓谎者绝对不可只依赖一项说谎线索，而应该多管齐下，除了面部的线索，还应该辅以声音、言辞或身体的线索。甚至单以面部来说，任何一项线索，除非一再地重复出现，或者有其他面部线索予以参证，否则不应遽下判断。破绽能说明何种情绪被隐瞒，而说谎线索只能说明表情是假的。在前文，我们解释了三类破绽，即不随意肌、眼睛与自主神经系统造成的面部变化。而这里所讲的不对称则是三类说谎线索中的一个，下面我们讲第二个说谎线索：时间因素。

时间因素涉及面部表情的持续时间，以及出现快慢和消退快慢。这三种情况都能提供说谎线索。一般来说，长时段的表情——有的长达十秒左右或更长，通常约五秒，差不多都是假的。真正发自内心的表情都不长，除非情绪达到了极点，如欣喜若狂、怒气冲天或悲不自胜等，此时真正的情绪性表情在脸上顶多停留几秒钟。即使在极端的情况下，面部表情也很少能持续那么久；与此相反，表情比一般持续时间更短的情况倒是屡见不鲜。总之，长表情往往是表情符号，或者戏谑的表情。

在表情出现与消退的快慢上，并没有怎么样就是说谎线索的硬性规定。但惊讶例外，真正的惊讶，出现、持续与消退都很短暂，为时不到一秒。如果长过于此，通常不是戏谑（惊讶是在闹着玩儿的）、表情符号（惊讶是在表态），就是根本在假装，因为出乎意料的事情一旦弄清楚，当事人很快就会回过神来。如何装出惊讶的表情，大多数人都会，但惊讶来得急、去得快的特质，真正知道的人却不多。从下面这则新闻报道，不难看出真正的惊讶表情是何等有价值：

> 被判持枪抢劫罪的弥尔顿（Wayne Milton），听到判决后的反应被检察官史密斯（Tom Smith）看在眼里，这促使后

者去找出新的证据，证明嫌疑人是冤枉的，予以无罪开释。史密斯说，弥尔顿上个月被控在亚波卡湖煤气公司抢劫200美元，当陪审团做出有罪判决时，他看到弥尔顿的一脸错愕，就知道自己错了。[18]

其他一些情绪性表情也都相当短暂，由开始到结束只有一秒，或顶多持续数秒。表情的出现与消退可能是突如其来的，但也可能是渐进的，要看导致表情发生的背景。比如一个缺乏幽默感、记性奇差，而又偏偏很要面子的老板，同一个冷笑话讲到第四次时，下属听了，只得装出一副乐在其中的样子。这时候，笑的动作该在什么时候浮现，还得看笑话的笑点：是渐进而带有幽默性质的，还是出其不意抖包袱的。笑的动作该在什么时候消失，也得看笑话的类型：笑话值不值得回味，什么时候就该适可而止。每个人都能做出笑容，假装乐在其中，但装笑者很少有人能够配合背景需要，恰如其分地把握笑容出现与消退的时机。

假表情的第三个说谎线索的来源是相对顺序，即表情相对于言辞流、声音变化及身体行为的准确定位。假设有人在生气，说了一句"我真是被你烦死了"，生气的表情若是在话讲过后才出现，大可断定表情是装出来的。但若在讲话同时，甚至话还没讲之前，表情已经出现了，真假就比较不容易断定。面部表情与肢体动作之间的相对顺序，回旋的余地更小，再假设那个被烦得要死的人在生气，并重重捶打桌子，如果生气的表情是在捶打桌子之后才出现，同样可以断定是装出来的。事实上，任何与肢体动作不同步的面部表情都很可能是说谎线索。

讨论面部的说谎表情，就不能不考虑最常见的表情——笑容，否则便算不得完整。在所有的面部表情中，笑容最特殊，大部分的表情都需要牵动三至五条肌肉，表现欢喜时却只要一条肌肉就够了。笑容如此简单，也是最容易让人认出来的表情，即使只是浅浅一笑，几十米外就能看出来，即使只是短短一瞬，识别度也胜过其他的情绪性表情。[19]迎面碰到一张笑脸，想要不报以笑容也很难，甚至那张笑脸只是张照片也如此。登广告者都知道，大多数笑容是人们喜闻乐见的。

但是，笑容可能也是最被人低估的面部表情，其复杂程度远远超过一般人的想象。笑容多达数十种，每种在外观上均不相同，传达的信息也彼此各异。笑容所象征的正面情绪极多，包括快乐、感官的欢愉、心满意足、享受乐趣等等。人在悲伤的时候也会笑，这种笑不同于假笑，假笑是要以虚伪的正面表情误导别人，而悲伤的笑仅仅是掩饰自己的负面情绪。最近的发现显示，假笑确实能够骗过别人，我们让实验对象观看护理学生的笑脸，有些笑容是真的（观赏温馨影片时的表情），有些是假的（掩饰看血腥影片时的负面情绪而装出来的），并要求大家分辨，结果竟比用随机猜测好不到哪里去。之所以如此，不只是因为一般人不懂得如何辨识假笑，更是因为他们根本不了解笑容有彼此不同的许多种。如果不知道每种笑容之间的异同，假笑是分辨不出来的。下面将介绍18种笑容，它们各不相同，而且没有一种是假笑。

绝大多数类型的笑容都有一个共同的要素，那就是大颧肌（zygomatic major muscle）所产生的外观变化，这条肌肉从颧骨向下延伸穿过脸颊,连接到唇角,当大颧肌收缩时,把唇角往上拉出一个角度扯向颧骨,动作强烈的话,这条肌肉还可以使嘴角伸展,抬高脸颊,拢起眼睛下方的皮肤,在眼角形成鱼尾纹(有些人这条肌肉还可以把鼻尖稍微向下拉,更有一些人可以扯动耳朵附近的皮肤)。如果有其他的肌肉与大颧肌共同动作,就会形成其他种类的笑容,但完全不使用大颧肌的笑容为数极少。

单由大颧肌动作所产生的笑容,表现出来的是真实的、由衷的正面情绪。下半张脸的其他肌肉,都不会参与由衷的笑(felt smile);唯一会出现在上半张脸的动作,则是眼轮匝肌绷紧,这条肌肉也主导上半张脸的大多数变化——抬起脸颊、拢起眼睛下方的皮肤,以及形成鱼尾纹,这些也都是大颧肌强烈动作时所能产生的。图5A显示的就是由衷的笑,当正面情绪特别强烈时,笑意就会更久也更深。[20] 我认为,所有的正面情绪经验——喜欢另一个人、惬意自在、感官的欢愉、心满意足与享受乐趣等,全都会以由衷的笑表现出来,所不同的只是维持的时间与强度而已。

图5B中的恐惧的笑(fear smile)与正面情绪无关,但由于习惯上称之为"smile",所以经常会造成误解。恐惧的笑是笑肌(risorius muscle)向耳朵的方向水平拉动唇角,使双唇平伸,形成矩形。risorius一词源自拉丁文,意思就是笑,但这个动作却只在恐惧时发生,与笑反而无关。恐惧的笑之

图5A 由衷的笑

图 5B　恐惧的笑　　　　图 5C　轻蔑的笑

所以让人误解成由衷的笑，或许是因为笑肌水平拉动双唇时，嘴角有时会向上翘起，样子很像由衷的笑的加强版。在恐惧的面部表情中，除了嘴巴呈矩形（无论上唇角是否翘起）外，图 3B 所示的眉毛与眼睛的状态也会随之出现。

轻蔑的笑（contempt smile）也与正面情绪无关，尽管在字面上也称之为"笑"。图 5C 所示的轻蔑模样，关键在于唇角的肌肉紧绷，在唇角处产生肌肉突起，并往往带有酒窝，唇角小角度地扬起。* 同样，也是因为唇角扬起，一如由衷的笑，以致会造成混淆，另外还有嘴角的小窝，由衷的笑也经常出现。但轻蔑的笑与由衷的笑，两者最主要的差别在于前者的嘴角紧绷，后者则非。

节制的笑（dampened smile）是当事人确实感到某种正面情

---

*　轻蔑的笑也可以用单面表情展现，一边嘴角绷紧，微微扬起。

绪，但却弱化（并非压抑）正面情绪所产生的表情，让表情（或许还有对情绪的体验）保持节制。这种笑的特点是双唇紧抿、唇角紧绷、下唇上噘并且唇角拉低，或者这些动作中的任何一些再辅以其他的笑。图5D所显示的节制的笑，就是这三个动作同时混合在由衷的笑中所形成的。

图5D 节制的笑

凄苦的笑（miserable smile）则承认了内心的负面情绪，它并不是想以笑掩饰负面情绪，而是面对凄苦境地所做的面部评论。这种苦笑通常意味着当事人的暂时隐忍，至少不会在眼前发作，或者他将逆来顺受。坐在实验室中观看我们播放的影片的人，不知道我们在暗中拍摄他们的表情，通常在发现影片竟然是那么恐怖时，都会流露出苦笑；病人听说自己病得不轻，一脸沮丧时，也会看到苦笑。这种笑通常不对称，并往往与负面情绪的表情同时出现，但作用不在掩饰，而是叠加在上面，要不然就是紧随着负面情绪的表情出现。如果苦笑的目的是要控制害怕、生气或痛苦的情绪，可能看起来会像节制的笑：上唇抿紧、下唇被颏肌（chin muscle）向上推、唇角紧绷或拉低，这些都是要控制某种负面情绪的爆发。这种模式的苦笑（图5E）与节制的笑的主要区别，是看眼轮匝肌有没有紧缩的情形。后者因为内心是欢喜的，眼睛周围的皮肤向内收，加上出现鱼尾纹。前者没有这些动作，因为没有欢喜的心情，倒是可能出现在眉毛与额头表现负面情绪的动作。

图5E 凄苦的笑

同时感受到两种或多种情绪，面部表情也能同时呈现出来。任何情绪都可以和其他情绪相混合，这里我们只谈一些和正面情绪混合的情绪性表情。当某人以怒为乐（enjoyable-anger）时，其表情除了由衷的笑的特征外，还有双唇紧缩，有时上唇噘起，以及上半张脸出现图3C中的动作。这种表情又可称为冷酷的笑（cruel smile）或残忍的笑（sadistic smile）。在以轻蔑为乐（enjoyable-contempt）的表情中，则是在由衷的笑的基础上，混合以两边唇角或单边唇角的紧绷。悲伤与恐惧也可以让人乐在其中，那些喜欢看悲剧影片和恐怖影片的人就是如此。以悲为乐（enjoyable-sadness）的神情，是将由衷的笑向上拉起而唇角却下垂，或者是由衷的笑配上图3A中上半张脸的表情。以恐惧为乐（enjoyable-fear）的样子是由图3B中上半张脸的表情配上由衷的笑，并将双唇水平略加伸展。某些乐在其中的经验是平静的、惬意的，但有时候却充满着兴奋，处于一种痴狂的状态。欣喜若狂（Enjoyable-excitement）是由衷的笑配上高高扬起的上眼皮，电影演员哈波·马克斯（Harpo Marx）就经常露出这种愉快而兴奋的笑容，并偶尔来个恶作剧，露出喜怒交加的样子。在惊喜（enjoyable-surprise）表情中，则是眉毛扬起，下巴低垂，上眼皮扬起，再加上由衷的笑。

另外有两种笑容，是由衷的笑混合着特别的眼神。在风情的笑（flirtatious smile）中，卖弄风情者先是对中意的对象露出由衷的笑，然后眼光移开，过一会儿，又偷偷瞄着对方，直到对方注意到，又再度移开。名画《蒙娜丽莎的微笑》之所以不同凡响，很重要的一点，就是达·芬奇在画她的时候，捕捉到的正是这种风情的笑，脸朝一方，目光却飘向另一方的目标。在困窘的笑（embarrassment smile）中，困窘者眼光朝下或是移向一边，以避开别人的眼神，在露出由衷的笑的同时，下颏的皮肉偶尔会朝上短暂地扬起；还有另一种模式，困窘的表情在眼光向下或向旁边移开时，露出一种节制的笑。

卓别林式的笑（Chaplin smile）很不常见，是由脸上一条大部分人都无法随意移动的肌肉做出来的，但这对于卓别林（Charlie Chaplin）来说却轻而易举，是他的标志表情。在这种笑容中，嘴唇朝上斜出去的角度比一般由衷的笑大得多（图5F），是一种目空一切、极为自负的笑。

接下来要谈的四种笑全都有着相同的外观，但社交功能各异。这四种笑都是刻意做出来的，通常多少会有些不对称。

权威的笑（qualifier smile）可以使不愉快的或批评的信息听起来不那么刺耳，它常会弄得被批评者难以发作，甚至只能报以微笑。这种笑容事先毫无征兆，突如其来，唇角一紧就浮上表情，有时候下唇也会稍微噘起。权

图5F　卓别林式的笑

威的笑出现时，常伴随着颔首，以及头部的稍微低侧，这使得微笑者看起来有点像俯视被批评者一样。

无奈的笑（compliance smile）等于承认一切只能忍气吞声，这种笑没有丝毫愉悦，徒然显出任凭摆布的无奈。这种笑状似修饰的笑，但却少了头部的动作，倒是眉毛偶尔稍微耸起，甚至可能叹口气、耸耸肩。

会心的笑（coordination smile）是两个人或几个人之间尽在不言中的笑。这种笑含蓄而有默契，彼此间的看法、理解、意向甚至肯定，尽在一笑之间。会心的笑是浅浅一笑，通常不对称，眼轮匝肌也不为所动。

聆听的笑（listener response smile）是会心的笑中的一种，听的人对讲的人发出理解的信号，意思是你讲的我都理会，用不着再重复或强调，这种笑等同于认同、肯定，常伴随着颔首。说话者不确定听者是否高兴，但可以从笑意中得到继续讲下去的鼓励。

以上四种笑——权威的笑、无奈的笑、会心的笑、聆听的笑，有时可能会被由衷的笑所取代。有些习惯于给信息赋予权威的人，或者十分享受顺从、协作和聆听的人，就可以露出由衷的笑，而不必惺惺作态。

接下来要谈的是假笑（false smile），一个人心中毫无所感，或心里只有负面情绪，却强颜欢笑，但要让人相信他的心情不错，就是假笑。假笑是一种掩饰，是一副面具。苦楚的笑承认自己根本高兴不起来，假笑则不同，假笑是要误导别人认为自己开心。唯一骗人的笑就是假笑。

第 5 章　说谎的表情线索

图 6　假笑　　　　　　　　图 5A　由衷的笑

如何区别假笑与由衷的笑，线索极多：

第一，假笑的不对称多于由衷的笑，这一点前面所讲甚多。

第二，假笑不会伴随眼轮匝肌的动作，因此，由衷的笑会出现某些细微动作，诸如脸颊抬起、眼下皮肤堆起、出现鱼尾纹或眉毛微微下垂等，这些在轻到中度的假笑中都不会出现。以图6与图5A为例做个比较，如果假笑够大，大颧肌的动作就会抬起脸颊，堆起眼下皮肤，并产生鱼尾纹，但不会使眉毛下垂。如果你自己照着镜子，试着逐渐加大笑容，就会看到，加大的笑容会让脸颊更加抬高，鱼尾纹也随之加深，但眉毛却不会动，除非眼睛的肌肉一起动起来。眉毛的置身事外，虽然微不足道，但在笑容加大时，却是区别由衷的笑与假笑的关键线索。

第三，假笑的消退过程并不自然。笑容不是突如其来地从脸上消失，就是在消退的过程中并非平滑地减弱，而是一格一格地僵在那儿。

第四，拿假笑当作面具，顶多只能掩饰下半张脸和下眼皮。额头上表现害怕或烦恼的不随意肌动作仍然会显现，甚至在下半张脸，假笑也无法遮掩所有想隐瞒的情绪的信号，某些情绪信号仍然混迹其中，形成混合的表情。

为了验证这些看法，我们首先以实验中的护理学生为对象，测度她们表现出来的笑容。如果我的看法是正确的，若她们所观赏的影片是温馨愉快的，访谈中又是诚实地描述自己的感受，那么所展现的应该是由衷的笑；但她们所看的若是非常血腥的片子，在面谈中又言不由衷，表现出来的应该就是假笑。笑容若是假的，我们应该就会检测到两个符号——眼轮匝肌没有动作，并出现恶心的信号（鼻子皱起来）和屈辱的信号（唇角紧绷）。结果的确不出所料，而且非常明显：在实话实说的访谈中，由衷的笑远多于假笑，笑容中也看不到恶心或屈辱的信号；在言不由衷的访谈中，笑容中破绽处处，假笑也远多于由衷的笑。我很惊讶这两个线索是如此好用，但我更惊讶的是，人们在判断别人的表情时，似乎都没有发现个中诀窍。在研究初期，我们拿同样面部表情的录像带放给实验对象观看，让他们判断护理学生是否在说谎，结果比起随机猜测好不了多少。究竟是我们所测度的东西过于细微，根本难以掌握，还是他们根本不知道如何找出重点呢？为了解决这个问题，以后我们将计划做一些新的实验，告诉人们如何辨识眼部的肌肉动作和笑容的破绽，看他们能否更精确地识破谎言。

面部包含了很多线索：微表情、碎表情、不随意肌的破绽、

第 5 章 说谎的表情线索

眨眼、瞳孔扩张、流泪、脸红、脸白、不对称、时间错误、顺序错误、假笑。其中一些提供破绽，告诉你隐瞒了什么情绪，另一些则提供线索，告诉你有所隐瞒但不知道是什么，还有一些则干脆告诉你表情全都是假的。

面部的欺骗信号，像上一章所描述的言辞、声音和身体行为上的说谎线索一样，提供信息的确切程度也相去甚远。一些精确地揭示了对方所感受到情绪，即使他试图隐瞒；另一些则揭示了对方所感受到的是正面情绪还是负面情绪，但是具体是什么情绪则不知道；还有一些则更加粗略，只揭示对方感受到某种情绪，连是正面情绪还是负面情绪都不知道。但也许这就够了，知道对方隐瞒了情绪，再加上他处于一个除了说谎之外根本不可能感受到任何情绪的情境，就能断定他在说谎。如果不是处于这种情境，就必须了解他所隐瞒的那种情绪的确切信息，才能断定对方是否在说谎。解释对方为什么明明心有所感却加以隐瞒的时候，必须考虑到谎言本身、嫌疑人的解释说辞、具体情境、除了说谎之外有无其他可能等等。

对于抓谎者来说，重要的是记住何种线索能揭示具体的信息，何种线索只解释粗略的信息。在本书附录中，表1和表2总结了本章和上一章所述的所有说谎线索的信息，表3则提供了假表情的行为线索。

第 6 章

陷阱与预防措施

千万记住抓谎的两个陷阱：误真为谎（误判诚实者说谎）、误谎为真（误判说谎者诚实），这两个错误很难完全避免，因此必须慎重考虑误判所造成的后果。

谎言一出，多数人在多数时候都会受骗。*即便是小孩，到八九岁时（有的父母则表示更早）就已经能够把父母骗得团团转。辨识谎言时的错误不仅导致了相信说谎者，更糟的是，经常会导致不信任诚实者。这种因怀疑而造成的误判，尽管事后想要补救，却已经严重伤害了说实话的孩子。对成年人来说，这种不信任，后果可能同样严重，小则失去朋友、工作，大则毁掉一个生命。一个清清白白的人，因为被误判说谎，受冤枉坐了几年牢，终获平反，这种新闻尽管上不了头版，却寻常可见。抓谎误

---

* 大部分研究（包括我自己的研究）显示，在判断一个人是否说谎时，大多数人都不比随机猜测好多少。他们一厢情愿，自以为做了正确的判断，实际上却大错特错。能够正确辨认谎言的人凤毛麟角，至于这种人是天生如此，还是经过什么特别的历练，我也说不清楚。我并没有专门研究哪些人有这种能力，不过依我的了解，这种能力并不是传统心理学专业所能训练出来的。

判,在所难免,但有所预防,却是可以减少的。

预防的第一步在于精确解读说谎的行为信号。前两章谈过,表情、身体、声音及言辞都可以泄露谎言,利用这些线索,虽然不能完全避免误判,却可以使我们的错误变得更加明显,从而有机会被改正。抓谎者绝不可以仅仅依赖直觉,对自己做出判断的基础知道得越多,就越能更好地学习经验,学会如何取舍或修正某条说谎线索,或增强对之重视的程度。蒙受不白之冤的人也可以因此受益,当别人说明判断基础的时候,就能指出其不足而加以反驳。

预防的第二步是要更好地了解发生在判断过程中的错误的本质。错误有两种类型,在因果上截然相反。其一是误真为谎,即抓谎者误判诚实者是在说谎;其二是误谎为真,即抓谎者误判说谎者所言属实。*抓谎者不论是利用测谎仪还是说谎的行为线索,都很容易犯这两个错误。回顾厄普代克的小说《求婚》,当杰里无意间听到妻子露丝与情人在电话里甜言蜜语时,杰里问:"谁打来的呀?"露丝编说是主日学校的女士问要不要让两个孩子去听课。如果杰里相信了,他就犯了误谎为真的错误。我们假设是另外一种情况,忠贞的妻子露丝确实在和主日学校的女士通话,而多疑的丈夫杰里却认为她在说谎,这时杰里所犯的就是误

---

* 在测谎程序中常用的正式术语中,这里所谓的误真为谎被称为"假阳性"(false positive),误谎为真则被称为"假阴性"(false negative)。我之所以不用这类术语,是因为在谈到谎言时易于造成混淆,"positive"似乎并不适合用在一个说谎者身上。而且我发现,时刻想着这两个术语代表哪种错误类型其实挺累的。另外还有其他的术语,"虚假警报"(false alarm)指误真为谎,"漏失警报"(miss alarm)指误谎为真。这类术语虽有简约之利,却不如我所采用的说法那样直接明了。

真为谎的错误。

二战时，希特勒犯了一次误谎为真的错误，而斯大林则犯了一次误真为谎的错误，二人都因此损失惨重。盟军透过种种手段，包括伪装部队集结、散布谣言、喂假情报给德国情报员，让德军相信盟军将在加来而不是诺曼底开辟"第二战场"。甚至在盟军登陆诺曼底六周之后，德军仍然坚信不疑，还在加来部署重兵备战，而错将盟军在诺曼底的登陆当成声东击西而不加支援。这是典型的误谎为真的错误，德国落入盟军欺敌的陷阱，把谎言当成了真相。另外一个情况则相反，斯大林收到多种渠道的情报，包括潜伏在德国军队的情报员也提出了警告，希特勒即将对苏联发动攻击，但他坚决不予采信，以致让德军长驱直入。这是典型的误真为谎的错误，斯大林把正确的情报当成了谎言。

误谎为真与误真为谎，二者之间的区别不可等闲视之，因为对一个抓谎者来说，他不得不经常面对非此即彼的风险。想要两种错误都完全避免是根本不可能的，顶多只能是两害相权取其轻。抓谎者必须评估，在错误指控与受到误导之间如何代价更小，究竟是要怀疑一个无辜者，还是要相信一个说谎者。二者的利弊得失必须取决于谎言、说谎者与抓谎者的具体情况，其结果可能是某种选择的后果更糟，也可能是两种选择后果同样严重。

哪一种错误比较容易避免，并没有规则可循。有时两者机会相等，有时则是其中一种代价明显地高出许多，同样的，这也取决于谎言、说谎者与抓谎者的具体情况。抓谎者如何决定冒哪种风险来进行判断的问题，将在下一章讨论完测谎仪，并将之与利用行为线索抓谎进行利弊比较后再来分析。现在所要说明的是，就这两类错误而言，说谎的各种行为线索都具有哪些缺点，以及应该采取哪些预防措施，才能够避免错的发生。

个体差异是导致抓谎者发生这两类错误的一大原因。我在前面讨论布罗考陷阱时讲过这种未将行为表现因人而异的情况。没有任何说谎线索是可以永远指望的，甚至连靠测谎仪来检测的自主神经系统的活动也不行。误谎为真的错误之所以会发生，就在于某些人说谎时根本不会犯错，这些人可能是精神病态人格者、天生说谎家、运用斯坦尼斯拉夫斯基技巧者，或者通过其他方法说起谎来连自己都相信的人。抓谎者必须谨记，没有说谎信号，并不能证明所说的话就是实话。

说谎信号的存在也可能造成误导，产生误真为谎的错误，即把一个说实话的人指为说谎。一个精于骗术的人可能会故意露出马脚，好让欺骗对象以为逮到了谎言。据说扑克牌玩家就会使用这一招，即玩家所谓的"假告白"（false tell）：

> 某个玩家连续几个小时故意咳嗽以虚张声势，对手如果足够机灵，会很快注意到，并自以为识破其门道。殊不知玩到赌注高得惊人的最后一搏时，玩家又咳了起来，但这一次却不再是虚张声势，而对手不知中计，以致输了个精光。[1]

在这个例子中，扑克玩家布下让对手误真为谎的陷阱，让对家误判自己是在说谎而成为受益者。但更为常见的情况却是，当判断错误发生时，被误判定为说谎者的人成了受害者。某些人明明是实话实说，却被人判断为说谎，这并不因为别人的恶意为难,而是这些人根本就有某种怪癖,是他们平素特殊的表达风格所致。对大多数人来说可以视为说谎线索的特征,对这些人而言则未必是,这些人包括:

- 言辞迂回闪烁的人;
- 单词之间常有或长或短停顿的人;
- 前言不搭后语,说话磕磕绊绊的人;
- 很少使用肢体比画的人;
- 不论内心感受如何,脸上经常带着害怕、悲哀或生气信号的人;
- 面部表情不对称的人。

在所有这类因人而异的行为中,巨大的个体差异不仅会造成误真为谎的错误,也会导致误谎为真的错误。一个言辞笨拙的人往往给人说谎的印象,就是一种误真为谎,而一个能言善道的人往往给人诚实的印象,就是一种误谎为真。即使后者说起谎来也会迂回闪烁、语病连连,但因为他们口齿伶俐远胜常人,就能遮掩过去,而不会引起听者的警觉。

要减少布罗考陷阱所导致的错误,唯一的方法是,怀疑某人是否说谎要以他的日常行为习惯作为判断基础。某人惯常的行为如何,受到怀疑时的行为又如何,抓谎者必须对二者加以比较。一般人在初次面谈时比较容易受到误导,这是因为无从比较而没法知道对方的行为变化。如果某人零碎动作频频,就断定他是因为有所隐瞒而感到不安,这种绝对判断(absolute judgment)往往会出错;正确的相对判断(relative judgment)则是:某人零碎动作频频,大异于往常,才显示内心有所不安。唯有如此,因个体差异所造成的误真为谎的错误才能减少。高明的扑克玩家就是如此，他们会将老牌搭子的习惯性"告白"全都一一牢记在心。[2]如果是初次面谈，面谈的时间一定要够长，以便有充足的机会观察对方的惯常行为，好做出正确的判断，譬如可以先将谈话转移到不致产生压力的话题上。当然，有时很难做到这一点，因为对一个嫌疑人来说，他可能始终心存排斥或畏惧，整个面谈过程都处于紧张状态。

初次面谈容易导致误判的另一个原因是，第一次与生人接触时，每个人的反应都不尽相同。有些人能够保持最佳状态，一举一动都中规中矩，这样一来，惯常行为反而隐匿无踪；有些人则视初次面谈为畏途，从头到尾坐立不安，如此一来也失去比较的基础。可能的话，抓谎者最好安排一系列的面谈，以便随着彼此的不断熟悉而建立较好的比较基础，再以此做出判断。跟对方十分熟悉甚至亲密无间，当然有助于测谎，但也不能一概而论，情侣、家人、朋友或要好的同事之间，往往会产生盲点或先入为主的看法，这些都会妨碍正确的判断。

解读破绽的四个来源：口误、言辞激烈、微表情以及肢体符号失误，就比较不容易落入布罗考陷阱。这些破绽都不需要经过进行比较再做评估，因为它们本身就具有特定的意义，而且是绝对的意义。回顾前文中引述自弗洛伊德的个案，R博士叙述某人的离婚官司说："在一桩离婚官司里面，一个护士被列为共同被告，官司是妻子告丈夫，她也被牵扯在里面，结果'他'获准了离婚。"如果了解当时的离婚法律（通奸是诉请离婚的唯一理由，只有受到背叛的配偶才能提出起诉，原告有权获得终生赡养费，而且往往是巨额的），再从他的口误来推断，R博士可能就是那位丈夫，而且他希望是自己能起诉离婚。即使不了解当时的法律，口误说的是"他"而非"她"，其间的弦外之意也不难了解：R博士希望提请并获准离婚的是丈夫，而非妻子。口误不同于言谈间的停顿，停顿要看频率是否改变才有意义，口误则不论是否多于平常，只要发生都有意义。

不论这四种破绽出现的频度如何，它们都能透露信息，揭示隐瞒的感情。回顾我所做的一个实验，被教授攻击的学生表现出了肢体符号失误，竖起了中指。这不同于零碎动作是否减少，必须对当前和平时的出现频率进行比较，才能根据变化情况进行评估。竖中指是不同寻常的动作，其含义众所周知。因为这是一个肢体符号的失误——仅仅是完整动作的一部分，而且没有出现在通常表现的位置，所以中指的信息可以看作泄露了这名学生正试图隐瞒的感情。当隐瞒自杀念头的精神病患者玛丽出现了一个微表情时，悲哀的信息就透露出来。注意这里的悲哀是一闪即逝的，而不是以正常方式表现出来的表情，所以说明玛丽正试图隐瞒她的悲哀。知道对话的背景能够有助于在整体上解释谎言，但还是需要口误、言辞激烈、微表情或肢体符号失误才能揭示所隐瞒的信息，因此它们本身也是有意义的。

解读这四种说谎的破绽，与解读所有其他的说谎线索大不一样。抓谎者不需要经过对比，就可以避免误真为谎的错误。例如，初次见面时，对方就表现出口误、言辞激烈或微表情等失误，抓谎者大可不必担心对方平时是不是也这样，因为这样的失误根本不用比较。如果碰巧正是具有这些倾向的人，反倒是抓谎者的运气。因为要减少误真为谎的错误，原本应该要摸清对方的行为习惯以比较行为线索，但如果直接出现破绽，则此步就大可省略了，当然，为了减少误谎为真的预防措施仍然不能省略。千万要记住，没有这四种说谎破绽或其他说谎线索，绝不表示就诚实，因为并非每个说谎者都会发生口误、出现微表情或一时言辞激烈。

以上我们所讨论的只是抓谎错误的一种原因，即没有考虑到个体差异而落入布罗考陷阱。另一个同样重要的犯错原因是奥赛罗谬误，但它主要导致误真为谎的错误。诚实者可能因为某种压力而表现出说谎者的神情，抓谎者如果未能考虑到这一点，就很容易发生奥赛罗谬误。当诚实者发现自己受到怀疑时，也可能会因其他原因而感受到那些会产生破绽或说谎线索的情绪（详见第3章）。诚实者或许因担心被冤枉而产生的恐惧感，就很容易与说谎者担心被识破的恐惧感相混淆。有的人刚好为其他的事情感到强烈的罪恶感，一旦知道自己又被怀疑做错事的时候，就会激发先前的那种罪恶感，这种信号还可能与说谎本身的罪恶感造成混淆。此外，诚实者或许会蔑视那些胡乱冤枉他的人，或许会对证明自身清白的挑战感到兴奋，也或许会因为期待着自己的精彩辩护而愉悦，所有这些情绪信号都与欺骗的快感类似，以致造成混淆。更重要的是，无论说谎者或诚实者，在受到怀疑时，尽管产生的理由各异，但表现出来的某些情绪反应却可能相同，例如吃惊、生气、失望、沮丧或厌恶等。

这种错误最典型的例子首推莎士比亚的戏剧《奥赛罗》中的情节，这也是我称之为奥赛罗谬误的原因。剧中奥赛罗指控苔丝德蒙娜与卡西奥有染,扬言将动手杀害,以惩罚她的不忠,叫她趁早承认。苔丝德蒙娜要求与卡西奥对质,但奥赛罗却告诉她,卡西奥早已成了他的刀下鬼,苔丝德蒙娜知道再也没有机会洗刷冤屈,眼前只有死路一条。

> 苔丝德蒙娜:天哪,他被人出卖了,一切都完了!
>
> 奥赛罗:闭嘴,婊子!当着我的面,你竟然还敢为他哭泣?
>
> 苔丝德蒙娜:喔,你可以不要我,但别杀我!
>
> 奥赛罗:去死吧,婊子![3]

苔丝德蒙娜的恐惧与痛苦,落在奥赛罗的眼里全成了她乍闻"情人"惨死的反应,更使他相信她的不忠。奥赛罗不知道的是,假如苔丝德蒙娜是清白的,她仍然会表现出类似的情绪:痛苦与绝望。因为奥赛罗不相信她,卡西奥既死,证明她清白的最后希望已经破灭,而奥赛罗又将置她于死地。她为自己的生命而哭,为自己的绝望而哭,为奥赛罗对她的不信任而哭,并非是为卡西奥之死而哭。

奥赛罗谬误也可以说明成见(preconception)对抓谎者所造成的负面影响。对苔丝德蒙娜的不忠,奥赛罗事前已经深信不疑,以致未能够换个角度去解读她的行为信号。而奥赛罗质问她的不忠,意图并不在查证,只是为了肯定自己先入为主的成见。奥赛罗这种极端的例子,充分说明成见足以扭曲判断,使抓谎者对于任何不符合自己所认定的东西,包括看法、可能性甚至事实，全都不予理会。抓谎者已经先入为主地相信某事，并因此而陷入极大痛苦时，这种情形尤其容易发生。苔丝德蒙娜的"不忠"已经让奥赛罗心碎，令他无法换个角度思考，而弄清楚事实的真相。在他看来，她的一举一动反而全都朝着他最不愿意相信的方向发展，痛苦蒙蔽了奥赛罗！

这种会扭曲判断的成见起因多不胜数。奥赛罗会相信苔丝德蒙娜不忠，全是他居心不良的侍从伊阿古在捣鬼，伊阿古为了整垮奥赛罗，捏造子虚乌有的情节，喂饱了奥赛罗的疑心。不过若非奥赛罗天性好妒，伊阿古也无法得逞。但一个善妒的人，可能根本不需要一个伊阿古，这种人一厢情愿，谁说的谎对他们都极具说服力，越是害怕的事，他们的疑心就越重，也越容易信以为真，因此抓谎时往往犯下误真为谎的错误。当然，还有一种耳根软的人正好相反，不管谁骗他们，全都信以为真，以致犯下误谎为真的错误。

对抓谎者来说，谎言的内容如果代价极高，即使并非善妒之人，也会失去理智做出错误的判断。抓谎者眼见自己最害怕的事情竟然成真，怒火攻心，加上受到背叛的羞辱感，会让他完全不顾查证的机会，一味追寻使他更为痛苦的结果。一旦感到羞辱，若再继续受到旁人的煽风点火，便会有如盲人瞎马。不确定最害怕的事是否真的发生了，与其承受质疑的折磨，还不如赶紧做个了断，其间丝毫谈不上理性，因为此时他对误谎为真（譬如戴绿帽子）在意的程度，远远超过误真为谎（冤枉了妻子）。抓谎者沦为情绪野火的牺牲品后，失控的情绪便犹如脱缰的野马，不但不会随时间淡化，反而会愈演愈烈。这时候任何事情都可能成为催化剂，成为汽油桶，成为火药库，增加这种情绪的破坏性。身陷情绪的野火中，任谁对他晓之以理都属枉然，因为被说服一途根本就不是他所期待的。情绪之所及，一切变本加厉，担心变为恐惧，生气变为愤怒，讨厌变为嫌恶，忧伤变为悲痛。一旦野火上身，它必将焚毁一切才罢休，目标人、陌生人、亲戚朋友乃至自己。没有人知道这股野火的机理到底是什么，但显然有一些人比别人更易受到影响，被攫住者将化身为一个恐怖的判官，除了觉得一切都越来越糟之外，他什么都不相信。

发生误真为谎的错误，并不一定需要情绪野火、善妒的性格或者一个煽风点火的伊阿古。当现实世界困惑得令人摸不着头绪时，就可能怀疑有人说了谎，因为这样才可以解释得头头是道。一位在中央情报局服务了28年的探员这样写道：

> 把一件事情的原因归结为有人说谎往往可以解释得很完美，既有条理又顺理成章。当一时之间找不到其他更具说服力的理由时（也许因为我们要解释的现象是由于出错、违规或其他不明原因引起的），归结为说谎真是既方便又容易。之所以方便，在于情报人员通常对于说谎的可能性特别敏感，而这种觉察通常被他们认为代表着自己分析问题老练……之所以容易，在于几乎任何证据都可以被朝着符合说谎这个假设的方向来解释。事实上，人们指出，一旦某些话受到严重质疑，被认为是谎言，那么它就百口莫辩，很难逃脱被认定的命运。[4]

以上的观察不仅见于情报或警察机构，也普遍见于日常生活。当我们疑心孩子、父母、朋友或伴侣背叛了信任时，他们如果把无法解释的事情说得合情合理，我们就会怀疑其真实性，结果往往犯下误真为谎的错误。一旦心里有先入为主的成见，认定所爱之人是在说谎，任何辩白的努力都会受到排斥。

抓谎者应该随时警惕自己是否对嫌疑人怀有成见。无论是出于自身性格、情绪野火、别人提供的消息、工作的压力、过去的经验，还是出于降低不确定感的需要，如果明知对嫌疑人心怀成见，抓谎者就必须慎重面对，防备自己一味因循成见解读一切事情的倾向。至少，抓谎者或许能意识到，自己受成见的误导所犯的错误实在太多了，所以还是不要太相信自己的判断为好。

抓谎者必须考虑到一种可能性：情绪信号有可能不是说谎的线索，而是诚实者被怀疑说谎时所产生的线索。也就是说，抓谎者要分辨情绪信号所反映的到底是什么，是说谎时的情绪还是被冤枉时的情绪。对一个特定的嫌疑人，抓谎者必须结合具体情况加以揣摩：如果他在说谎，他会感受到哪些情绪；而如果他被冤枉，他又会感受到哪些情绪。并非任何说谎者都拥有说谎时可能会出现的每一种情绪，同样的，也并非任何诚实者都拥有被怀疑时可能会产生的每一种情绪。在第3章中，我们解释了如何评估一个说谎者是否会担心被识破，是否有欺骗的罪恶感或者欺骗的快感。现在让我们来考虑一下，说谎者应如何评估诚实者在被怀疑说谎时可能会怀有的情绪。

对嫌疑人的性格有所了解，可以作为评估的基础。本章前文曾经提过，抓谎者有必要对嫌疑人做事先的了解，以减少第一印象所造成的误导，因为某些可以视为说谎线索的行为信号可能因人而异。现在所要谈的是，对嫌疑人的另外一些特质也有必要加以了解，即抓谎者有必要了解嫌疑人的情绪特质，以便排除某些不是说谎线索的情绪信号。因为并非每个人在知道自己被人怀疑犯错或说谎时，都会有害怕、不安或生气等情绪。当然，这在某种程度上也取决于嫌疑人的性格。

被人怀疑说谎，自视甚高的人可能会生气，但多半不会感到害怕，也不会对谁有什么愧疚感。而生性怯懦的人缺乏自信，凡事往坏处想，一旦受到怀疑，可能会害怕，但比较不会生气或感到愧疚。受罪恶感折磨的人，被怀疑做了一件他并没有做过的错事时，可能会激发罪恶感而感到罪恶，但他不会感到特别害怕、生气、惊奇、痛苦或兴奋。抓谎者要注意的是，嫌疑人所说虽是实话，但因个性使然也会表现出某些情绪，这时候就必须将这类情绪予以排除，不可视为说谎线索。哪些情绪要予以排除，应取决于嫌疑人的情绪特质。

无辜的人受到冤枉，有哪些情绪会跑出来，也要看他与抓谎者的关系而定，他们过去的相处经验对此至关重要。在《温家男孩》里面，父亲知道龙尼信得过他，因为他从来没有无缘无故指责或处罚过龙尼。既然如此，不论龙尼说谎与否，父亲都不必把害怕的信号视为冤枉了他，因为龙尼没有理由担心被冤枉，只可能担心说谎被识破。有些人动辄错怪别人，不止一次冤枉诚实者，受到这种人的怀疑，不论诚实与否，都会使嫌疑人产生害怕的信号。譬如一位清白的妻子频频被怀疑有外遇，而且曾经饱受言辞或肉体的凌辱，那么无论她是否说谎，感到恐惧是免不了的，丈夫如果将这种恐惧也视为说谎证据，那就会冤枉好人。抓谎者必须注意，如果他与嫌疑人的关系总会使嫌疑人产生某种情绪，那么不论嫌疑人是否诚实，都必须将此线索予以排除。

在初次见面的情况下，尽管缺乏过去相处关系经验的支持，某些人也可能被怀疑是在说谎。在第一次约会时，某人可能会怀疑对方隐瞒了已婚的事实。雇主说还要面试别人再做决定，求职者可能会怀疑他是在说谎找借口。审讯者告诉嫌疑人其同伙已经供认不讳并交代了不利于嫌疑人的证据，嫌疑人可能会怀疑他是在说谎套供。房地产代理商说房东不会同意这样一个低价格，买家可能会怀疑他是在说谎抬价。对于说谎者素昧平生闻所未闻，抓谎者可能会陷入双重困境：既不知道对方的性格，也没有相处的经验，这样就无法判断某些情绪是否是被冤枉的表现。即使此时，如果知道嫌疑人所怀有的对抓谎者的心理预期是什么，仍然可以判断那些诚实者被冤枉时所感受到的情绪。

并非所有的嫌疑人都对每一个抓谎者抱有充分的心理预期，即便有的话，也因人而异未必相同。现在假设有一个嫌疑人，能够接触机密档案，被联邦调查局发现与外国谍报人员过从甚密，而这个嫌疑人过去从未与联邦调查局接触过，也从未与任何特工打过交道。因此，他对于联邦调查局的预期心理就值得重视：如果他认为调查局从不会失手，办案效率十足，此时害怕的情绪信号就不应该被忽略，可以解读为是担心被识破的表现；但他若认为调查局无能而且会诬陷他人，此时害怕的情绪信号大可予以排除，他之所以害怕，可能是因为担心受到冤枉，而非担心被识破。抓谎者必须注意，嫌疑人即使诚实，但因心理预期可能会造成某种情绪的话,也应该将这种情绪信号予以排除,不得视为说谎线索。

以上所谈,仅限于诚实者受到怀疑时可能产生的相同情绪,以及因此造成的混淆。为了区别诚实者与说谎者,就要对诚实者可能有的情绪特质加以了解。混淆之所以产生,在于面对质疑时,诚实者与说谎者会产生某些相同的情绪反应,但是有些人在两种情况下也会有某些不同的情绪反应,只有抓住两者间的差异,才足以厘清问题。

再以《温家男孩》为例,父亲熟悉儿子的性格,并了解彼此间过去的相处经验,不论孩子讲实话还是说谎,他对孩子的情绪反应都能做出正确的评估。他明白,自己的孩子既非天生说谎家或精神病态人格者,也没有根深蒂固的罪恶感,而且与自己拥有相同的价值观。因此,龙尼如果说谎,确实偷了汇票却不承认,就会产生两种强烈的罪恶感——偷窃的罪恶感与说谎的罪恶感,这足以使他形迹败露;龙尼如果说的是实话,就不至于产生任何罪恶感。

另外,父亲也知道,儿子信得过他。从父子过去的相处经验中,龙尼应该明白只要说实话,父亲一定会相信,因此,龙尼不至于产生被冤枉的恐惧。为了加强嫌疑人担心被识破的心理,父亲就像一般测谎人员,摆出一副"你骗不了我"的架势:"你要是说谎,骗不了我的,你我之间是藏不住瞎话的,龙尼,你骗不了我的——所以嘛,你开口之前,最好记住这一点。"最后,父亲又提出认错免罚的承诺:"如果做了,一定要让我知道,龙尼,只要你讲实话,我不会生气。"在父亲的这番话里面,代价已经很清楚：如果说谎的话，父亲很生气，后果很严重。如果龙尼偷了汇票的话，他可能会因此感到羞愧，这种情绪也会影响他的坦白。所以，父亲还应该说一些话，告诉龙尼，小孩子禁不住诱惑而犯了错误是可以理解的，但重要的是不要隐瞒而要敢于承认。

根据过去的经验，龙尼如果说谎，就会产生某些情绪（如害怕与罪恶感），如果说实话，就不会受到影响。父亲对此逐一评估后，还必须采取一个步骤，才能将误读说谎线索的概率降到最低，即他必须确知龙尼说实话时是否会由于其他原因而产生类似害怕与罪恶感的情绪，这将足以使他被误导。譬如，龙尼或许会因为校长冤枉他而愤愤不平，那么，特别是在谈到学校当局时，生气的信号就应该予以排除；龙尼也可能对自己的处境感到沮丧，这些低落的情绪是对整个困境的反应，而不是针对某一个细节。因此，龙尼如果害怕或感到罪恶，父亲就可以将之解读为说谎的证据，至于生气或沮丧则另当别论，因为说实话时也可能出现。

事情即使已经很清楚，即抓谎者知道嫌疑人在说谎与否时的不同情绪分别是什么，但在解读说谎的行为线索上，陷阱仍然存在。因为有许多信号不只是代表一种情绪，而是代表多种情绪。如果嫌疑人是诚实的，他会感受到一种情绪，而嫌疑人说谎时，又会感受到另外一种情绪，当这两种情绪会表现出同样的行为信号时，就比较麻烦。对于某种情绪会产生的各种行为线索，可参看附录的表1及表2。

假设父亲注意到，龙尼不仅冒汗，而且频频吞咽，这类信号并无价值，因为任何情绪，无论是正面的或负面的，都会产生这种信号，龙尼说谎时因为害怕和罪恶感会如此，龙尼说实话时因为沮丧和生气也会如此。如果龙尼的零碎动作增多，同样不能当回事，因为任何的负面情绪都会导致零碎动作增多。甚至只涉及部分负面情绪的信号，例如音调变低，也必须予以排除，音调变低如果是出于罪恶感，当然可以视为说谎的信号，但难过或沮丧也会使音调变低，不论龙尼是说谎或诚实，都有可能感到沮丧。因此，只有表现出害怕或罪恶感，才能够解读为说谎线索；生气、难过、沮丧则不在此列。相反的，若表现出生气或沮丧，则可以解读是诚实的线索，从表1及表2可以看出，能够显示龙尼在说谎的行为有：口误、肢体符号失误、微表情、面部不随意肌的活动，只有这些行为才能够提供充分正确的信息，将害怕或罪恶感与生气或沮丧区分开来。附带一提的是，即使龙尼接受测谎仪测谎，可能也得不出什么具体结果，测谎只能测出情绪的波动，却测不出是哪种情绪，而知道具有哪种情绪才是最重要的。研究结果显示，测谎仪的准确度虽然高于随机猜测的概率，但误真为谎的情况不在少数，这方面的相关话题，将在下一章讨论。

　　嫌疑人如果诚实，会产生哪些情绪，这些情绪是否不同于说谎时的感受呢？从上文以《温家男孩》为例所做的分析，不难看出这些评估的复杂程度。总之，在做评估时，必须对嫌疑人有相当的了解才行，但一般来说，这方面的了解通常不足。更何况，即使有充分的了解，评估的结果也未必有助于抓出说谎者，因为这种了解有时会告诉你，不论嫌疑人说谎或诚实，所感受到的情绪竟然是相同的，苔丝德蒙娜就属此例。即使评估结果显示，嫌疑人诚实时表现的情绪异于说谎之时，但行为线索却又可能模棱两可，代表多种情绪。因此，单从情绪上去分辨说谎者与诚实者，并无特别有效的办法。以上种种情况都说明，涉及情绪的说谎线索对抓谎者未必有用。*

唯有意识到这种局限性，抓谎者才能避免犯下误真为谎的错误，也才能提高警觉，不至于被说谎者玩弄，犯下误谎为真的错误。当然，分析说谎者的情绪，以及诚实者受到怀疑时的感受，很多时候是的确有帮助的。像前面以《温家男孩》为例所做的分析，就可以将诚实或说谎的信号予以厘清，让抓谎者有所警觉，掌握应该注意的行为，提高抓谎的效率。

以上所谈的抓谎陷阱与预防措施，基本上只限于嫌疑人知道自己被怀疑的情况。但是，诚实者有可能根本不知道自己已经被怀疑，一言一行都在别人的密切注意之下。当然，也有些诚实者以为有人在密切地注意着自己，但其实并没有。另一方面，欺骗对象是否已经起疑，说谎者也未必清楚，为了降低对方的疑心，千方百计编一套太过完美的说辞，反而可能会使原本信任他的受骗者起了疑心。怀疑自己受到欺瞒的人，有时候也可能说谎，故意将疑心隐瞒，诱使说谎者采取错误的行动。在反谍工作中，知道对方的间谍身份已经曝光，却故意不予揭穿，目的就是要利用他喂假情报给敌方。还有一些人，明知自己受到欺瞒，却装聋作哑，无非是要等着看翻盘好戏，说谎者此时仍然继续玩花招，殊不知形势早已主客易位了。

说谎已经受到怀疑，嫌疑人却不自知，对抓谎者来说有得也

---

* 应该记住，口误、肢体符号失误等破绽，是与情绪无关的。

有失。得的方面是，说谎者既然不知道受骗者已经注意他，就有可能掉以轻心，丝毫不加以掩饰，不会预想将会受到质疑，更不会准备好说辞，反复加以练习。随着时间的推移，说谎者也会自以为得计，可能就此放松，由于过度自信而露出马脚。但是，有得必有失，说谎者过度自信而掉以轻心固然会犯错，因担心被识破同样会犯错，如果说谎者不知道自己被怀疑，就不会因担心被识破而犯错。损失还不只如此，因担心被识破而引起的恐惧效应也将会消失，恐惧正如过度自信，是会打乱说谎者的计划与步调，使之忙中出错的。不被怀疑时，最大的损失可能是害怕被抓的折磨，说谎者如果不认为有人在盯着他，心理上的折磨便不会强烈到足以促使他坦白的地步。

马拉尼（Ross Mullaney）是一位培训警方刑侦人员的专家，他提倡"特洛伊木马"策略，即警察假装相信嫌疑人，让当事人信口开河，最后陷入自己编织的谎言中。如此一来，担心被识破的压力虽然降低，嫌疑人犯错泄底的机会却大为提高。马拉尼如此说道：

> 警察引导嫌疑人，鼓励他不断地说谎，鼓励他给编造的谎言添加越来越多的细节。说得真切一点，警察也在欺骗，他假装相信嫌疑人……如果警察一开始就错误地认定嫌疑人是在说谎的话，嫌疑人如果诚实，这一招是无害的……[这种技巧]并无正不正当的问题，因为只有说谎者才会怕它。[5]

这套策略令人想起德国哲学家叔本华的建言：

如果怀疑某人说谎时，对他所说的每个字，不妨都装出一副深信不疑的样子，如此一来，无异于鼓励他继续瞎掰下去，让他越来越陶醉于过度的自信中，到最后把自己给卖了都还不知道。[6]

相信受骗者对自己深信不疑，确实能降低说谎者担心被识破的戒心，但是，对于因说谎而引起的其他情绪，这一招的效果如何就很难说了。欺骗相信自己的人，比起欺骗怀疑自己的人，有些人的罪恶感会更加强烈。但也有一些人把说谎合理化，只要对方不知情，几乎不会有罪恶感，即使受到怀疑也不会感到折磨。像这一类的说谎者，通常都会认为，自己的谎言基本上是出于善意，是要让受骗者省得操心和烦恼。说谎者如果知道对方相信自己，欺骗的快感同样也会出现两种分化，可能增强也可能减弱。有些人喜欢欺骗老实人，享受一种带着轻蔑的快感；有些人则喜欢欺骗多疑者，享受面对挑战时的刺激。

受骗者如果让说谎者知道自己已经起了疑心，是否会使说谎者比较容易犯错，这个问题显然无法预测。当然，怀疑可能毫无根据，被怀疑的人也可能是诚实的。如果嫌疑人不知道自己已经被怀疑的话，是否比较容易分辨出他的诚实与否呢？他既然不知道自己受到怀疑，自然不会担心别人不相信自己，当然也就不会因为被怀疑而生气或沮丧。即使他是一个罪恶感很强的人，也不至于无缘无故就感到良心不安。这种情形下最为有利，因为这几种情绪只要有一种表现出来，就可以解读为说谎信号，而不用担心是由于被怀疑而产生的同样信号。但是，一个人确实说谎而又不知道自己已经被人怀疑，其他能够产生说谎信号的情绪均将减弱许多，尤其是担心被识破的恐惧感。总之，如果嫌疑人不知道有人怀疑时，抓谎者不容易犯下误真为谎的错误，因为信号不出现则已，一出现多半都是说谎线索；但相对而言，误谎为真的错误就可能增加，因为由说谎而产生的情绪多半不强，不足以使说谎者形迹败露。如果嫌疑人知道有人怀疑时，情形就可能相反，误真为谎的错误更多些，误谎为真的错误更少些。

对于嫌疑人如果不知道自己被人怀疑，是否对抓谎者较为有利，还有另外两个难题，也会使问题变得更复杂。第一个难题是，抓谎者可能没法选择，受骗者想隐瞒自己的怀疑，但所面对的情况可能并不允许，就算情况允许，也不是每个人都愿意靠说谎来抓谎。何况受骗者身为抓谎者，也不是各个都善于说谎，想要以骗制骗，未必不会被说谎者识破。

第二个问题更麻烦，抓谎者企图隐瞒自己的怀疑，很可能自以为隐瞒得很好，其实却徒劳而不自知。抓谎者根本不能指望说谎者会诚实，他表现得没有看出来是在隐瞒怀疑，但未必真的没有看出来。说谎者如果已经意识到受骗者起了疑心，特别是他们能够证明受骗者正在隐瞒怀疑时，有些人会大胆面对，甚至装出一副理直气壮、饱受委屈的样子，反过来抱怨对方不该偷偷地怀疑他，从而剥夺了他证明自己清白的机会。即使这种策略并不能使人信服，但它至少可以一时唬住对方。当然，像这样厚颜无耻的人毕竟并不多见。或许有的说谎者还会故作不知，无非是要争取时间，好湮灭形迹，准备溜之大吉等等。不幸的是，说谎者受到怀疑时，固然可能故作不知，诚实者被人冤枉时也可能隐忍不发。他们的理由很多，或许是要避免引起不愉快的一幕，或许是为争取时间搜集有利的证据，也或许是要让怀疑他们的人自以为得计。

表明怀疑能获得的一项优点，就是可以避免陷入具有太多不确定性的泥沼。有的人知道自己受到怀疑，就会让对方知道自己已经心里有数。尽管诚实者也像说谎者一样会隐瞒因受到怀疑而产生的感受。譬如，说谎者一般会隐瞒担心被识破的压力；诚实者通常也会隐瞒受冤枉的恐惧，以及因为被冤枉而产生的生气与沮丧，为的是避免这些情绪受到误解，被对方当成说谎的信号。总之，只有当说谎者会企图隐瞒自己的情绪，而诚实者不会时，对抓谎者来说才比较容易判断。但是，假如真是如此，一些足够聪明的说谎者将会利用这种情形，故意表露自己的情绪，从而造成误导。

受骗者如果表明自己的怀疑，还有另一项优点，就是可以进行所谓的"犯罪知情测试法"（Guilty Knowledge Technique）。对测谎仪颇有意见的心理学家戴维·莱肯（David Lykken）认为，利用犯罪知情测试法可以改进测谎仪的准确度。这种方法的操作方法是，刑侦人员并不直接询问嫌疑人是否犯罪，而是提出一些只有犯罪者才知道的事情。现在假设，某人因为有某种动机，或被人目击曾经出现在犯罪现场，因而涉嫌了一桩凶杀案；在犯罪知情测试中，刑侦人员对嫌疑人提出一系列选择题，每个问题中只有一个选项是犯罪现场的情况，而其他的干扰选项则似是而非。这类问题只有犯罪者才知道正确答案，嫌疑人如果无辜当然不会知道，例如被害人是仰躺、俯卧、侧卧，还是坐着？每个答案被读到时，都要求嫌疑人说"不是"或"我不知道"。假设正确答案是仰躺，显然只有犯罪者才知道。在实验室的测谎实验中，莱肯发现，透过测谎仪，提到正确的选项时，只有犯罪者才能测到自主神经系统的活动，而无辜者对每个选项的反应都是相同的。采用这项测试，犯罪者尽管企图隐瞒对犯罪现场的知情，但却无所遁形。[7]

犯罪知情测试法的优点是，无辜者被怀疑说谎所感受到的情绪不会影响测试结果。即使无辜者会对被冤枉感到害怕，会对被怀疑感到生气，或者会对困境感到沮丧，但对于正确答案"仰躺"却不会产生比其他选项更多的情绪反应，除非由于偶然原因。但如果我们使用大量的这种选择题，无辜者由于偶然产生的异常反应就会平均分布在各个真假选项之间。此时，犯罪知情测试法就可以消除抓谎中最大的陷阱——误真为谎，因为这个错误是由于诚实者受到怀疑时的情绪被误解而产生的。

遗憾的是，这项很被看好的测谎技术，迄今为止并没有获得足够的研究以确认其准确度，而就已经进行的一些研究来看，其准确度并非如莱肯所说的那样有效。在美国技术检定局（Office of Technology Assessment）最近的测谎仪评估报告中，提到犯罪知情测试法时说："对于犯罪当事人的测谎达标率，其平均值略低于常用的测谎测验。"在误谎为真方面，这项技术的错误率偏高；但在误真为谎方面，错误率则较低。[8]

在犯罪侦讯以外的地方，犯罪知情测试法却完全派不上用场。一般来说，自认为可能被欺骗的人，所知道的细节往往少于说谎者，因此，犯罪知情测试法便毫无用武之地。例如在厄普代克的《求婚》中，露丝知道自己的外遇，也知道对象是谁，但丈夫杰里仅止于怀疑，其他细节则一无所知，因此就无法使用犯罪知情测试法。要使用这项技术，抓谎者必须知道案情的细节，唯一不能确定的，只有谁是犯罪者。

即使抓谎者知道问题所有的选项，犯罪知情测试法也不能用于去找出哪一个是真的。唯有抓谎者对于事件或行为的状况了如指掌，犯罪知情测试法所提出的问题才能把握住关键，分辨嫌疑人是否就是犯罪者。假如抓谎者本人对嫌疑人的所作所为一无所知，而想知道的却是此人做了什么，有何感受，那么对不起，犯罪知情测试法无能为力。

解读说谎行为线索的预防要点

评估说谎的行为线索相当容易犯错，为减少错误，以下将本章详细说明的各项预防措施的要点简要列出。一个动作或表情所暗示的是说谎还是诚实，抓谎者必须时刻评估其中的可能性，并记住任何信号都不是绝对的。如果出现以下例子：嫌疑人在面部微表情中泄露了一种和谎言相矛盾的情绪，或者在言辞激烈中脱口说出了部分隐瞒信息时，也许你都不用抓谎，他自己也会意识到这一点，并无奈坦白。

1. 如果对于某人是否在说谎有任何预感或直觉，应尽力找出自己产生这种想法的根源。通过更多地反省你自己是如何解读这些说谎的行为线索的，你将学会如何发现自己的错误，并认清何时自己不太可能做出正确的判断。

2. 千万记住抓谎有两个陷阱：误真为谎（误判诚实者在说谎）、误谎为真（误判说谎者为诚实）。这两个错误很难完全避免，因此必须慎重考虑误判所造成的后果。

3. 没有说谎信号并不证明嫌疑人诚实，有些人说谎是毫无破绽可寻的。反过来说，出现说谎信号也不一定就代表他说谎，有些人尽管诚实无欺，仍然会产生不安或罪恶感。布罗考陷阱就是忽略表现行为的个体差异而造成的，为了减少这方面的失误，应对比嫌疑人的平时行为，以其变化为作为判断的基础。

4. 对于嫌疑人，应审视自己是否有先入为主的成见，并思考成见对于做出正确判断的影响。如果发觉自己心怀嫉妒或者情绪野火中烧，则暂时不要去判断对方是否在说谎。将难以解释的事情归结为嫌疑人在说谎确实是个省事的办法，但应该抵制这种诱惑。

5. 对于任何情绪信号都不可贸然视为说谎线索，应首先考虑诚实者被怀疑以致情绪波动的可能。如果诚实者受到怀疑，他本人的性格特质、与抓谎者过去的相处经验，以及他对抓谎者的心理预期，也可能导致这种情绪，这时应该具体分析，排除误读的可能。

6. 务必记住，许多说谎线索不只是一种情绪的信号。同一条线索的产生原因，可能是嫌疑人诚实时的某种情绪，也可能是说谎时的另一种情绪，这时候就必须审慎对待。

7. 慎重考虑嫌疑人是否已经知道自己被怀疑一事，并评估在这两种不同情况下抓谎的利弊。

8. 如果抓谎者知道只有说谎者才知情的细节，这时便可采用犯罪知情测试法抓谎。

9. 嫌疑人是否说谎，不能只根据你对说谎行为线索的解读骤下结论。说谎的行为线索只能提醒抓谎者，进一步搜寻信息与进行调查是必要的，行为线索就像测谎仪一样，永远无法提供绝对的证据。

10. 利用附录表4所列的估谎表，对谎言、说谎者以及抓谎者进行评估，有利于了解犯错或正确判断的可能性如何。

使用测谎仪测谎也会有风险。虽然我平素的研究重点是说谎的行为线索，而不是测谎仪，是人们日常生活中说谎或怀疑别人说谎的情形，而不是实验室中测谎仪测谎的狭窄范围，但我还是将在下一章讨论测谎仪。因为在大量重大的场合中——反谍、犯罪以及商业（应用日渐增多），测谎仪都在不断派上用场。我相信，我在本章及上一章中对说谎所做的分析，对于了解用测谎仪测谎的利弊是大有帮助的。此外，认真探讨测谎仪准确度的问题，对于进一步了解利用行为线索来抓谎的风险，也将有所帮助。另外还有一个有趣而且很实际的问题：抓谎时，使用测谎仪或者使用说谎的行为线索，究竟哪一个更为准确呢？这将在下一章中讨论。

第 7 章

测谎仪

面对一个说谎的嫌疑人时,永远要注意:绝不能单凭测谎仪或说谎的行为线索就骤下结论。肢体动作、表情或测谎仪所测得的,都只是情绪的信号,抓谎者在判断嫌疑人说谎或诚实时,必须要慎重评估,因为绝对确定的可能性极低。

加利福尼亚州某市的一名警官请调本局,身为一名警官,他具备所有相关条件,熟悉法规,经历完整,可说是相当理想的人选。但在口试前的测谎测验中,他遭到了淘汰;测谎仪显示他说谎,迫使他不得不承认:曾经在执勤当中犯下12次窃盗,并利用警车运送赃物,又为了逮捕无辜的嫌疑人,竟然以毒品栽赃,更曾经多次在警车上与年仅16岁的少女发生性关系。

——加利福尼亚州萨利纳斯警察局刑事组测谎员米克(W. C. Meek)就警方使用测谎仪的情形做出的答复[1]

1978年,巴兹·费伊(Buzz Fay)在托莱多被捕,罪名是抢劫杀人，被害人认识费伊，临终之前指称，歹徒蒙面"看起来像是巴兹"。在费伊受到拘押的两个月期间，警方找不到任何证据证明他与凶杀有关。最后，检察官同意不起诉，但条件是费伊必须先通过测谎，并答应测谎仪如果显示他说谎，其结果将作为呈堂证据。费伊接受了测谎，但却失败了，换了一个测谎员，费伊还是失败了，于是他受到起诉，罪名恶性谋杀，被判终身监禁。两年后，真凶落网，坦白罪行，费伊被无罪释放。

——心理学家戴维·莱肯在一篇论文中引用的个案，文中提到测谎仪是一种"伪科学的技术"[2]

类似的正反两面的例子，正是使测谎仪充满争议的原因，实际上，有关测谎仪准确度的科学证据却极少。相关论文与书籍虽然多达四千余种，真正做过实际研究的却不足四百，而其中能够符合最低科学标准的更不超过三四十种。[3] 由于迄今未能经科学研究形成定论，有关测谎仪使用的争论始终尖锐激烈。支持者多为执法单位、情报单位、公司的财务监管部门，以及一些从事此类研究的学者；批评者则包括民间的自由主义者、一些法理学家和律师，以及另外一批研究测谎仪的学者。*

在这一章里面，我的目的只是厘清争论的焦点，而非给出最终的结论。对于是否应该使用测谎仪，我也没有任何具有倾向性的建议。但我试图澄清这种证据的本质，使必须做出判断的人了

---

* 实际上，研究测谎仪的学者为数甚少。

解这种名声很大的科学证据的局限性，在选择时知其利弊。本章的读者对象也不限于政府官员、警察、法官或律师，在今天，与测谎仪有关的问题，每个人都应该有所了解，因为测谎仪使用的时机与其结果的对待方式已经成为重要的公共政策问题，社会大众了解得越多，越有助于争议的解决。此外，就读者个人来讲，测谎仪的问题也同样应该予以重视，因为在许多与政府职能无关的行业中，无论该行业要求受教育或培训的水平高低，越来越多的人虽并未涉嫌犯罪，但在求职、续聘或升迁时，却不得不接受测谎。

关于说谎的行为线索，我在前六章阐述了大量看法，其中很多可以应用到测谎仪的使用上来。在测谎仪测谎时，说谎者同样会因为担心被识破的恐惧感、欺骗的罪恶感或欺骗的快感而露出马脚。以测谎仪测谎，抓谎者同样必须留心奥赛罗谬误和布罗考陷阱；测谎人员也必须克服误真为谎或误谎为真的错误。事实上，不论是采用测谎仪还是利用行为线索抓谎，所面对的风险与应该注意的事项绝大部分是相同的。但是，另外还有一些复杂的新概念，必须先做说明：

- 准确度（accuracy）与效度（utility）的差别：测谎仪即使在准确度上有所不足，但仍然有其效度（譬如其威慑力所产生的正面影响）；
- 基本事实（ground truth）的确立：如果无法通过其他渠道绝对确定嫌疑人是在说谎，那么测谎的准确度就应存疑；
- 说谎的基本比例（base rate）：在一群嫌疑人中，说谎者仅为极少数时，即使测谎准确度非常高，也可能产生很多错误；

- 吓阻说谎：即使测谎方法并非完美，受测时产生心理压力，仍然会使有些人不敢说谎。

测谎仪测谎的用户

使用测谎仪的情形越来越普遍，单以美国来说，根据最权威的估测，每年使用超过100万次[4]，其中又以民间雇主的使用为最大宗——年约30万次。测谎的目的或为筛选新员工，或为监管内部贪渎，或作为升迁的参考。美国药房协会（National Association of Drug Stores）、美国便利店协会（National Association of Convenience Stores）、布林克斯公司（Brinks Inc.）以及联合杂货商（Associated Grocers）的成员店都严重依赖于不断录用新员工。[5]在美国虽然有18个州立法禁止公司对员工进行测谎，但雇主钻法律漏洞的情形相当普遍。"雇主可以告诉雇员怀疑他偷窃，但如果雇员能找到方法证明自己的清白，那么雇主将无权辞退他。"[6]准许对员工进行测谎的州则有31个，最常做测谎的民间雇主是金融业与零售业，例如，美国总共有约4700家麦当劳快餐店，在录用新员工时，约有半数会做测谎。[7]

使用测谎仪次数仅次于商业的是犯罪调查。测谎对象不仅限于犯罪嫌疑人，证人与受害人如果言辞可疑，则也在此列。司法部、联邦调查局与大部分警察单位，都遵循一项政策，即经过侦查之后，嫌疑人缩小到最小范围时才动用测谎仪。美国多数州禁止将测谎结果列为呈堂证据；22个州则准许将测谎结果提交法庭作为证据，条件是必须事先商定好，并经检察官与被告同意。

此时，被告律师通常会与检察官达成辩诉交易，被告接受测谎，结果若显示被告诚实，检方将撤回起诉，前面所提的费伊案即属此例。但一般来说，检察官如果握有足够证据，足以让陪审团采信嫌疑人的罪行，通常不会同意测谎。

但在新墨西哥州和马萨诸塞州，某些政党的反对并没有起作用，测谎结果是可以提交法庭的。在大多数，但并非所有的联邦巡回上诉法院[*]，测谎结果必须经过事先商定好，才能被承认。如果地方法院对于测谎证据采取了拒绝接受的态度，联邦巡回上诉法院是不会推翻的。按照美国副总检察长威拉德（Richard K. Willard）的说法，"最高法院绝不试图支配联邦法院对于测谎结果的接受态度"[8]。

使用测谎仪次数第三高的是联邦政府，据报道，联邦政府各部门在1982年总共做过22597次测谎。[**] 除了国家安全局（National Security Agency）与中央情报局，绝大部分测谎都是用于犯罪调查。国家安全局与中央情报局则是用于谍报与反谍调

---

[*] 美国法院按权力所属和经费来源可分为联邦法院和州法院，联邦法院又分为普通法院和专门法院，普通法院可分为地方法院、上诉法院和最高法院三级。美国共有13所上诉法院，各分管若干州的上诉案件复审，因可以在同一司法区内几个不同地方开庭，故也称巡回上诉法院。——校者注

[**] 经常使用测谎的单位有：美国陆军犯罪侦防署（U. S. Army Criminal Investigation Command）、陆军情报与安全署（U. S. Army Intelligence and Security Command）、海军调查署（Naval Investigative Service）、空军特别调查处（Air Force Office of Special Investigations）、陆战队犯罪侦防处（U. S. Marine Corps Criminal Investigation Division）、国家安全局、国家机密局（Secret Service）、联邦调查局、邮政检察局（Postal Inspection Service）、烟酒与枪械管制局（Alcohol, Tobacco and Firearms Administration）、药品管制局（Drug Enforcement Administration）、中央情报局、海关（Customs Service）、美国法警署（U. S. Marshalls）、劳工部（Department of Labor）等。

查,其中包括持有安全通关证却涉嫌从事违规活动者,也包括涉嫌从事间谍活动者。根据公布的数字,国家安全局在1982年进行了9672次测谎,主要用于录用人员的审查;中央情报局虽未公布具体次数,但承认在许多与前者相类似的情况下均使用测谎仪。

1982年,美国国防部提案要求修改测谎条例,目的在于扩大使用测谎仪测谎的范围,以便进行录用审查,并针对持有安全通关证的员工进行不定期抽查,提案的另一项重大改变是,拒绝接受测谎的员工或申请者将被评为"负面考绩"。1983年,里根总统提案要求进一步扩大测谎仪测谎的使用范围,在未获授权的机密信息外泄时:

> 所有的行政部门都有权要求员工接受测谎……[一如国防部的提案,]拒绝测谎者将……受到行政处分,并吊销安全通关证……[另一项新政策]是允许在整个政府范围内对接触高度机密信息的员工(与申请者)进行个人安全审查。新政策授权各单位主管,对接触高度机密信息的员工,做定期或不定期的测谎,拒绝者将不得参与机密。[9]

国防部的提案,国会予以立法通过,但这些政策延迟到1984年4月生效,并责成技术检定局在此之前针对测谎准确度的科学证据提出报告[10],此报告于1983年11月出炉。当我行文至此时,白宫已经修正了其关于测谎仪使用的提案,而国会将在一周之内举行听证。

技术检定局的报告相当出色，针对测谎仪测谎的科学效度提出全面而公正的评估分析。*能获此评价相当不易，因为问题本身很复杂，而且人们又极为关注此事，即使学术界内部也是如此。重要的是，对报告做出评估的顾问团包括了学术界内的主流人物。认识他们的人，几乎没有人会相信他们能评价任何报告是全面而公正的，但这次他们给出了这样的评价。当然，这份报告还存在着或多或少的问题，但牵强之处毕竟是少数。

非学术界的一些专业测谎人员则认为，技术检定局的报告对测谎仪测谎的准确度评估过于负面了，当然，国防部也持有同样看法。技术检定局的报告问世之前，国家安全局于1983年也提出了一份报告《测谎仪测谎的准确度与效度》(The Accuracy and Utility of the Polygraph Testing)，由陆海空军及国家安全局的测谎部门主管联合执笔。[11]这份据他们自己说仅费时30天便完成的报告，并未采纳学术界的建议与评论，唯一的学术界代表也是测谎的拥护者。国家安全局与技术检定局的报告都赞成使用测谎仪——只不过技术检定局更加谨慎而已，两者都同意，在某些特定案件的调查上，使用测谎仪显然会有更多的机会。但二者在证据的有力程度上意见不同，在有关安全审查与反谍工作的使用上存在分歧，这些我将在后文中讨论。

对于测谎仪测谎，技术检定局的报告并未给出一个容易推动

---

* 准备本章时，我大量引用了技术检定局的报告。在此特别感谢四位审阅本章初稿，并提出重要建议的人士：Leonard Saxe（波士顿大学心理系助理教授）、Denise Dougherty（技术检定局分析师）、David T. Lykken（明尼苏达大学）与David C. Raskin（犹他大学），其中前两人分别是科技检定局此报告的作者与合作者。在我梳理本章这些充满矛盾的证据和问题时，Denise Dougherty还慷慨耐心地为我解答了大量疑问。

立法的简单结论。但正如我们所预期的一样，报告强调测谎仪测谎（或任何其他测谎技术）的准确度，取决于谎言、说谎者与抓谎者的特质（尽管技术检定局的报告并未使用这些名词），也还取决于测谎仪的具体使用方法，包括特殊的提问技术、设计问题的技巧与对测谎记录带的打分方式。

测谎仪的工作原理

《韦氏词典》为"polygraph"一词所下的定义是："一种设备，可以同时记录数种不同的情绪脉冲，并予以描绘下来；通俗地说，就是测谎仪（lie detector）。"脉冲的记录则是利用笔在移动的纸带上偏转所绘出。尽管测谎仪能测量各种行为的变化，但一般来说，我们是指测量自主神经系统活动的变化。我在第4章曾经说过，自主神经系统活动，如心跳、血压、皮肤传导性、皮肤温度等，都是情绪波动的信号，其中几种变化是不需要测谎仪就可以观察到的，如呼吸急促、出汗、面部涨红或发白。所有这些变化，测谎仪都可以更精确地记录，侦测到的变化远比肉眼所见更为细微，并将肉眼看不见的自主神经系统活动（如心跳等）也记录下来。其做法是在受测者身体的不同部位接上传感器，透过传感器放大各种信号。在通常的测谎仪应用中，一般会使用四个传感器：充气导管接在胸部和腹部，测量呼吸的深浅与速度变化；血压环扣于上臂肱二头肌，测量心脏活动的情况；第四个传感器则是金属电极，接在手指上，测量出汗的细微变化。

polygraph有时被称为测谎仪，《韦氏词典》说的并没有错，却造成了误导，因为polygraph本身并不会测谎。* 假如有一些直接的信号是只属于说谎的，那一切就都简单了，然而事实上，任何一种信号都并不是只有在说谎时才会出现。几乎有关测谎仪的一切都争议重重，但有一点是所有使用测谎仪的人都同意的，那就是测谎仪无法直接测谎。测谎仪所测的只是自主神经系统的唤醒信号，即一个人因情绪波动所产生的生理变化。** 这种生理变化其实跟表情、动作、声音等说谎的行为线索一样，本身并不是说谎信号，而只是情绪波动的信号。只有当这种情绪与当事人的言行出现不符或者当事人似乎正在编造言辞时，这些信号才能被推断为说谎的信号。而对于信号背后是何种情绪，测谎仪所提供信息的准确度甚至比不上情绪的行为线索。微表情能够透露一个人是在生气、害怕或良心不安等等，测谎仪则只能够显示有某些情绪在波动，却无法告诉我们是哪一种情绪。

测谎的时候，当测谎人员对嫌疑人提出关键性的问题，自主神经系统的活动便会记录在纸带上。所问的问题除了测试所要了解的相关问题，如"是你偷了那750美元吗？"。还要包括一些与主题无关或不甚相关的事情，如"今天是星期二吗？""你这一辈子中，还有没有偷过其他东西？"等等。接着测谎人员再对不同问题的反应进行比较，假如嫌疑人在关键问题上比一般问题

---

* polygraph的本意即多种波动记录仪（poly是多种，graph是记写），其用途并不一定是测谎，只是现在多指测谎仪罢了，所以这里才会说"有时"。——校者注

** 某些心智活动，如全神贯注、苦思冥想，或许还包括困惑，也能够产生自主神经系统活动的变化。尽管大多数解释测谎仪测谎原理的论述强调的是情绪波动的作用，但拉斯金与莱肯认为，在测谎仪测谎时，心智活动所产生的自主神经系统活动同样重要。

上波动信号强烈，那便意味着他很可能有罪。

测谎仪测谎跟解读说谎的行为线索一样，很容易犯下所谓的奥赛罗谬误。苔丝德蒙娜的恐惧不是因为害怕被抓到红杏出墙，而是一个忠实的妻子因害怕丈夫不相信自己而感到痛苦，但奥赛罗却分辨不出来。受到怀疑时，不仅说谎者情绪会产生波动，无辜者也难幸免。当被问到是否从事危害其安全通关证（该证明是他保住工作所必需的）的活动，或是否向媒体泄露了机密文件时，即使是无辜者，情绪也有可能波动。某些人，光是叫他接受测谎，就足以产生恐惧。如果嫌疑人有理由相信测谎人员或警察对他有成见，害怕的情绪可能更强烈。除了害怕之外，正如我在第3章所提到的，说谎者还会感受到欺骗的罪恶感、欺骗的快感，这些情绪都会产生测谎仪所测得的自主神经系统的活动。但对于无辜者来说，同样会有罪恶感和快感产生。嫌疑人所产生的情绪属于哪一种，取决于嫌疑人的性格、嫌疑人与抓谎者过去的相处经验，以及嫌疑人对抓谎者的心理预期。

准绳问题技术

不论测谎仪的支持者或是批评者，都一致承认避免奥赛罗谬误的重要性，但对于运用恰当的提问方式可以在多大程度上减少或消除这种谬误，两派的看法却南辕北辙。提问的方式通常有四种，由此四种加以变化还可以衍生出很多。在这里，我们只需要考虑两种：第一种是"准绳问题技术"（Control Question Technique），这是侦讯犯罪嫌疑人最常使用的。嫌疑人不仅被问到涉及罪行的关联问题（relevant question），也被问到与罪行无关的准绳问题（control question）。但准绳问题打算对照的是什么？效果又如何？人们的看法颇有分歧，这也是这项技术的主要争议所在。

在学术界，拉斯金（David Raskin）是大力支持将这项技术用于刑侦目的的主要学者，这里引述他的一段话来解释这项技术：

> 测谎人员可以这样对受测者说："由于本案是一件盗窃案，我必须问一些一般性的问题，譬如，你对偷窃的看法，以及基本上你是否诚实，等等。主要是要了解你的价值观，看你属于哪一种人，并确定你是不是那种可能偷了钱，事后却说谎否认的人。因此，如果我问你在人生最初的十八年当中，是否拿过不属于自己的东西，你将如何回答？"摆在受测者眼前的问题，以及测谎人员的态度，都是要使嫌疑人产生防卫的心理，并对回答"没有"感到困窘……这项技术的主要目的是要制造一种可能性，即受测者如果是无辜的，会比较在乎准绳问题，而非关联问题，因为在回答关联问题时，无辜者确实知道自己是诚实的，反倒是在回答准绳问题时，会对自己是否诚实产生不确定的疑惑；反之，受测者如果有罪，在回答关联问题时，就会表现出较大的顾忌，因为只有这类问题会对他构成直接而严重的威胁。[12]

上一章提到支持犯罪知情测试法的心理学家莱肯，则是准绳

第 7 章　测谎仪

问题技术的批评者（有趣的是，拉斯金则反对犯罪知情测试法）。在有关测谎仪测谎的新著中，莱肯如此写道：

> 如果准绳问题技术果真像所宣传的那样，前提就必须是，每个测谎人员都要使受测者相信，测谎测验是万无一失的（但显然不是）；并使他相信，在回答准绳问题时，反应强烈将对他不利（事实正好相反）。因此，两个都不成立的前提，却要受测者都信以为真，显然不合情理。[13]

要让嫌疑人相信的两个前提居然全都不能成立，莱肯所言不虚。若说测谎仪测谎确实万无一失，恐怕连测谎人员自己，甚至最拥护它的人都不会相信，测谎测验当然不是万无一失。但是，莱肯有一点似乎是对的，就是指出一定不能让嫌疑人知道测谎仪是会犯错的。*假如一个无辜的嫌疑人知道这种仪器是不准的，在整个测谎过程中，他或许都会担心仪器做出误判。一旦失去信任，嫌疑人不免忧心忡忡，在回答准绳问题与关联问题时，情绪表现就不会出现差异；如果受测者回答每个问题都出现情绪波动，他究竟是有罪还是无辜，测谎人员显然也就失去了判断的依据。更糟的是，嫌疑人如果无辜，又不信任测谎仪的准确度，被问到涉及罪行的问题时，害怕受到冤枉，表现出更大的恐惧，以

---

* 在这一点上，莱肯的推断虽然看似合情合理，与我的看法也一致，但拉斯金却指出，这种看法的证据并不牢靠。在两项研究中，测谎人员在预备测谎中故意犯错，让嫌疑人以为测谎仪是有瑕疵的，但在随后的正式测谎中，效果并未明显降低。不过，拉斯金所引用的研究数量太少，还没有足够的说服力。总之，这是许多有待进一步探讨的问题之一。

致会被评断为有罪。*

第二个前提是让嫌疑人相信,被问到准绳问题时,如果表现强烈反应,将对嫌疑人不利。这一点也同样不能成立,因为事实正好相反:对于准绳问题("18岁以前,你拿过不属于自己的东西吗?"),嫌疑人表现得较为强烈,则不会不利,而会被判断为无辜;只有真正犯了偷窃的人,被问到关联问题("是你偷了那750美元吗?")时,情绪波动才会较为强烈。

测谎仪测谎如果要有效,所设计的准绳问题就一定要能够让嫌疑人情绪不宁,所引起情绪波动即使不超过关联问题时,也要至少差不多。因此目的是要让嫌疑人更在乎准绳问题,而不是担心关联问题,这就要首先使他相信他对准绳问题的回答很重要,将会影响测谎人员对他的判断。举例来说,测谎人员认定,几乎每个人在18岁之前都曾拿过不属于自己的东西。一般而言,少不更事时的这种行为,有些人也许会承认。但在测谎测验中,嫌疑人即使无辜,却可能不会承认,因为,测谎人员的态度可能让他觉得,一旦承认,无异于表示自己正是那种会偷750美元的人。无辜嫌疑人在准绳问题上说谎,正是测谎人员的希望,否认曾经拿过不属于自己的东西,嫌疑人才会因说谎而情绪波动,并在测谎纸带上留下记录;但被问到关联问题时,嫌疑人若是无辜,一定会否认,并因为所答是诚实的,不会心绪不宁,即使有情绪,也不至于强过回答准绳问题时的反应,因此,测谎纸带上

---

* 准绳问题或关联问题,哪一种让嫌疑人认为与自己的命运关系更重要?拉斯金宣称,高明的测谎人员出题时,不应该让嫌疑人分辨得出来。但这种说法显然有待商榷,因为问题的轻重自然不难分辨,特别是碰到足够精明的嫌疑人时。

所记录的反应便不显著。同样，被问到关联问题时，嫌疑人即使有罪，通常也会否认，但情绪起伏一定强过于被问到准绳问题时，因为他在说谎。所以，只有真正的犯罪者才会对关联问题产生更强烈的情绪反应。

只有当无辜者因准绳问题所产生的情绪波动强过于关联问题时，准绳问题技术才可以消除奥赛罗谬误，否则误真为谎的错误仍然在所难免。让我们仔细分析产生错误的原因，一个明明无辜的人，因关联问题（"是你偷了那750美元吗？"）所产生的情绪，怎么会强过准绳问题（"18岁以前，你拿过不属于自己的东西吗？"）所引起的不安呢？* 之所以会如此，要同时满足两个条件，一是理智上的，二是情绪上的。在理智上，尽管测谎人员企图让两种问题模糊化，但嫌疑人不可能不知道其间的差别。无辜的嫌疑人可能会意识到，关于750美元的问题，是最近才发生的事件，且具有某种针对性，现在既被提出来，或许不是无的放矢，因此将问题理解成具有威胁性，即可能会为自己带来某种处罚。至于准绳问题，问的则是陈年往事，应不致旧事重提。如此一来，理智上的推想乃使无辜的嫌疑人陷入恐慌，对关联问题产生强烈的情绪反应，对于准绳问题反而淡然处之。**

关联问题虽然具有针对性和威胁性，但如果无辜的嫌疑人未

---

* 在实践中，无论关联问题还是准绳问题都会有许多具体题目，但这不会影响我的分析的实质。

** 为准绳问题技术辩护的人会说，高明的测谎人员能够让嫌疑人觉得自己的过去简直一无是处，以致深信自己过去所犯的错，足以影响别人对他的评价，担心自己要是不承认过去的错误就会被逮到，因此在回答准绳问题时，会比回答关联问题更为明显。

表现出较为强烈的情绪，测谎仪就仍然可以用。但在测谎时一些嫌疑人受到其他因素的影响，因关联问题所引起的情绪会强过准绳问题，以致受到误判。一般来说，可能造成这种情形的因素有下列数项。

第一，警察爱出错。不是每个被叫去测谎的人都是犯了罪的人。一个明明无辜的人被抓去测谎，他当然知道警察犯了大错，至少已经让他名誉受损，但不论怎么解释，警察就是不听。测谎虽然可以还他清白，但他却可能更担心，那些错把他当成犯罪嫌疑人的警察，会再度犯错。

第二，警察不公正。没有成为犯罪嫌疑人之前，有的人原本就讨厌执法人员，可能他又是个少数族群或亚文化群的成员，本来见到警察就是能躲就躲，从不信任。他虽然是无辜的，测谎人员一抓到他恐惧或慌张的情绪，就极有可能造成误判。

第三，仪器爱出错。当然，有些人尽管没犯什么罪，但通情达理，认为警察为了调查案子把人抓去测谎无可厚非。然而，这种人可能总体上对技术就不信任，或者在报纸杂志或电视报道上看过相关评论，知道测谎仪是会犯错的，所以就会不信任测谎仪，因而产生负面情绪。

第四，嫌疑人胆小、罪恶感重或怀有敌意。有的人生性如此，不管什么事，只要稍微具有针对性就草木皆兵。如果又是最近才发生的，而且具有威胁性，那么一旦面对就会感到强烈的恐惧感和罪恶感。还有些人可能平素就对很多事物怀有敌意，如果他又是个对当局有成见的人，情况就会更严重。所有这些情绪都会显现在测谎仪上。

第五，嫌疑人虽然无辜，却因为与犯罪有关的事情而产生某种情绪。对关联问题的反应强过准绳问题，并非只有犯罪者才会如此。假设有一个人，同事被谋杀，自己却成了无辜的嫌疑人，在过去，他确曾嫉妒过这位同事的异常升迁，如今竞争者死了，他或许会为自己过去的嫉妒之情感到惭愧，也可能因为这样"赢了"竞争者而感到窃喜，百感交集之余，不免感到良心不安，等等。或者，我们再假设，这个无辜嫌疑人发现同事时，见到的是一具血迹斑斑、血肉模糊的尸体，以致惊恐万分被吓坏了。测谎时，凶案现场的记忆唤醒了内心的情绪，他却死要面子，不承认自己的情绪波动乃是因此而发。以上所假设的情况，在测谎测验中，嫌疑人都会被认定是在说谎，事实上他也的确是在说谎，只不过另有隐情，要隐瞒的是见不得人的想法或故作镇定的情绪，而不是因为杀了人而说谎。我在下一章将讨论一个类似的真实案例，嫌疑人最终测谎失败而被判有罪。

对于犯罪案件使用准绳问题技术，即使持肯定态度的人也承认，上述各种错误的来源的确存在，但却都宣称，类似情形实属少数。持反对看法的人则强调，无辜嫌疑人对关联问题的情绪反应强过准绳问题的情况所占的比例极高，最严厉的批评甚至指称，超过50%。若情况果真如此，测谎堪称无效，这是奥赛罗谬误的结果，诚实人受到了冤枉。

犯罪知情测试法

犯罪知情测试法在上一章中也曾谈到过，这种方法号称能够减少误真为谎的错误。使用这种提问技术时,抓谎者也必须充分掌握只有犯罪者本人才知道的犯罪细节。假设公款失窃,损失金额除了老板、窃贼与测谎人员再无其他人知情,再假设全都是面额50美元的钞票。犯罪知情测试法会这样询问嫌疑人:"收款机的钱如果是你偷的,总共多少钱你当然清楚,究竟是150美元、350美元、550美元、750美元,还是950美元?"也会问:"被偷的钱全是面额相同的纸币,如果是你偷的,你应该知道是多大面额,是5美元、10美元、20美元、50美元,还是100美元一张的?"

"这种根据犯罪情节所设计的题目,无辜者对正确答案反应最强烈的机会是五分之一,两题都碰对的机会减少到二十五分之一,连续十题完全碰对的机会更少到近乎千万分之一。"[14] "有罪嫌疑人与无辜嫌疑人之间,有一个很重要的心理区别,前者曾经身在犯罪现场,对现场种种情状一清二楚,而无辜者却一无所知……由于知情,与犯罪相关的人、事、物,有罪嫌疑人心知肚明……由于心知肚明,自会造成心理刺激,引发情绪……"[15]

但是,犯罪知情测试法的一个局限就是并非随时都派得上用场,即使在犯罪侦查上亦复如此。因为犯罪新闻通常都会广为报道,有罪者固然知情,无辜者也多少知悉;即使媒体未予揭露,警方在测谎前的审讯过程中也难免透露。另外对于有些犯罪者,根本用不上犯罪知情测试法,例如,一个人承认杀了人,却宣称是出于自卫,他是否说谎,就很难用犯罪知情测试法来做评估。此外,无辜嫌疑人恰好也曾去过现场,对现场的了解可能跟警察知道的差不多,这时候,犯罪知情测试法也同样不适用。

力挺准绳问题技术的拉斯金更指出，犯罪知情测试法徒然制造更多误谎为真的错误，他说：

> 一般都会假设，犯罪者知道所有的细节，因此所设计的问题也会巨细靡遗。殊不知，犯罪者可能并未充分留意细节，或许根本没有时间仔细观察，或许只顾全神贯注地干他的坏事，对于这种受测者，这种测验显然就不适当。[16]

还有一种情况，犯罪知情测试法也不适用：有一种人在接受测谎时，根本测不出什么自主神经系统的活动。我在上一章讨论说谎的行为线索时就说，情绪行为的个体差异十分巨大。没有哪一种情绪波动的信号是完全可靠的，也并没有哪一种线索是任何人都会表现出来的。无论我们检视哪方面，如面部表情、手势、声音、心率、呼吸等等，都会有一些人对此毫不敏感。我曾经强调过口误或肢体行为信号的缺乏并不能说明嫌疑人是诚实的，与此相仿，测谎仪通过一般测量而没有发现自主神经系统的活动，也并不表明这个人没有情绪波动。有些人即使情绪波动，也测不出来什么自主神经系统的活动，这时用犯罪知情测试法将得不出什么结论来。莱肯辩称，这种情形并不多见；但也没有足够的研究能够指出，在涉嫌刑事犯罪或间谍行为的人当中，这种情形究竟是不是经常出现。当然，自主神经系统活动不显著的人，准绳问题技术也照样拿他无可奈何，因为这种人对关联问题与准绳问题的反应，其实都是一样的。

毒品也有可能抑制自主神经系统的活动，使得在测谎仪测谎中得不出什么结果,无论使用犯罪知情测试法或准绳问题技术都是一样。关于这个问题,以及精神病态人格能否逃过这两种测谎的检测,我将在后文说明最新证据时再做讨论。

深入检讨各项证据后,技术检定局的报告发现,这两种提问技术的确各有利弊:犯罪知情测试法常犯下误谎为真的错误;而准绳问题技术则常犯下误真为谎的错误。尽管如此,报告的结论仍非定论,一些测谎人员和研究者对此仍有争议。不确定的情况还将持续下去,这是因为,一方面相关的研究毕竟不多*,另一方面,评估研究测谎仪测谎准确度的难度实在太大。到目前为止,所做过的任何研究几乎都有瑕疵,其中一个关键的问题就是如何确立嫌疑人是诚实还是在说谎的基本事实,注意这种确认必须是独立于测谎仪,依靠其他有效途径得来的。除非研究者知道这些基本事实,否则他无法评估测谎仪测谎的准确度。

测谎仪测谎准确度的研究

研究测谎的准确度,由于采取的方法不同,因而在基本事实的确定程度上也出现差别。实境研究(field study)以现实的真人真事为对象;模拟研究(analog study)则采取实验方式,由研究人员安排某种情境进行检测。两者的优点与缺点正好相反,在实境研究中,嫌疑人真正在意测谎测验的结果,出现强烈情绪的

---

* 测谎仪的相关文章虽然多达数千种,属于研究性质的却不多。技术检定局检视过的文章或书籍多达3200种,属于研究性质的仅及十分之一,且多未达到最低科学标准。按照技术检定局的判断,真正与测谎准确度有关的则仅约30种而已。

机会较大，再有就是研究对象是真正的嫌疑人，而不是所谓的大学新生；至于缺点，就是认定基本事实比较困难。与此恰恰相反，容易认定基本事实正是模拟研究的优点，因为谁在说谎，谁是诚实的，是由研究人员一手安排的；但其缺点是"嫌疑人"失败的代价通常不大，甚至没有，此外，受测者接受测谎时的心态，也不能与经常真正接受测谎的人相提并论。

实境研究

实境研究之所以难以确立基本事实作为标准，主要的原因在于，真正的犯罪嫌疑人接受测谎仪测谎时，目的不在研究，而是作为犯罪侦查的一部分。测谎取得的资料，是要据以分析嫌疑人是否会招供，他们是有罪还是无辜，对他们是予以起诉或不予起诉。表面上看来，最后所有的信息应该足以确立基本事实，但实际上并非如此。兹引述技术检定局的报告如下：

> 案件被驳回可能只是因为证据不足，而不是因为确定无辜。陪审团宣告被告无罪，并不是说被告真的无罪，而可能是陪审团感到证据达不到"不仅是合理怀疑而是确实有罪"的标准。正如拉斯金所注意到的，许多人所做的有罪答辩，实际上只是避重就轻的坦白，因此，很难解释这种有罪答辩对于最初所被起诉的罪行意味着肯定还是否定。最后的结果是，如果我们使用司法系统的处理情况作为基本事实，那么在宣告无罪的案子中，测谎仪测谎似乎就会有大量"误真为

谎"的错误。[17]

由专家组成小组来全面地检讨证据，进而达成有罪或清白的最后决定，虽然不失为解决这些问题的补救之道，但仍然有两个根本性的困难：一是专家未必能够做出一致的决定；二是即使达成一致决定，也没有人能知道他们会不会犯错。即使是来自招供，也不见得就没有问题，某些无辜者出于种种原因也会招供。即使当这些供认都正确有效的时候，所能提供的基本事实也只占参加测谎仪测谎者的很少一部分，或许是极少的一部分。几乎所有的实境研究都面临着一个严重问题的考验，那就是他们抽取案件的母本最终无法提供确定的基本事实。

模拟研究

至于模拟研究所面临的问题也不简单，只是问题不同罢了。基本事实当然是确定的，因为哪些人"犯罪"，哪些人没有，研究人员都预先安排好了，但问题是模拟犯罪是否能像真正的犯罪那样认真对待其角色。研究人员在实验中设置奖赏，鼓励受测者在测谎仪测谎中不会被逮到，偶尔有些实验则规定，受测者若说谎被逮到，将受到处罚，但基于道德原因，处罚都很轻微（譬如失去因参与实验所给的课程学分）。几乎所有准绳问题技术的使用者，都曾采用过拉斯金所运用的模拟犯罪事件：

半数受测者收到一份录音，告知大楼的某间办公室里失窃一枚戒指，如果他们否认行窃，就必须接受测谎，通过测验者将可获得相当金额的奖金；另一半受测者则接获指示，进行犯罪行动……进入另一层楼，诱使秘书离开办公室，在她离开后进入办公室，在书桌上的钱夹中取得一枚戒指，藏在身上，然后回到实验室接受测谎测验。他们受到告诫，不可对任何人透露参加实验之事，并预先准备一套说辞，以防万一有人在秘书办公室内碰到他们。此外，他们还被告诫，绝不可向测谎人员透露任何犯罪细节，因为只要被查出犯罪，就得不到应得的酬劳，也没有资格获得奖金。[18]

尽管一切都安排得有如真的犯罪，但问题是，情绪会因为说谎而产生波动吗？由于测谎仪所测的是情绪波动，只有当受测者能够像真的犯罪者一样表现出相同的情绪及其强度时，模拟犯罪才能告诉我们测谎仪的准确度如何。在第3章中，我曾解释了说谎者的三种情绪，以及决定每种情绪强度的因素，现在就让我们看看，在研究测谎仪准确度的模拟犯罪中，这些情绪是否会出现。

担心被识破的恐惧感。决定嫌疑人害怕程度最重要的因素是，一旦被逮到将会付出什么代价。在第3章中提到，说谎得逞所获得的报酬越大，说谎失败所受到的处罚越重，担心被识破的恐惧感就越强，二者相比较，处罚的严重性也许影响更大。而处罚如果非常严重，甚至足以使诚实人害怕受到冤枉，以致表现出说谎者害怕被识破时的情绪。但在模拟犯罪中，报酬很小，几乎没有处罚，无论诚实或说谎，都不至于担心被识破。受测者或许会担心表现不佳将拿不到应得的酬劳,但几乎可以确定,比起一个无辜或有罪的人面对真正的犯罪侦查,这样的担心一定弱得多。

欺骗的罪恶感。说谎者与所欺骗的对象拥有相同的价值观时,罪恶感最为强烈,这在模拟犯罪中应该也不例外。但是,说谎若是为了完成工作而特许的、必要的,罪恶感就会减轻。在模拟犯罪中,说谎者是受指示说谎,何况是在协助科学研究,不难想象,罪恶感会更轻,甚至几乎没有。

欺骗的快感。说谎者所面对的如果是一个很难愚弄的人,挑战的刺激性与骗倒对方的快感不言而喻。能够骗过测谎仪也可以视为一种挑战,因此如果没有其他情绪(担心与罪恶感)来冲淡的话,此时欺骗的快感将会更强烈。* 但是,只有说谎者才会有说谎的快感,诚实人则没有。

上述分析指出,在真犯罪中嫌疑人所能感受到的三种情绪,在模拟犯罪中只会产生其中的一种,即欺骗的快感。更重要的是,只有说谎者才会,诚实人则不会。在模拟犯罪中,由于只有说谎者才可能情绪波动,因此我认为,要测出这种情绪应该是容易的。我的意思是说,比起在真正的犯罪中要容易得多,因为那时诚实者往往很容易产生像说谎者一样的情绪反应,因而会难以区分。基于这一理由,使用模拟犯罪做实验,研究人员将会高估

---

* 拉斯金在知道我研究测谎仪之前,就曾经对我说过,他认为面对挑战的刺激比担心被识破或说谎的快感更容易让说谎者穿帮。此说虽然无法证明我的观点,却加强了我的看法,即模拟犯罪中受测者的反应,和在真正的犯罪中,无辜者与有罪者因代价极高而产生的情绪,是不能相提并论的。

测谎仪的准确度。

混合研究

实境研究与模拟研究各有优缺点,于是有人综合两者所长,发展了一种新的研究方法:混合研究。在混合研究中,研究人员安排了真正的犯罪,这样既使模拟研究中的基本事实得以确立,也使不论说谎与否的嫌疑人都置身于实境研究的高代价中。以色列警察局科学侦讯组(Scientific Interrogation Unit)的戴伊(Netzer Daie)所主持的一项研究,就是这类混合研究,谎言是"如假包换的,也是自然发生的,并不是刻意模拟的……受测者相信,侦讯人员不知道谁在说谎……受测者也在乎测谎的结果……受测者当中,到底有多少人会说谎,测谎人员完全无法预知"[19]。

研究对象是21名以色列警察,他们被要求参加一项工作必需的能力倾向测验,考试是书面的,考完后由受测者为自己批改试卷打分数,这等于给了受测者作弊的机会,即篡改原来的答案以取得高分。但是受测者并不知道试卷经过化学处理,篡改作弊是可以查出来的。21名受测者中,7人篡改了答案。事后,受测者被告知,有人涉嫌作弊,必须接受测谎,测谎结果将影响他们的职业生涯。[20]

为了符合实际,警察可以拒绝进行测谎仪测谎——在犯罪侦查中，是否接受测谎，嫌疑人可以选择，并非强制性的。在7名作弊的受测者中，3人承认作弊，1人与2名无辜者一起拒绝测谎，另有一人临时缺席。*最终，在21名受测者中，15人参加测谎，其中2人作弊，13人则无辜。测谎方式采用准绳问题技术，2名作弊者都被抓了出来，但在13个没有作弊的人当中，却有2名无辜者受到误判，被判定为说谎。

由于参加的人数太少，这项研究并不能当成定论。虽然诱导他人说谎与欺骗，在道德上难免美中不足，但这项研究显然不无可取之处。以色列的侦讯人员认为，这种做法自有其合理性，因为正确评估测谎仪的效度非常重要："每年有数以千计的人接受测谎仪测谎……不少重大的决定都以测谎结果为依据，然而这项工具的效度却不知到底如何……"[21]至于对警察进行这种测验，合理性则更高，既然他们选择了这项工作，就应该面临不同于一般人的风险，何况警察本身使用或滥用测谎仪的时候更多。混合研究的优点在于真人真事，有些警察确实作弊了。"联邦调查局高层官员曾秘密进行一项内部调查，结果确认，为了谋得特工处主任的职位，数百名局内员工不惜在升级考试中作弊。"[22]以色列的混合研究是玩真的，而不只是成功地愚弄一下受测者而已。在测验中，即使不关乎职业生涯，也关乎名誉，因此代价极高，害怕被识破的心理极强，其中一些人甚至因说谎而产生了罪恶感。

---

* 测谎人员宣称，测谎仪测谎的威胁可以使某些罪犯招供。这些数据显示，这个说法并非夸大其词；但也说明，拒绝测谎并不表示有罪。

研究成果

符合最低科学标准的研究中,有10项实境研究和14项模拟研究使用了准绳问题技术,还有6项模拟研究使用了犯罪知情测试法。* 下面的图表正是基于这些研究制成的,它显示了测谎仪的工作情况。测谎仪抓对说谎者的时候居多,但也会犯错误。错误的多少和类型取决于研究是实境研究还是模拟研究,使用的技术是准绳问题技术还是犯罪知情测试法,也取决于每项研究的具体细节。一些总体的发现概述如下:

第一,实境研究中的测谎仪准确度高于模拟研究。造成这种结果的原因很多:实境研究中的情绪波动更大,嫌疑人的受教育程度更低,基本事实确定的程度更低。

第二,除了使用犯罪知情测试法的情形之外,误真为谎的错误比例都很高。因此迫切需要对犯罪知情测试法进行更多的研

---

* 对于使用准绳控制技术的实境研究或模拟研究,哪些研究符合科学标准,我使用了技术检定局的判断。莱肯告诉我,他认为,技术检定局特别钟情于某些实境研究,而那些研究有选择性地抽取了有记录可查的案件,因此实境研究的结果被夸大了。技术检定局在报告中并没有统计使用犯罪知情测试法的研究,但我选入它们,以便读者能对两种方法有所比较。我使用了技术检定局报告的表7中所有研究,但Timm的实验例外,因为该实验没有无辜者。我使用了Balloun和Holmes研究的第一份测谎数据,以及来自Bradley和Janisse研究的EDR数据。[H. W. Timm, "Analyzing Deception from Respiration Patterns," *Journal of Political Science and Administration* 10(1982): pp.47-51; K. D. Balloun and D. S. Holmes, Effects of Repeated Examinations on the Ability to Detect Guilt with a Polygraphic Examination: "A Laboratory Experiment with a Real Crime," *Journal of Applied Psychology* 64 (1979): pp.316-322; and M. T. Bradley and M. P. Janisse, "Accuacy Demonstrations, Threat, and the Detection of Deception: Cardiovascular, Wectrodermal, and Pupillary Measures," *Psychophysiology* 18(1981): pp.307-314]

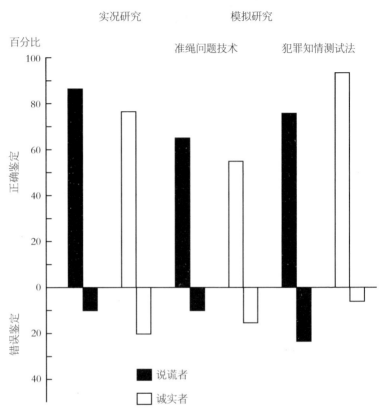

图7 测谎仪准确度对比图

图中所给出的是平均数值，它并不能准确反映研究结果的范围。兹补录其范围如下：说谎者被正确鉴别的情况，在实境研究中为71%—99%，在使用准绳控制技术的模拟研究中为35%—100%，在使用犯罪知情测试法的模拟研究中为61%—95%；诚实者被正确鉴别的情况，在实境研究中为13%—94%，在使用准绳控制技术的模拟研究中为32%—91%，在使用犯罪知情测试法的模拟研究中为80%—100%；诚实者被错误鉴别的情况，在实境研究中为0—75%，在使用准绳控制技术的模拟研究中为2%—51%，在使用犯罪知情测试法的模拟研究中为0—12%；说谎者被错误鉴别的情况，在实境研究中为0—29%，在使用准绳控制技术的模拟研究中为0—29%，在使用犯罪知情测试法的模拟研究中为5%—39%。

究，特别是在实境研究和模拟研究中。

第三，误谎为真的错误比例都很高，当使用犯罪知情测试法的时候最高。

尽管拉斯金认为图中数字低估了测谎仪的准确度，而莱肯则认为高估了准确度，但没有人不同意以上三条总体的发现。然而，对于大量涉及应该给测谎仪多少信心的问题，研究者仍然莫衷一是。精神病态人格者说谎的话更能逃避测谎仪测谎吗？证据反映，准绳问题技术对此并不灵验。莱肯相信，使用犯罪知情测试法则能检测到精神病态人格者。莱肯的推理是，即使他们显示不了担心被识破的恐惧感和欺骗的快感，仅仅识别他们对正确选项的反应，就能获得自主神经系统的活动变化。但是目前尚没有人进行用犯罪知情测试法测谎精神病态人格者的研究。更多的测谎研究迫切需要进行，不只是精神病态人格者，也包括那些对测谎仪测谎反应微弱的其他各类人。

假如说谎者深思熟虑想去避免被侦测到，那么他的反制措施能否奏效？面对这个问题，还是得说需要更多的研究才能解决。我相信，承认有数量未知的说谎者通过使用反制措施来逃避测谎仪的侦测，可能是一种明智的选择。我觉得，如果有机会花几个月来训练说谎者使用反制措施，使用老练的技巧，逃避侦测将不无可能。没有人知道间谍是否要经过如此训练，但我觉得，要是断然否认的话似乎不太明智。据说在苏联就有这样一个学校专门教间谍如何规避测谎仪。曾有一个克格勃特工在坦白中说他的训练课程没学好，似乎就证实了这一点。

技术检定局报告的结论部分说，他们对测谎仪的研究为

"作为特定案件的典型犯罪侦查的辅助手段的测谎仪测谎的效度提供了一些证据"[23]。这个结论可能过于谨慎了,我相信,即使说得稍微大胆一些,也仍然能获得学术界主要人物的一致赞同。

对于显示嫌疑人是诚实的测试结果我们更应该重视,它比显示嫌疑人说谎的结果可能更为真实。假如其他证据并不是很有说服力,侦讯人员似乎更应该撤销对一个测谎结果为诚实的人的起诉。当使用很少会犯误谎为真错误的准绳问题技术时,拉斯金和其他一些人更是强烈建议如此。莱肯相信准绳问题技术是没用的,只有犯罪知情测试法有希望用于犯罪侦讯。

当嫌疑人的测谎结果表明他在说谎时,不应该将此当成他"有罪的足够证据,甚至以此进行起诉,因为测谎仪测谎是靠不住的,只能作为需要进一步侦讯的警示"[24]。当使用的是犯罪知情测试法,而不是准绳控制技术时,莱肯深深赞同拉斯金以上的看法。

在第8章中,我将解释我所谓的"估谎"。在附录的表4中,我列出了对于任何谎言都可以质询的38个问题,以便评估利用测谎仪或行为线索抓谎的机会大小。我在本书的估谎部分做了一个例证,是对一个谋杀嫌疑人的测谎仪测谎的详细论述。这个例证又提供一个机会,让我们重新审视测谎仪用于犯罪侦讯的正当性和有效性。现在让我们先考虑测谎仪在其他方面的应用,它们大多是目前有关测谎仪的争议的核心问题。

想找工作先测谎

在这个问题上,技术检定局的报告、拉斯金与莱肯三者立场完全一致，全都反对在雇用前对应征者使用测谎仪。另一方面，许多雇主、专业测谎人员以及某些政府官员，特别是情报单位，则赞成使用测谎仪。对工作应征者测谎尽管已是测谎仪最常见的用途，应征者如果在某些事情上被测出说谎，就会因此而得不到工作机会，但是这种测谎的准确度如何，却始终没有科学研究可以支持。原因不难想见，因为在实境研究中，确定基本事实极为不易。补救办法之一是，先搁置测谎结果，将所有应征者全部雇用，入职后再详加考察，确定他们是否有过盗窃或其他犯罪活动。另一个办法则是详细调查应征者过去的工作经历，以确定他是否有不实陈述，只要做得够彻底，这种做法失误的机会并不多，但成本也不小。关于这一方面，现有的研究只有两个，都是模拟研究，其中一个准确度极高，另一个不高，但两次研究的差异太大，而且各自问题也不少，以致难以得出定论。*

雇用前测谎的准确度，绝不能照搬犯罪案件测谎研究的结果，因为受测者完全不同，测谎人员与测谎技术也有差别。为了要获得工作，应征者不会拒绝雇用前测谎，而犯罪嫌疑人却能够选择不接受测谎，而拒绝本身也不能作为不利的证据。拉斯金指出，雇用前测谎"是强制的，很可能产生不满的情绪，严重干扰测谎仪测谎的准确度"[26]。此外，两者所要付出的代价也完全不同，无法通过雇用前测谎，所受到的处罚显然远轻于无法通过犯

---

* 对这两次研究，我引用的是技术检定局的判断。[25] 赞成雇用前施行测谎的人，均相当看重这两次的研究。即使这两个实验是有效的，对于雇用前进行测谎仪测谎的准确度如何，我仍然认为缺乏科学根据以得出结论。对于这样一个重要而充满争议的问题，有必要进一步加以研究，两个实验肯定远远不够。

罪测谎,由于代价不大,说谎者担心被识破的恐惧感不强,说谎被逮到的机会就小得多。反倒是极想得到这份工作的诚实人,可能会担心受到冤枉,但不料却因此受到了误判。

赞成雇用前测谎的人则认为,测谎自有其效果。在测谎之后,许多应征者都会做出不利的自白,承认测谎之前他们确实有些事情未做交代,这就是其效度的证据。测谎是否准确无误地抓到了说谎者并不重要,只要测谎仪能把不该被雇用的人给鉴别出来,这也是其效度的证据。莱肯指出,这种所谓的效度,本身就是站不住脚的。[27]有关事后不利自白的说法,在数目上可能被夸大了,而且有些不利自白甚至可能是在压力之下编造出来的。更重要的是,某些人明明做过某些事,根本不应该被录用,却无惧于测谎,测谎也不足以让他们自白。有多少人虽然无法通过测谎,但实际上却是个好员工?又有多少人虽然通过了测谎而被录用,但实际上却是引狼入室?没有准确度的研究,这些问题就无法回答。

曾接受过拉斯金指导的心理学家巴兰(Gordon Barland),从事着对雇用前测谎的研究工作,对于这方面,他持有相当不同的看法。巴兰研究过400名应征者,其中包括卡车司机、出纳员、仓库管理员等,全都是雇主委托民间测谎机构进行的测谎个案。在155个被评定为说谎的个案中,获知自己的测谎结果时,约有半数的人承认说谎。巴兰发现,在承认说谎的人当中,有58%的人在事后仍为雇主所雇用。"许多雇主使用测谎的目的,不在于根据测谎决定是否雇用这个人,而是要确定该将他放到什么位置上,例如一个被发现是酒鬼的应征者,被雇用之后,就不让他担任司机，而是让他去做装卸员。"[28]

巴兰坦率地指出，反倒是那些被测定为说谎却不承认的人，才特别值得注意，因为这78个人可能是误真为谎的受害者。巴兰说我们应该放宽心，因为其中的66%还是被雇用了，只不过，如果没有这份测谎结果的话，他们是否会如愿以偿地得到自己想要的工作则不得而知。被测定说谎却不承认的人之所以未被录用，大部分不是因为测谎的结果，而是因为在测谎前接受面谈时的表现。"只有很小的一部分（不到10%）应征者，是因为被测定说谎却不承认，才受到雇主淘汰的。"[29]

如何看待这个不到10%的数字？它又将造成多少伤害？这些要取决于说谎的基本比例（base rate）。基本比例指的是有多少人确实做了某件事。在接受测谎仪测谎的犯罪嫌疑人中，犯罪的基本比例极高，甚至可能高达50%，因为测谎之前已经做过犯罪排查，因此只有极少数的嫌疑较重的人才有必要进行测谎。巴兰的研究显示，工作应征者说谎的基本比例大约是20%，即每五个人中会有一个人撒谎，隐瞒那些妨碍他被雇用的事情。

即使测谎仪测谎的准确度被假定高于实际的准确度，但以20%的基本比例来说，还是会产生某些令人遗憾的结果。拉斯金在指责雇用前测谎时，为了方便，曾假定测谎仪测谎的准确度是90%（高于他所预期的实际比例），并提出了他的看法：

按照这个比例，雇用前测谎的受测者若为1000人，将产生如下的结果：在200名说谎的受测者当中，会有180人被正确判定是说谎，另外有20人则会被误判是诚实的；在

800名诚实的受测者中，720人会被正确判定为诚实，80人则会被误判说谎；换句话说，在260名被判定为说谎的人当中，80个其实是诚实的，因此，那些被判定为说谎的人当中，诚实者所占比例实际上是31%；如果以测谎结果作为不雇用的依据，这种"误真为谎"的比例未免太高，对当事人所造成的损害未免不公。在刑事侦查过程中，就不至于发生这种现象，因为刑事案件嫌疑人说谎的比例可能高达50%，甚至更高，以技术上的准确度来说，再怎么样也不至于造成那么高的误判比例。[30]

针对以上的说法，辩解可能是这样：

工作应征者说谎的基本比例只有20%，这项评估可能偏低。这个数据是仅基于单一研究得出的结果，而且又是以犹他州的应征者为样本，如果换到其他州，摩门教徒（Mormon）所占的比例没那么高，说谎者的数字就应该更高。不过，反对雇用前测谎的人仍然会说，即使高达50%，只要准确度无法确定（可能远远小于90%），雇用前的筛检就不应该使用测谎的方式。

也许测谎准确与否并不真的那么重要。进行测谎，或者以进行测谎相威胁，都可以让人做出不利自白，这是其他方法无法做到的。针对这一说法，反对者还是会说，没有准确度的研究，就无法知道，究竟有多少没有做出不利自白的人会做出伤害雇主的事情。

为员工定期测谎是另一个引起争议的问题，相关的批评意见，基本上与雇用前测谎相同。

想当警察先测谎

这是另一个广泛使用测谎仪测谎的领域。在其他各类工作中也都充满着关于在雇用前使用测谎筛选的争议。然而，我在此唯独选取了警察行业加以讨论，这是因为我手边正好有一些相关资料可供发挥，尤其是有关测谎仪的效度问题，其次则是，这种职业的性质将会为雇用前测谎带来一个新的争议。

理查德·阿瑟（Richard Arther）是一位专业测谎人员，他写的一篇文章叫作《你所在的警察局今年聘用了多少小偷、强盗和性犯罪者？——但愿只有10%！》[31]，题目就已经点出争议的核心。阿瑟进行了一项调查，有32家不同的执法单位对他做出响应，并提供了相关的数据（他并没有说明做出响应的单位占自己所征询过的单位的比例）。根据他的报告，在1970年，这些执法单位总共为6524名应征者做过雇用前测谎：

> 其中2119名参加测试者的表现结果令人不敢恭维，所占比例高达令人无法接受的32%！更重要的是，在6524名应征者中，绝大部分接受测谎的人都已经通过了背景调查。

阿瑟在报告中引用了大量的例子来支持自己的观点，强调测谎的重要性。测谎到底有多重要，阿瑟搬出俄亥俄州克利夫兰警察局测谎专家拉凯（Norman Luckay）的话：

> 在我们录取名单的前十名中，有一名应征者在职前测谎

中招认，涉嫌一桩尚未破获的持枪抢劫案。[32]

在应征成为人民公仆的人当中，竟然有那么多的说谎者！尽管故事令人不寒而栗，尽管数字令人触目惊心，但不要忘了，在应征警察的测谎仪使用上，迄今尚无科学上的证据足以证明其准确度。这种说法乍听起来令人难以相信，这是因为一般人都把测谎的效度与准确度混为一谈了。阿瑟的数据所透露的，只是测谎的效度，他没有谈到的部分还有哪些，不妨让我们来考虑一下：

第一，被测定为说谎的应征者中，有多少人否认自己说谎，否认自己做了坏事？他们接下来的遭遇如何？这些数据都事关测谎仪的效度，但大部分力主雇用前测谎的人却忽略了。

第二，被测定为说谎却否认的说谎者，有多少其实是诚实的、应该被雇用的？这也就是误真为谎的错误到底有多少？要回答这个问题，就需要关于准确度的研究。

第三，虽未被测定为说谎，但实际上却在说谎的人有多少？有多少窃贼、强盗、性犯罪者骗过了测谎仪？这也就是误谎为真的错误到底有多少？要回答这个问题，也需要关于准确度的研究。

令我惊讶的是，明确的证据根本拿不出来。事情当然不容易，所费也不赀，但光是讲求效度是不够的，姑且不论误真为谎的问题，单是误谎为真所要付出的代价就实在太高了。

不论所犯的错误有多少，在提不出具体证据之前，警察的入职前测谎还是有其正当性，至少可以筛掉一些不适当的人选。即使测谎并不能刷掉所有的不适当者，即使某些可以成为好警察的人也因此未被录用（误真为谎的受害者），但是权衡利弊，这样的代价还不至于太高。

如何权衡，这是一个社会问题，也是一个政治上的问题。但必须知道的是，想当警察先要测谎这件事虽然有其正当性，但到目前为止，这种测谎的准确度还是拿不出科学证据来。我相信，这些因为职前测谎能够排除不当人选而赞成此道的人，应该感到有责任去了解：当此测谎的实践仍被继续，当准确度的研究仍未进行之时，会有多少人会被错误地拒绝掉。

测谎抓谍

一名能够接触秘密信息的陆军军士，申请某情报单位的文官工作。在测谎仪测谎过程中，他对很多关联问题都产生了反应；在随后的面试中，他承认行为失检，犯过一些微不足道的小错。由于他在测谎中针对关联问题不断产生反应，测谎人员生出了警觉，并在数周后的复测中又发现类似的情形。结果该军士参与机密资料保管的资格被撤销，调查也随即展开。调查尚在进行期间，他被发现陈尸于自己的车中，后来证明，他一直在为苏联从事间谍工作。[33]

在国家安全局有关测谎的报告中，透过例行的雇用前测谎，查获间谍的例子极多，上述案件就是其中一个。照道理讲，那些不是间谍，而是诚实可靠、非常称职的人，却无法通过这类测谎的，为数应该不少。但是，抓到了多少间谍，以及事后发现漏掉了多少，国家安全局只字未提；唯独提到的却是，有多少人因为承认吸毒、从事颠覆活动、有犯罪前科等而受到淘汰。有一份数据提到，2902人因所应征的工作需要持有安全通关证而接受了测谎，测谎后，43%的人被判定是诚实的，但后来陆续出现的数据显示，其中有17人隐瞒了不良记录，因此，实际上误谎为真的错误不到1%（17/2902）；其中21%未通过测谎、并承认有过重大过失的人，未被录用；24%的人未通过测谎，虽承认犯有小错，但并未因此而被刷下来；另有8%的人未通过测谎，但也没有承认自己有任何过失。

这8%的人很可能就是误谎为真的例子，虽然国家安全局的报告没有提及，但我推想，在那个数字里，这种人一定不少。国家安全局强调，确定哪些人该予录取，测谎只是一项工具，并非最后的裁决。未通过测谎的人还会再接受面谈，在测谎中为什么会对某些问题产生情绪反应的原因，也会设法予以厘清。巴兰对我说，一般的情形是，测谎失败，又找不出合理解释的人，国家安全局才不予录用。

再提醒一次，我们必须记住，所有这些数字都只代表效度，而不代表准确度。少了有关准确度的资料，就无法回答下列问题：有多少更为成功的说谎者逃过了测谎而混迹于国家安全局之中？国家安全局认为即使有，比例也应该不到1%，但他们缺乏有关准确度的研究来支持这项说法。他们以为测谎不会漏掉任何一个说谎者，但也没有十足的把握。技术检定局的报告就曾这样提醒过：

联邦政府最想要逮出来的,就是那些危害国家安全的人,但他们也正是训练最精良、最擅长逃避测谎仪测谎的人。[34]

既然缺乏准确度的研究,就无法确定到底犯了多少误谎为真的错误。虽然准确度研究的难度很高,但并非不可能,混合研究应该就是一条可行的途径,正如前面提到的以色列警察的例子。

对于测谎能够予以反制吗?反制措施将包括咬舌等身体行为、服用药物、催眠、生物反馈等手段。研究显示,反制措施在某种程度上确实有效,但是代价就是国家安全部门会对间谍失察(误谎为真的错误),对此更多的研究还有待进行。因此,不妨把焦点放在间谍的培养过程中,在出道之前,"准间谍"都会在专家和专业设备的帮助下,花数月进行训练,运用反制措施对付测谎仪。国防部主管卫生事务的前代理助理部长比尔里三世(John Beary Ⅲ)"曾提醒五角大厦,依赖测谎保障国家安全,可能适得其反。据我的了解,在某一东欧集团国家,苏联设立了一所训练学校,教导谍报人员反制测谎。由于我国国防部的许多主管都认为测谎有效,这种错误的安全观念,反而让苏联间谍有机可乘,通过测谎而渗透到五角大厦内部"[35]。对于这种可能性,国家安全局只针对反制措施进行了小规模的试验计划,它比起技术检定局的研究来小得令人诧异。

在占总数8%被测定为说谎者却不承认自己有过失的数百人当中,有多少人是真正的说谎者,又有多少人其实是被测谎误判的诚实者?这个问题,只有靠准确度的研究才能给出答案。

应技术检定局的要求,国家安全局与中央情报局仅提出一项准确度的研究。只是这项以学生为研究对象的模拟研究,不仅建立基本事实的标准有问题,而且所提出的问题也与国家安全无关!在这么重要的事情上,进行如此儿戏的研究,实在令人诧异。即使不关心误真为谎的错误,也应该极力关心误谎为真的错误,因为对后者会付出很大代价。

某些职务能够接触机密信息,这些信息万一被泄露给敌方,势必危害国家安全,对应征此类工作的人进行测谎,即使缺乏有关准确度的资料,其正当性却毋庸置疑。司法部副助理部长威拉德(Richard K. Willard)曾说:

> 测谎虽然可能刷掉某些合格的人选,造成遗憾,但我们认为,基于国家安全的考虑,为了避免用错人,宁可失之于不公。[36]

针对英国最近决定在涉及机密信息的机构使用测谎,莱肯有一段评论,正好可以拿来反驳这种辩护,莱肯是这样说的:

> 这一决定不但会损害无辜者的事业与名誉,也很可能使政府失去最有良知的公务员……虽然表面上追求的是较为花钱但更有效率的安全措施,但一旦采用测谎,却徒然为反制测谎有术的外国谍报人员进入机密部门大开方便之门。[37]

在职测谎

既然情报单位、钻石商人或超市主管都相信，利用测谎可以避免用人不当，那么对在职员工做定期测谎，以避免任何闪失，也就顺理成章，事实上许多企业也都这样做了。还是老问题：测谎是否准确，没有资料可供评估。说谎的基本比例可能会低些，因为大部分"坏家伙"已经在雇用前测谎中被刷掉了，此外，比之应征者，在职员工可以隐瞒的事也少得多。但说谎的基本比例越低，误判的比例也就越高。就拿我们前面举过的那个例子来说，假设对1000名员工测谎的准确度高达90%，现在如果把说谎的基本比例从20%降为5%，结果就会变成这样：被正确地指认出说谎的人是45人，但误真为谎的人数则增加为95人；另外，被正确地指认出诚实的人是885人，但只有5个说谎者是漏网之鱼，被误判为诚实人。

图8与图9说明了这类说谎的基本比例降低的效应，同时也突显，在测谎准确度为90%不变的情况下*，说谎的基本比例改变，会使误真为谎的比例也随之改变：最低说谎比例为20%时，平均每抓出两个真正说谎者的同时，有一个诚实人受到误判；说谎的最低比例是5%时，情形正好相反，平均每两个诚实人受到误判的同时，被逮到的真正说谎者却只有一个。

对必须参加测谎的厌恶情绪，会使测谎难以得到准确的结果，这个说法在此同样适用。一旦成为在职员工后，对于测谎所

---

* 两桩个案的准确度各有多高，未经充分评估，根本无从得知，但可以确定的是，不可能高达90%。

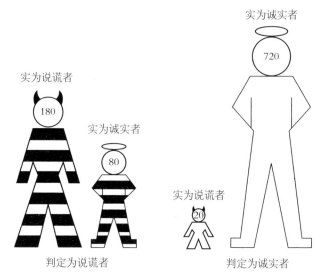

图8 说谎者实际占20%（200人）时的千人测试结果

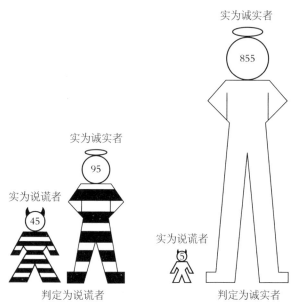

图9 说谎者实际占5%（50人）时的千人测试结果

产生的反感，会比找工作时更为强烈。一旦没通过测谎，除了就事论事来做处理决定外，很难有统一的政策，而且决定绝不是那么容易就能做出来的。这是一件非常棘手的事情，要想将一个在职多年的员工解雇的话，没有任何证据是说不过去的。

警察或情报单位将雇用前测谎予以正当化的理由，对于在职测谎也同样适用。不过，尽管工作中难免诱惑和腐败，但警界却很少出此对策。国家安全局倒是经常做一些，只要员工无法通过测谎，随后的面谈又交代不出理由，通常就会被交付安全调查。如果员工无法测谎也拒绝承认说谎，同时调查也查不出个所以然来怎么办？提出这个问题后，我被告知：这是不可能的事，都是经过多次重复测谎才判断有问题的。假如某人是个无辜者，对于不公正的解雇非常生气，这种情绪可能诱使他将工作期间所知道的秘密泄露出去。但是，假如每次他被问及"你去年是否曾向外国间谍泄过密"时，测谎仪都在他否认时测出强烈的情绪反应，那么很难说里面没有事情。

抓泄密与吓阻理论

里根政府在1983年的提案中要求新增的测谎措施之一是，不需司法部的介入，对内部未经授权却泄露机密信息的嫌疑人，政府机关可以径行测谎甄别。到目前为止，所有这类调查尚属刑事案件，这项新修改的措施一旦生效，未经授权泄露就成为"行政"事务。任何行政主管只要认为员工泄露机密信息，就可以要求对他进行测谎。问题是，需要接受测谎的，到底是包括所有接触过外泄资料的人,还是只限于经调查有嫌疑的人;如果是前者,说谎的基本比例将会极低,而测谎错误度将会极高。

技术检定局的报告指出,针对未经授权泄密所做的测谎,其准确度如何,尚无任何评估研究。但联邦调查局提出的数据显示,在过去四年中,该局曾在26件这类案件中使用过测谎,均获得成功,即大部分未通过测谎的人都承认了罪行。[38] 不过,联邦调查局的测谎,与可望获得通过的新规定有所不同,联邦调查局测谎的对象,并不是所有可能未经授权泄密的人(这种方式的测谎被称为地毯式排查),而只限于经调查涉有嫌疑的人,最低说谎比例较高,错误率则比较低。联邦调查局规定,不可使用测谎仪"地毯式排查所有相关员工,也不可以此取代传统的推理调查"[39]。但1983年的新提案却准许使用地毯式排查的方法测谎。

在受测者、测试内容与测试程序上,行政测谎都很可能有别于刑事案件中的测谎。受测者的反感将更强烈,因为员工若不接受测谎,将失去接触机密信息的机会。国家安全局对内部员工的调查显示,局内员工普遍认为测谎是合理的。这是可信的,但问题是,除非合理与否的调查是以匿名方式进行的,否则厌恶测谎的员工是不会承认的。我相信,为了抓泄密而测谎,其他政府机构的员工未必会认为合理,尤其是在保密的目的只是维护政府部门,而非维护国家安全时。

司法部副助理部长威拉德在国会为使用测谎仪测谎辩护时,提出一个不同的理论:

> 测谎有一项额外的好处,即可以对那些用其他方法难以

察觉的不当行为产生吓阻效应。员工知道自己将接受测谎，便知道有所节制。[40]

这种说法可能很难如愿。因为测谎抓泄密的机构如果不是情报单位，所犯的错误可能会更多。即使不是如此（是否真的如此，无从得知），但如果受测者以为如此（或者至少以为没人知道是否如此），吓阻效应就会失灵。测谎工作所以有效，前提是大部分人都相信测谎仪确能抓谎；使用测谎来调查未经授权泄密的案件，同样会使无辜者感到害怕，更会使厌恶测谎的人感到愤怒，以致造成误真为谎的错误。

另有一种主张则认为，测谎是否有效并不重要，它都能对某些人具有吓阻效应；而对于未能通过测谎的人则不施予处罚，这样就算有无辜者受到误判，也可以避免冤情。问题是，如此一来，测谎的结果有等于无，测谎作用尽失，吓阻效应根本也就无由产生。

测谎仪与说谎行为线索的比较

嫌疑人是否说谎，测谎人员单靠测谎仪纸带是无法判定的。测谎人员所掌握的材料，不仅包括事先调查所取得的资料，而且在测谎前的面谈中，利用说明测谎程序及展开测验题目的机会，也可以了解更多信息。此外，在测谎前后的面谈中，以及测谎本身的过程中，测谎人员可以从受测者的面部表情、声音、姿势及讲话的态度捕捉到某些线索。在评估嫌疑人是否说谎时，测谎人员是否应该用行为线索作为测谎的辅助手段,目前意见基本上可以分成两派。我曾检视过赞成一派所使用的培训材料,基本上都已严重过时,最新研究的结果全都没有,而其中有关如何解读说谎的行为线索的想法,许多都是错误的。

结合测谎仪纸带与行为线索的测谎,与测谎人员只依据测谎仪纸带判定的测谎,两者之间的优劣比较,到目前为止仅做过四次研究。两次研究显示,结合行为线索的测谎,在准确度上,与仅根据测谎仪纸带判定的结果不分轩轾;另一次研究发现,行为线索测谎虽有其准确性,但比不上测谎仪的结果。这三次研究都有重大的瑕疵,包括基本事实不确定、受测嫌疑人太少,以及参与判断的测谎人员太少。[41]但在第四次研究中,这些问题都得以改进,由拉斯金与基尔舍(John Kircher)主持的这项研究,迄今尚未公开发表。[42]这次研究发现,结合行为线索所做的判断,准确度不超过五成,仅根据测谎仪纸带且未与嫌疑人接触所做的判断,则远高于五成。

对于说谎的行为线索,许多人都因为错误解读或没注意到,以致受到误导。回顾我在第4章开头讲述的那个实验,观看我们所提供的录像带,人们并不能分辨护理学生在描述她们的情绪时是否说谎。然而,我们知道一定还有没识别出来的行为线索,当护理学生说谎时,即观看血腥影片而隐瞒负面情绪时,她们的声调变高,肢体比画变少,表现出了耸肩的肢体动作失误。我们完成了对这些受测对象的面部测量,一直没来得及发表,但它们似乎是所有鉴别谎言的方法中最有希望的一个。面部测量中可以发现肌肉运动的细微信号,最有说服力的例子是在看起来很快乐的微笑中发现了厌恶和轻蔑的情绪。

我们正在测量那些人们并不知道也不能注意到的信息。到明年，我们将揭示其结果。我们将训练一组人员，告诉他们应该寻找什么，然后给他们放录像带。假如他们的判断仍然错误，我们将知道探察这些说谎的行为线索，应该通过慢镜头和重复播放来精确地测量，以提高准确度。我打赌，训练之后精确度就会大大提高，但是不会达到精确测量时的准确度。

拉斯金和基尔舍这样的研究是重要的，将根据测谎仪纸带所做的判断与根据对行为线索的测量所做的判断进行比较。我期望着，我们将在至少一些嫌疑人身上找到答案，行为测量的结果加上根据测谎仪纸带所做的判断，将可提高测谎的准确度。因为说谎行为线索能够提供有关情绪属性的信息，即受测者所感受到的是害怕、生气、惊讶、沮丧，还是兴奋，而这正是测谎仪纸带无法表现出来的。

从测谎仪的记录上获取情绪的属性信息也并非完全不可能。在第4章末，我们曾经发现针对不同的情绪，自主神经系统的活动有不同的模式，这就为分辨特定情绪提供了可能性。只不过目前还没有人尝试这条途径。总之，行为线索与测谎仪纸带都有可能提供情绪属性的信息，都有助于减少误真为谎与误谎为真的错误。此外，在对付测谎的反制措施方面，如何结合行为线索与测谎仪纸带，解读情绪的属性，也是值得深入研究的课题。

测谎仪的使用必须获得嫌疑人的同意与合作，但行为线索的解读却随时可行，既不需要事先通知，也不需要征得同意，甚至嫌疑人根本不知道自己已经被盯上。在某些工作的应征上使用测谎仪，或许为法律所不容许，但若采取行为线索测谎，就完全没有这方面的顾虑。政府公务人员泄密，即使不得以测谎仪进行调查，对特定的嫌疑人的行为线索进行细察，法律却不禁止。

无论在婚姻、外交或商业中，怀疑对方说谎的情形屡见不鲜，但测谎仪却不能派上用场。彼此间没有信任感可言时，质疑无关紧要，甚至咄咄逼人的质问也没什么大不了。但信任感仍被期待的时候，夫妻之间、朋友之间或父母与子女之间，别说使用测谎仪，即使只是质问得直接一点，也会使双方的关系蒙上阴影。父母亲对孩子的权威，可能远超过大多数抓谎者之于嫌疑人，因此更不能承受当面质疑所要付出的代价。孩子自称无辜，父母却一再逼问，不论孩子最后承认与否，关系都可能永远难以弥补。

一些人也许感觉不去戳穿谎言是最好的，或者说是道德的，别人说什么就当人家是什么，安于过表面一套的日子，不做任何事情来减少被误导的机会。这种选择不会冒错误指认别人的风险，有时也许是最好的选择。当然，这要取决于风险是有多大，怀疑对象是谁，可能被误导的是什么，抓谎者的处世态度，等等。以厄普代克的小说《求婚》中的人物关系为例，当妻子隐瞒外遇时，杰里如果相信妻子露丝是诚实的，他将失去什么？假设妻子是忠贞的话，杰里如果认为她说谎，又将何得何失？二者加以权衡才能做出选择。在一些婚姻中，错误的指控所带来的伤害，远比暂时故作不知所带来的伤害更大。当然，这也不是绝对的，要具体问题具体分析。一些人也许没有更多的选择，譬如他们疑心太重，而无法容忍置可能的谎言于不顾，对他们来说，冒错误指认的风险远比放任说谎的风险更让人心安。

在面对说谎嫌疑人,决定要冒哪种风险时,必须考虑什么呢?我们的唯一建议就是:判断嫌疑人是否说谎,绝不能单凭测谎仪信号或说谎的行为线索,就骤下结论。第6章所谈到的陷阱与预防措施,对于减少解读行为线索的错误,应该有所帮助。这一章则为解读测谎仪的记录提供了一些建议,相信有助于避开某些陷阱。抓谎者在判断嫌疑人是说谎或诚实时,必须慎重评估肢体动作、表情或测谎仪信号的含义,因为有绝对把握的时候极少。所谓极少,就比如充分展开的面部表情泄露了与谎言矛盾的情绪,或者在言辞激烈时将隐瞒信息脱口而出,这时候嫌疑人本身也会意识到极为不妥,甚至干脆承认算了。更常见的情况是,意识到说谎的行为线索、诚实的行为线索的存在,再加上测谎仪的结果,也只是为是否值得继续深究下去提供了一个判断基础。

抓谎者也应该根据出错的可能性对特定谎言进行评估。一些欺骗极易达成,很少有机会露出行为线索,另外一些则殊为不易,以致漏洞百出,线索多多。下一章所要谈的就是如何评估一个谎言是否容易辨识,以及评估时应该注意的事项。

第 8 章

估　谎

　　谎言能否得逞，无辜者是否不被冤枉，全都是未定之数。

　　估谎所能做的，仅止于提供一个有根据的猜测而已，尽管如此，经过一番评估，多少可以减少误谎为真或误真为谎的错误。

　　大多数谎言能够得逞，关键在于很少有人认真地抓谎。通常的谎言无关紧要，多数人往往等闲视之，只有代价很高的时候，譬如受害者被误导的话就会损失惨重，说谎者被抓的话就会被严厉处置，说谎者蒙混过关的话就会大捞一票时，人们才会认真对待。估谎绝不是一个简单的任务，绝非可以一蹴而就。有许多问题需要考虑，首先是说谎者是否会犯错误，如果是，那是什么类型的错误，又该从哪些方面的行为线索中去寻找？其次是，谎言是属于什么性质的，说谎者具有哪些特质，抓谎者又具备哪些条件？谎言能否得逞，无辜者是否能免于冤枉，谁也说不准。估谎所能做的，仅止于提供一个有根据的猜测而已，尽管如此，经过

第8章 估谎

一番评估，多少可以减少误谎为真或误真为谎的错误。就算连这一点也做不到，至少可以让说谎者与抓谎者都明白，抓谎乃是千头万绪之事，谎言是否手到擒来，谁都无法预料。

估谎可以使心生怀疑的人不致躁进，对于自己所怀疑的事，不论结果证明它是真是假，都会先去估算机会有多大。有时评估的结果是自己将毫无机会，如果奥赛罗能知道这一点该有多好。有时多少会知道会出什么问题，于是可以有针对性地去看去听，或许能够找出一些眉目。此外，估谎对于说谎者也有好处：有些人一看苗头不对，不是胎死腹中，就是紧急刹车；有些人则刚好相反，发觉说谎竟是轻而易举，不禁信心大增；还有些人则找出了薄弱点，于是想方设法避免最容易犯的错误。在下一章中，我将解释，为什么本章和其他章节所提供的信息，对于抓谎者的用处其实往往比说谎者更大。

估谎所要质询的问题一共有38个，其中大部分都在前面各章解释其他问题时已经提过，现在我把它们汇集成表，并加进几个虽未提及但是有必要考虑的问题。接下来则将分析许多不同性质的谎言，利用这份表单说明为什么有些谎言是简单的，有些却是困难的（完整的38个问题参见附录表4）。

对说谎者而言，容易的谎言就是不易出错的谎言，但对于抓谎者来说，这反而是困难的；困难的谎言则刚好相反，对抓谎者而言是容易破解的。有些谎言之所以容易，原因有很多，比如说谎者不需要隐瞒或假装情绪，说谎的空间绰绰有余，说谎者精于此道，以及欺骗对象（未来可能的抓谎者）并不多疑等等。有一篇报纸文章，题为《猎头族横行企业丛林之道》[1]，就描述了大量这种非常容易的谎言。

猎头族的任务是将一家公司的高级主管或技术骨干引诱到竞争对手的公司来工作。没有一家公司愿意自己的优秀员工跳槽到竞争对手的公司去,因此,猎头族不可能对锁定的猎物直接下手。莎拉·琼斯是纽约一家公司的猎头,为了弄清楚"目标"的背景资料,她常以工商调查员的身份展开追猎行动:

> 我们在做一项有关教育与事业道路的调查,我能问您几个问题吗?您不需要报出姓名,我只要了解一下您的求学经历和职业生涯就行。一旦接上了头,我就开始无所不问:月收入多少,是否已婚,多大年龄,几个孩子……猎头族就是要引人入瓮套出对方的信息。坦白说,就这么回事。[2]

另外一个猎头则是这样形容自己的工作的:

> 有人问我是做什么的,我告诉他们,我是靠说谎骗人和投机取巧混饭吃的。[3]

第1章曾谈到精神病患者玛丽,与她的谈话则提供了一个困难谎言的例子:

> 医生:玛丽,哦,今天觉得怎么样?
> 玛丽:很好呀,大夫,我巴望着周末快点来,哎,你知道的,可以跟家人相聚。啊,都五个礼拜了,从进医院

到今天。

医生：不再觉得心情郁闷了吧？你确定不再想自杀了？

玛丽：真是不好意思，怪丢脸的。不会了啦，保证不会了。现在只想回家，回家跟老公聚聚。

玛丽和莎拉的谎言都成功了，两人都没有被抓（玛丽本来应该被抓的）。评估所有的客观情境，都于玛丽不利而厚待莎拉，玛丽要想说谎成功是更加困难的，玛丽的说谎经验远不如莎拉老到，而她面对的医生却有大量的抓谎经验。姑且不论说谎者与抓谎者的特质，让我们先从谎言本身的不同性质谈起。

玛丽的谎言涉及情绪，莎拉的则不必。玛丽要隐瞒想要自杀的痛苦，这种情绪会泄露出来，隐瞒情绪所造成的心理负担，也可能使她装出来的正面情绪穿帮。玛丽不仅要说情绪的谎，而且，与莎拉不同的是，她还对说谎本身有强烈的情绪感受，这也需要隐瞒。莎拉的谎言有其正当性，是工作的一部分，因此不会有罪恶感；而玛丽的谎言没有正当性，这使她产生罪恶感。照理病患者都应该对医生诚实，因为医生是在帮助病人，更何况玛丽对她的医生还有好感。此外，对于自己说谎，以及想要了结自己的念头，玛丽也觉得羞愧。最困难的谎言，就是关于说谎时刻正感受到情绪的谎言；情绪越强烈，要掩饰的不同情绪越多，谎言的难度就越高。除了感到痛苦、罪恶感与羞愧之外，当我们分析说谎者本身的时候，我们会发现玛丽还有第四种情绪不得不隐瞒。

比起莎拉，玛丽显然不善于说谎，不是个中老手。事先，她既没有想到要隐瞒情绪和自杀的念头，也从来没有对医生说谎的经验。缺乏经验，使她担心被识破，而害怕在本身可以泄露秘密之余，又增加了需要隐瞒的情绪的负担。她的心理疾病让她更容易受恐惧、罪恶感及羞愧的困扰，这使她不太可能隐瞒得了这些情绪。

医生会问些什么问题，玛丽事前全无概念，说辞只能临场应变。莎拉则恰恰相反，她久经沙场，对这种类型的说谎十分在行，过去的成功经验又让她愈发自信，况且她还有一套周密而娴熟的说辞。职业背景是莎拉的另一项优势，使她驾轻就熟，根本不可能怯场。

至于医生与高级主管之间，两相比较，前者占有三项优势：首先，这不是初次接触，先前对于玛丽的了解使医生比较容易避免布罗考陷阱；其次，心理医生虽然未必都受过训练，能够抓出隐瞒情绪的迹象，但是玛丽的医生却是懂得此道的；最后则是与高级主管相比，医生抱有警觉心，意识到病患者有说谎的可能，在学校里，他就学到过这样的例子，自杀病人住院数周后，为了出院了结生命，可能会掩饰自己的心情。

玛丽说谎的破绽很多，可以明显地从言辞、声音、身体及表情上看出来。她既不惯于说谎也不伶牙俐齿，说话时的斟酌字句、迂回闪避、口吃停顿、说辞矛盾都可能成为线索。强烈的负面情绪也会使她在言辞上出现以上失误，并造成音调拉高或转沉。为了掩饰痛苦、害怕、罪恶感与羞耻等情绪，也会出现肢体符号失误（如耸肩）、零碎动作增多、肢体比画减少，以及能泄露这四种情绪的微表情。不论如何掩饰，面部的不随意肌是不容易管得住的，它们也可能泄露这四种情绪。此外，由于医生已经熟悉玛丽，能够较好地解读她的肢体比画以及零碎动作，不致犯下初次会面时无视个体差异的错误。但事实上，医生并未掌握玛丽的说谎线索，我认为问题出在警觉性不够，如果都能注意到这些现象，大多数人都可以识破玛丽的谎言。

莎拉的情况对于说谎者则近乎完美：无须掩饰情绪；所说的谎习以为常；有时间预做准备；因过去的成功而有信心；天生就有表演技巧，后天又不断提高；有说谎的正当性；初次接触，对方毫无戒心；对手并无识人之明。当然，我们对莎拉的了解仅来自报纸上一篇报道，我们无法从录像带上去找出她是否留下说谎线索。我只能预想，我们找不到线索，因为根据客观与主观的条件，她所说的谎言无疑是极简单的一种，应该不会出现什么破绽。

对于莎拉，唯一还可以再增加的一项优势就是，对方可能基于自己的理由，而在骗局中采取积极配合的态度。很显然的，这项优势是莎拉和玛丽都没有的。但是，在厄普代克的小说《求婚》中，那位不安于室的妻子露丝却具有这项优势。她的谎言是属于困难的那一种，应该有不少破绽，问题是被她骗的丈夫无心追究。露丝的丈夫杰里无意间听到妻子在打电话，但他注意到语气有点不同寻常，于是问她在给谁打。仓促之下，露丝说对方是主日学校的老师，杰里质疑这与语气不符，但是也没有深究。作者字里行间暗示杰里在揭穿谎言上失败，是因为他有后顾之忧，所以会避免在忠贞问题上进行对质。后文揭示，杰里也有外遇，对方竟然是露丝情人的老婆。

露丝说的是困难的谎言,但并未被揭穿,再看一个非常简单的谎言,也居然未被揭穿,但其中原因却大不相同。这则容易的谎言来自一篇最近的分析文章,讲的是行骗高手的说谎技巧:

> 在"镜子游戏"(mirror play)中……行骗高手面对受害者时城府很深,摸清对方的心理后,通过抢先引发真实的对抗来解除其戒心。韩瑞克(John Hamrak)是20世纪初匈牙利有名的大骗子,也是最别出心裁的骗子之一。一天,他带着一名身穿技师服装的同伙,走进市政厅的一间办公室对一名官员说,他们是来搬那口待修的时钟的。官员知道钟的贵重,对于移交给他们面露难色。韩瑞克也不进一步证明自己的身份,而是顺着官员的注意力,大谈那口时钟是如何贵重,宣称正是因为这样,他才颇费周折地亲自跑来一趟。行骗高手的手法正是如此,将受害者的注意力转移到最在意的事情上,一副自己吃了亏的模样,以此赢得对方的信任。[4]

评估是否有说谎线索的时候,首先要考虑到的是,谎言是否涉及说谎时刻正感受到的情绪。我在分析玛丽的谎言时已经指出,出现这种情况将是最困难的谎言。其他的问题也要同时考虑,以便评估情绪是否被成功地隐瞒了。当然情绪并不代表全部,但是从情绪分析起是一个不错的起点。

有时掩饰情绪的确是说谎的主要目的,例如玛丽就是,但露丝则不是。即使所说的谎言与情绪无关,但因为说谎,情绪还是会介入，露丝就是。露丝之所以担心被识破，之所以有欺骗的罪恶感，原因很多。首先是害怕外遇被发现的后果，一旦谎言被揭穿，不但偷情的乐趣泡汤，还会受到惩罚。杰里可能会因此跟她离婚，而且由于她的不忠，离婚条件将对她不利（厄普代克的小说写于不追究过失责任的离婚法律通过之前），即使不追究过失责任，通奸者也不利于获得孩子的监护权。纵然最终婚姻保住了，但至少有好一段时间，他们的关系会蒙上阴影。

说谎者被逮到，并非都会受罚。猎头莎拉与精神病患者玛丽如果说谎穿帮，就不致受罚；但行骗高手失手后却难逃制裁，露丝也不例外。不同的是，韩瑞克是个中老手，对自己的天赋和能力有充分信心，不怎么担心被识破。露丝虽然也骗过了丈夫，但终究不具备那种说谎所需要的本事，况且是事先也没有准备和演练，对自己说谎的信心自然不足。

露丝担心被抓的最主要原因，就是奸情一旦败露所必须面对的惩罚。但是，她也会担心说谎行为本身所带来的惩罚后果。如果杰里发现露丝居然狠心骗他，彼此间的信任感破灭，因此产生的痛苦，可能更甚于她的不忠所带来的难堪。有些做丈夫的一旦戴了绿帽子，在乎的是信任感的失落，而非不忠，认为前者更加不可宽恕。需要注意的是，并不是每个说谎者都会因为说谎行为本身而遭受惩罚。只有当说谎者与受害者之间有一个能被不信任感所伤害的可能未来时，说谎行为本身才会给说谎者带来惩罚。猎头莎拉如果说谎被识破，损失的顶多只是从该"目标"获取信息的能力；韩瑞克会受到处罚，但不是因为说谎冒充钟表匠，而是因为行窃或意图行窃；精神病患者玛丽也不会因为说谎本身而受罚，但却可能使医生难堪，对她更加警觉。在每一种持久的关系，甚至每一桩婚姻中，对于他人诚实的信任都不是想当然的和必要的。

  知道杰里已经起疑，露丝担心被识破的心理应该会增强。韩瑞克的受害者，那个市政厅的官员，对于那座贵重的时钟，无时无刻不在怀疑有人会来动它的脑筋，尽管如此，却被韩瑞克堂而皇之的冒充给打消了戒心：哪有一个贼会如此大胆地道出对方所担心的事。一旦有了这种想法，抓谎者就会忽略破绽。总之，"镜子游戏"的精华就在于找出对方的戒心所在并抢先公开它，这样就能减少对方的戒心。丹尼尔（Donald Daniel）与赫尔比希（Katherine Herbig）在有关军事欺骗的研究中注意到：

  破绽越大，对手越不可能相信，因为那未免太离谱了。（许多个案显示，军事谋略家都不重视破绽）……那分明是在请君入瓮。[5]

  跟精神病患者玛丽一样，露丝同她所欺骗的人有着相同的价值观，因此应该会有说谎的罪恶感。但她是否感到隐瞒外遇是理所当然的，则很难说，因为即使那些谴责外遇的人们，也未必赞成不忠的配偶应该自曝其短。至于韩瑞克，他跟猎头莎拉一样，当然不会有罪恶感，因为欺骗本来就是他谋生的一部分。也许他可能就是个天生说谎家，或者精神病态人格者，如此则完全不知道罪恶感为何物。对于韩瑞克及其同行来说，对欺骗目标说谎简直就是理所当然的。

第8章 估谎

此外，露丝与韩瑞克的谎言还说明了两点。露丝预先没有料到自己需要说谎，因此没有准备也没练习过说辞，谎言一旦开始，害怕被逮到的恐惧就随之增强，因为她知道自己没有一套保险的说辞可供退守。韩瑞克就不同，即使身陷这种困境（通常不至于），也能够靠他过人的天赋随机应变。但露丝却有一项韩瑞克所没有的优势，她有一个宁愿被骗的受害者，杰里基于自身的理由而不愿去揭穿她。这种受害者有时候未必能意识到，自己其实就是谎言得以继续的帮凶。杰里是否意识到自己的这种角色，露丝是否了解这种情形，作者未向读者交代。但一般来说，受害者宁愿受骗会造成两种情形，使说谎者的行为更为有利：一是说谎者若知道受害者对他的错误视而不见，就不怎么会担心被识破；二是说谎者若认为受害者并不反对他的所作所为，在欺骗时就不怎么会良心不安。

以上我们分析了四个例子，说明了为什么玛丽和露丝的说谎有说谎线索，而莎拉和韩瑞克的却没有。现在让我们再分析另一个诚实者被判定说谎的例子，看看运用估谎手段能否帮我们预防误判。

安德森（Gerald Anderson）被控奸杀邻居的妻子南希（Nancy Johnson）。南希的丈夫半夜下班回家，发现妻子的尸体，冲到安德森家告诉他妻子死了，儿子不见了，拜托安德森帮他报警。好几件事情凑起来，使安德森变成了嫌疑人。案发次日，他请假没去上班，在镇上酒吧喝得烂醉，又跟人谈起凶案的事情，由别人送回家之后，有人听到他哭着跟妻子说："我不想这样，但控制不住。"后来他说，这些话讲的是喝醉的事，并不是在说杀人的事，但未被采信。警察问他汽车椅套上的污迹是怎么来的，他说是买来时就有的，但后来，他在侦讯中承认说谎，那是在一次争吵中打过妻子耳光，导致鼻子流血而留在椅套上的血迹。侦讯人员反复告诉他，单单这件事就足见他具有暴力倾向，可能杀人，而且是个说了谎却不承认的人。侦讯期间，安德森又承认，他12岁时曾经轻微性骚扰过一个女孩，但并未伤害她，此后也从未再犯，后来调查发现，当时他是15岁而非12岁。侦讯人员因此更相信他说谎，并证明他有性犯罪倾向，极有可能就是他奸杀了邻居的妻子。

汤森（Joe Townsend）是一名专业测谎人员，是警界公认的抓谎从未失手过的高手，于是他被请了来。

汤森最初给安德森做了两次长时间的测谎仪测谎，结果却令人困惑并自相矛盾。问到命案本身时，测谎仪上出现"峰值"，这显示他的否认犯罪是在说谎；但问到他如何处理凶器、将之丢在何处等问题时，测谎仪上却是"干净的"。简单地说，关于南希的命案，安德森被测定为"有罪"，而在那把导致南希被凶残杀害的刀具方面，他却"无罪"；问到凶器的来源、样式以及去向时，安德森说"我不知道"，但测谎仪上却没有反应……针对凶器的问题，汤森又给安德森做了三次测谎，结果全都相同。最终结束后，汤森对安德森说，他没有通过测谎。[6]

测谎人员的判定正符合警察的想法，他们接下来又连续审讯安德森整整六天，审讯录音显示，安德森已经崩溃，最终承认了这桩自己并没有犯过的罪行。几乎直到审讯的最后，安德森仍然坚称自己无罪，抗议说他不可能犯下这件案子，因为在他的记忆中根本没有奸杀南希这件事情。侦讯人员反驳他说，凶手可能失忆，记不起自己的行为并不能证明没有做过，然后侦讯人员告诉安德森，他的妻子已经供认，是他杀了南希，于是安德森在供状上签了字，但他的妻子后来否认曾经说过这样的话。数天之后，安德森翻供。七个月后，真正的凶手因另一件奸杀案受到起诉，并承认杀害了南希。

我的分析是，在测谎中安德森对命案本身的情绪反应，可能是其他因素造成的，与他说谎的可能性无关。因为测谎测验并不是真正在测谎，只是在侦测情绪的波动。问题是：是否只有安德森杀害了南希，问到命案时才会有情绪反应呢？如果他未犯案，是否其他因素也会引起他的情绪呢？如果是的话，那就表示测谎是不准的。

由于代价如此之高，处罚如此之重，大部分犯下这种罪行的嫌疑人会害怕*，但无辜者一旦涉嫌，又何尝不是呢！尽管测谎人员会告诉他们，测谎仪从不失手，借以减少无辜者的担心，增强有罪者的恐惧。但问题是，无辜者会害怕受到冤枉，却是面对审讯时就已经产生的情绪，测谎前的约谈是为了取得信息，而审讯则是假设有罪，采取的是问难的方式，目的是要取得口供。[7]

---

* 我之所以说大部分嫌疑人会害怕，因为并不是每个谋杀犯都害怕被抓，譬如职业杀手和精神态人格者就不会。

就像对待安德森一样，审讯人员往往会将自己对案情的判断，强加在嫌疑人身上，迫使嫌疑人放弃无罪的抗辩。这种做法虽然可以使有罪者心生畏惧而认罪，但其代价却是把嫌疑人逼到死角，明白审讯者根本未把自己的话听进去。如此这般，经过24小时不停的审讯之后，安德森被带去测谎。

在测谎仪显示的结果中，安德森对命案问题的情绪反应，可能不仅是因为害怕受到冤枉而产生的恐惧，还夹杂着羞愧和罪恶感。因为安德森有另两项不光彩的行为让他觉得丢脸：侦讯人员知道他曾经打过妻子，也知道他在青少年时曾经有过性侵犯，而他又曾经隐瞒这些陈年旧事。过去的劣行使他羞愧，为了隐瞒这些劣行而说谎，则使他产生欺骗的罪恶感。审讯人员不断拿这些事情说事，说他正是那种可能强暴杀人的人，愈发增强了他的羞愧与罪恶感，而将这些情绪反应在他被指控的罪行上。

恐惧、羞愧或罪恶感——不论安德森将之表现在表情、行为、声音、言辞上，还是被测谎仪测到的自主神经系统的活动上，全都是模棱两可的说谎线索。不论有罪还是无辜，这些情绪都有可能释放出来。在南希命案中，另外还有一件影响安德森情绪的事，但审讯人员并不知道，也就无法借此评估他是否说谎。安德森获释后，报道安德森冤案使他得以平反的记者费伦访问他，是什么原因使他未能通过测谎时，安德森才透露这件造成他情绪波动，但一直未承认的事：南希命案发生的当天夜里，他跟着警察一同到邻居家中，几度目睹了南希赤裸的尸体。这对他来说，显然是有悖道德的，他心中觉得极度不安，认为自己已经犯了罪，虽然不同于杀人，但是仍然让他感到羞愧与罪恶感。他对审讯人员和测谎人员隐瞒了这件可怕的行为,当然,他也为隐瞒感到欺骗的罪恶感。

安德森的审讯人员犯了奥赛罗谬误,像奥赛罗一样,他们正确地抓到了嫌疑人的情绪反应,却误判了情绪产生的原因。他们不了解,所抓到的那些情绪,不论嫌疑人有罪还是无辜,都有可能感受得到。正如苔丝德蒙娜的悲痛,不是为失去了情人而产生一样,安德森的恐惧、羞愧与罪恶感也不是因为杀人而起,而是另有原因。至于审讯人员,就像奥赛罗一样,被先入为主的成见牢牢套住却不自知,对于嫌疑人是否说谎,由于始终找不到答案,也使他们越来越沉不住气。按理说,侦讯人员已经掌握了只有罪犯本人才知道而无辜者不知道的有关凶器的细节信息。在测谎中安德森不能回答凶器的问题,又没有产生情绪反应时,测谎人员就应该做出判断:安德森可能是无辜的。这时应该使用的是犯罪知情测试法,但测谎人员却舍此不为,一味地用老办法反复测谎三次,徒然造成误判。

行骗高手韩瑞克与命案嫌疑人安德森的例子,正好可以说明两种典型的抓谎错误。韩瑞克如果落到审讯人员与测谎人员的手上,可能一点情绪反应都不会产生,十足是个没有犯罪的无辜者。韩瑞克说谎,但被采信了,是典型的误谎为真的例子;安德森则刚好相反,尽管他无辜,但不论怎么解释,都让他被判定是有罪的,是典型的误真为谎的例子。这个时候,估谎就可以充分说明症结之所在。

我检视这两个例子的目的,并不是说测谎仪测谎或说谎的行为线索都不管用,以后不要用这些办法检测犯罪嫌疑人了。

就算我们想如此的话，也不可能阻止人们下意识地利用说谎的行为线索。人们对别人的印象，有相当一部分是基于对方所表现的行为。行为所传达的印象有时候远多于实际的含义，一个人是友善、外向、跋扈、吸引别人或易受吸引、精明、对别人讲的话是否感兴趣或是否理解，都可以从表现出的行为看出来。印象的形成通常都是不自觉的，并非出于当事人对特定行为线索的留心。第6章曾提到，做判断的时候越明白过程，出错的机会越少，就是基于这个理由。一个人如果能意识到自己对他人印象的来源，如果能知道人们在解读特定行为时所遵循的规则，做出正确判断的机会就越高。人们判断能力的提高余地很大，其训练可以借助于同事，可以借助于被判断人，也可以从已经证实对错的案例去揣摩经验。大多数警察所受的培训并不重视说谎的行为线索，嫌疑人有罪还是无辜，办案人员多凭直觉，但我认为他们多半不明白直觉的基础。至于测谎人员，现行的训练虽然强调说谎的行为线索，但相关教材不是严重过时就是实据不足，对于什么情况下这些线索是无用的，或是会造成误导的，也很少深入探讨。

在嫌疑人审讯时，废除说谎的行为线索的使用是不可能的，如果可能的话，司法是否就会更加公正呢，我并不能确定。在遭遇致命的欺骗时，每一种有可能找出真相的司法努力都应该付诸实施，否则诚实者将受到冤枉被投入监狱甚至执行死刑，罪大恶极者将得以逍遥法外。我的观点其实不是想废除，而是认为人们在解读行为线索时，必须更清晰明确、更深思熟虑、更小心翼翼。抓谎时可能会犯哪些错误，抓谎者如何评估识别谎言的机会，在附录表4所列的估谎要点中，已提出可供参考的问题。我深信，只要在这方面多加训练，知道如何找出说谎线索，了解陷阱与预防措施，并切实做好估谎工作，将能使办案更有成效，误真为谎与误谎为真的错误大幅减少。但是，这需要进行实境研究，考察审讯人员和犯罪嫌疑人，来确定我的想法是否正确。这些工作已经开始，结果也似乎很有希望，但遗憾的是，目前工作还没有完成。[8]

每当国际危机发生，敌对国家的领袖会晤时，谎言自不可免，其致命性更高于警察办案，侦测上也尤为危险与困难，错误的判断所要付出的代价，更不知要远胜即使最卑鄙的犯罪欺骗多少倍。有关国家元首或高层会晤的说谎与抓谎，仅有少数政治学者予以重视。格罗斯（Alexander Groth）说："能否洞悉对方的态度、用心与诚意，对任何政策的评估都是至关重要。"[9]身为国家元首，可不希望被人贴上无耻骗子的标签，但代价却可能是值得的。杰维斯（Robert Jervis）说得好：

> 成功的骗局可能会导致国际体系的基本权力关系改观。如果谎言使得一个国家能够获得世界的主导地位，那就算落得个说谎的恶名，又算得了什么呢！[10]

基辛格（Henry Kissinger）对此似乎不太同意，他认为说谎与诡计皆非上策：

> 只有不务实际的人，才会认为在谈判中可以用诡计占

> 到上风……诡计之用，在外交上绝非智慧之道，而是灾难之途，因为你必须跟同一个人不断地交手，顶多只能得手一次，代价却是双方的关系就此泡汤。[11]

要一个外交人员承认欺骗的重要性，或许要等到他退休之后，但对基辛格来说，那就大可不必了。总之，只要他谈起自己的外交成就，我所谓的隐瞒和半隐瞒的谎言对于他就数不胜数，当然，对手是否也隐瞒事情并编造谎言，他也屡屡困惑不已。

斯大林倒是说得最为坦白：

> 外交辞令肯定与行动无关，否则还要外交干什么？……好听的辞令只是要掩饰不好的行动，真诚的外交绝不可能有，一切只不过是摆样子好看而已。[12]

这种说法当然是过头了。有时候外交是会讲实话的，虽然并不总是如此，而当讲实话的时候，其实很少会严重损害自己国家的利益。当促进国家利益的政策十分明确，其他国家对此也在预料之中时，说谎既不是问题，也没有必要，因为如此一来就会太假了，徒然贻笑大方。但一般来说，事情往往并不明确，而是比较暧昧的。当然，国与国之间不免相互猜疑，即使对方的不诚实行为日后很久才得以揭晓，但是这并不妨碍相信对方正在通过秘密行动、故布疑阵，或发布不实消息来获益，尽管此时对自身国家利益的评估还不充分，而不受信任国家的言辞或公开行为也表现得并不充分。一个国家即使被怀疑说谎，也将表现得像一个十分

诚信的国家一样,杰维斯曾注意到:

> 无论俄罗斯[在禁止核试验的问题上]说谎与否,表面上都会显现得诚实无欺,但要知道不论是老实人或是骗子,被问到他们所言是否属实,答案一定是肯定的。[13]

毫无疑问的,碰到这种情况,政府就应该千方百计地探察敌对国家的谎言。国际谎言发生的场合多样,目的也不尽相同。一种场合是前面提到的情况,即国家元首或政府高层官员进行会晤,以期解决某种国际危机。在这种场合中,各方都有可能虚张声势,绝不轻易亮出底牌,真正的意图也隐而不发,但有的时候却又希望对手能准确地认识到,自己的威胁并非虚张声势,自己的报价已是最终底线,自己的意图也将被贯彻实行。

兵不厌诈是另一种国与国之间的谎言行为,想要掩饰或洞悉一次奇袭,将有赖于说谎或抓谎的技巧。政治学者汉德尔(Michael Handel)谈过这样一个当代的例子:

> 到了[1967年]6月2日,以色列政府知道战争无法避免,在双方都已经全面动员与警戒的情况下,关键在于如何发动一次成功的奇袭。为了隐瞒以色列开战的意图,以达到欺敌的目的,以色列国防部部长达扬于6月2日接受英国记者采访时宣称,对以色列来说现在开战的时机不对,说早太早,说迟又太迟了,6月3日,他又在记者招待会上重述了上述言论。[14]

这不仅说明以色列惯于欺骗对手,更可看出达扬一流的说谎技巧,6月5日,以色列展开全面突袭,结果大获全胜。

另外一种兵不厌诈的例子,是隐瞒己方的军事实力。政治学者惠利(Barton Whaley)在分析德国于1919—1939年间秘密地重整军备时,以德国在这一方面所运用的技巧举过不少实例:

> 1938年8月,希特勒不断施压,捷克危机升温,德国空军元帅戈林(Hermann Göring)邀请法国空军将领视察德国空军。法国空军参谋总长维耶曼(Joseph Vuillemin)将军欣然应邀⋯⋯德国的乌德特(Ernst Udet)将军陪同维耶曼搭乘私人专机⋯⋯乌德特的飞机以接近失速的速度缓慢飞行,这一刻是他为大驾光临的客人早就精心设计好的⋯⋯突然间,一架He-100型战斗机全速呼啸而过,转瞬之间就只剩下天际一个模糊的小黑点和耳畔嘶嘶作响的余音。两架飞机都落地之后,德国人陪同他们吃惊的法国客人展开视察⋯⋯另一名德国将军米尔希(Erhard Milch)突然故作漫不经心地问到:"乌德特,我们还要多久才开始量产?"乌德特早有准备地回答:"啊,第二条生产线已经准备好了,第三条两周之内完成。"维耶曼一副斗败公鸡的模样,对着米尔希脱口而出说,他"吓坏了"⋯⋯法国空军代表团回到巴黎后,以一副失败主义的口吻说,德国空军是不可战胜的。[15]

德国人玩弄一点小花招,把那架He-100的速度放大了,那种机型的战斗机当时也不过只生产了三架而已。这种虚张声势，产生了一副空军实力已经立于不败之地的假象，这"也成为希特勒外交谈判的重要筹码，并为他带来一连串耀眼的胜利，绥靖政策之所以形成，对德国空军的恐惧症绝对功不可没"[16]。

虽然国际谎言不必说谎者与欺骗对象直接接触才能进行（通过虚假不实的公报等手段也能达成），但以上例子所讲的都是当面行骗的谎言。此时，测谎仪或其他需要对方配合才能使用的设备根本派不上用场。因此，过去十年来，对说谎的行为线索的科学研究开始受到关注。我在本书序言中曾解释说，当我向美国及其他国家官员警告抓谎陷阱的时候，似乎并未引起他们的重视。因此撰写本书的目的之一，就是要更加谨慎和全面地再次做出提醒，使更多的人了解抓谎的局限和陷阱，而不仅仅是由我出任顾问的少数官员。如同处理犯罪谎言一样，对国际谎言做出判断绝不容易。但有时候，说谎的行为线索却可能有助于鉴别一位领导人或政府发言人是否说谎，但问题在于何时可能，何时不可能，以及领导人何时可能被自身或其专家对说谎线索的评估所误导。

让我们接着讲本书第一页的例子。1938年9月15日，即慕尼黑会议召开前15天，张伯伦与希特勒首度会晤于贝希特斯加登。* 希特勒极力说服张伯伦，他绝对无意与欧洲为敌，只是希望能解决捷克斯洛伐克境内的苏台德地区德裔居民问题。他的

---

* 我要感谢Telford Taylor的大作《慕尼黑》（详见参考文献）提供了张伯伦和希特勒会晤的细节，我也感谢他认真审查了我使用和解释书中材料的准确度。

计划是，在德裔居民占多数的苏台德地区举行公民投票，如果人们赞成，就让该地区并入德国。如果英国同意这个计划，战争就可以避免。事实上，希特勒当时已经准备在10月1日开战，攻打捷克斯洛伐克的部队已经动员完毕，而他的军事征服计划远不止于此。我们曾经引用过张伯伦写给妹妹的信："在他的脸上，尽管我看到了冷酷与无情，但我的印象是，这个人会信守承诺……"[17]在回答反对党工党领导人的批评时，张伯伦形容希特勒是一个"非同寻常的人"，一个"行胜于言的人"。[18]

一星期后，张伯伦与希特勒二度会晤于哥德斯堡，希特勒提出新的要求——德军必须马上占领苏台德地区，公民投票将改在占领之后举行，占领区也将比原先的范围扩大。事后，张伯伦说服内阁接受这一要求时说：

> 要了解一个人的作为，先要看他的动机及想法……希特勒先生虽然思想刻板，对某些事情极为固执己见，但是不会存心欺骗他所尊敬并与之谈判的人，何况那个人还确知希特勒先生对他感到尊敬……希特勒已宣布，他打算有所行动，可以确定，他是说到做到的。[19]

历史学家泰勒（Telford Taylor）引述了张伯伦的这一段话后，接着问道："究竟是希特勒彻底把张伯伦骗倒了，还是张伯伦在欺骗自己的同僚，好去接受希特勒的要求？"[20]根据我的想法（泰勒先生也如此认为），张伯伦的确相信希特勒，至少首次会晤时是如此。*

希特勒说谎所要付出的代价极高，他可能担心被对方识破，但也可能没有，因为他有一个一厢情愿的受害者。他知道张伯伦如果拆穿他的谎言，也就无异于宣告自己对希特勒的绥靖政策完全失败。在当时，绥靖政策还是受到普遍肯定的，直到几周后希特勒发动突袭，证明张伯伦被愚弄了，绥靖才变成了有贬义的姑息。如果希特勒信守协议，张伯伦将因使欧洲免于战祸而赢得世人的尊敬，张伯伦的一厢情愿，希特勒心知肚明。希特勒之所以不担心被识破，还有另一个因素，他明白自己何时该说谎，该说些什么，他有充分的准备，可以演练说辞。此外，他认为欺骗英国佬是件光荣的事，甚至是他的角色所需，是他的历史使命所在，因此他绝不会感到羞愧和罪恶感。对敌人说谎脸不红心不跳的国家元首，绝不只希特勒这类受到历史唾弃的人。许多政治分析家都指出，在国际外交上，说谎是预料中的事，只要是为了国家利益，怎么说都不是问题。希特勒唯一会感受到并可能会泄露出来的情绪，应该是欺骗的快感。据说，希特勒对自己欺骗英国人的本事备感得意，在场目睹那次成功骗局的德国人，事后自然也不免夸大希特勒的兴奋和快感。但希特勒是一个极富技巧的说谎者，显然他是不会泄露这些情绪的。

说谎者与欺骗对象若不是来自同一文化，又不会说同一种

---

* 那时与此事有关的人们看法莫不如此，只有一个例外。约瑟夫·肯尼迪（Joseph Kennedy）会见张伯伦之后向华盛顿政府提交的报告说："张伯伦当时离开时带着一种对希特勒的强烈厌恶之情……希特勒残酷、傲慢、一脸刻薄相……其目的和手段都残忍无情。"（Taylor, *Munich*, p.752）

语言，抓谎的难度就会因为种种原因而高得多。* 即使希特勒露出了破绽，张伯伦也非一厢情愿，但张伯伦要抓到他的破绽，恐怕也很困难，原因之一就是他们的对话要通过翻译。对说谎者来说，这比直接对话多了两项好处：一是说谎者的任何言谈失误——口误、停顿过长、说话打结，翻译都会略过；二是在即席翻译的过程中，讲话者可以利用转译的时间思考下一句谎言的措辞。即使对方听得懂，但若非母语，仍有可能错失语言中的微妙细节，而那可能正是说谎的线索。

解读说谎线索时，无论是声音、表情或身体行为，不同的民族与文化背景也会造成困扰，而且更为复杂和微妙。从某种程度来说，说话的速度、音调与音量，每个文化自有其特定的风格，甚至加强说话效果的手部比画与面部配合也自有其特色。情绪反应在表情与声音上的信号也受第5章所说的表态规则的支配，表态规则对情绪表达的规定，也随文化的不同而不同。抓谎者若不了解这些差异，不准确考虑这些差异，便很容易错误解读对方的行为，造成误真为谎或误谎为真的错误。

情报官员们也许会问，我对希特勒和张伯伦会晤的分析在当时能得出多少来？多年以后，当时所出现的事实自然已经查不可考，但即使当时是可行的话，对于故事中的主角及其顾问来说，估谎的结果也不大会影响事件进程。我阅读了当时的许多材料，它们表明，我对于1938年的许多判断在当时就是显而易见的，

---

* 格罗斯也注意到这个问题，尽管他没有解释其中的过程和原因，他说："由于与会者之间在政治、意识形态、社会和文化上的鸿沟，个人印象可能是最容易令人误解的。"（Groth, "Intelligence Aspects," p.848; see notes）

或者至少一些是如此。张伯伦是如此一厢情愿地相信希特勒,以致如果他自己不觉得,其他人也早该意识到,张伯伦有必要谨慎对待他对希特勒诚实与否的判断这一问题。但据说,张伯伦自觉比他的政治同僚们高人一等,有很强的优越感[21],并且因此不易接受任何人的提醒。

在与张伯伦第一次会晤时,希特勒对英国说谎的意愿也被充分确定了。张伯伦甚至不必去读或相信希特勒在《我的奋斗》(*Mein Kampf*)中所透露的信息,还有很多其他例子可供警醒,例如希特勒隐瞒了对英德海军协定的违背,包藏了对于奥地利的野心。而在遇到希特勒之前,张伯伦已经表达了他的怀疑,认为希特勒可能会在捷克斯洛伐克问题上说谎,并隐瞒他征服欧洲的计划。[22]但众所周知,即使不通过外交上和军事上的策略,而是与受害者面对面在一起,希特勒也算得上是极有天赋的说谎家。他能在迷人的微笑和暴跳如雷之间随意切换表情,能极为熟练地征召、阻止或伪造感情和说辞。

我建议提供足够的细节以回答开列在附录估谎表中的问题,专攻1938年英德关系的政治学家和历史学家应该能够判断这个建议是否有价值。我太不相信在当时的估谎能确切断言希特勒将说谎,但估谎肯定能预料到的情况是,如果希特勒说谎的话,张伯伦将不可能识破。从希特勒与张伯伦的会晤中,我们能学到有关说谎的一些其他教训,但这些最好等我讲完另一个例子之后再考虑,下面这个例子讲的就是,何时领导人的谎言能通过行为线索被识破。

古巴导弹危机期间,1962年10月14日,即美国总统肯尼迪和苏联外交部部长葛罗米柯（Andrei Gromyko）会晤[*]的两天前，肯尼迪总统被国家安全顾问邦迪（McGeorge Bundy）告知，U-2侦察机在飞临古巴时得到了确凿无疑的证据，证据显示苏联正在古巴部署导弹。一直以来就有这种传言，而随着11月即将来临的选举，赫鲁晓夫"曾经通过最直接的私人渠道向肯尼迪保证，他理解肯尼迪的国内问题，将不会给他添麻烦。甚至明确保证，苏联将不会在古巴部署进攻性导弹"[23]。肯尼迪闻言"暴怒不已"[24]，尽管"对赫鲁晓夫的成功欺骗十分生气……但是他镇静地拿着消息，表现得一脸惊奇"[25]。用罗伯特·肯尼迪（Robert Kennedy，肯尼迪总统的弟弟）的话说："当那天早上中央情报局的代表给我们解读U-2侦察机的照片时……我们意识到一切都是谎言，一个巨大的谎言。"[26]总统的顾问们当天就开了会，商讨政府应该做出何种反应。总统决定"在一系列应对措施被决定并准备就绪之前，不要公开苏联在古巴部署导弹的事实……安全是最重要的，总统解释，他要在华盛顿历史上第一次决定严守一切秘密"[27]。

两天以后，当总统的顾问们仍在争论国家应该采取何种行动时，肯尼迪会见了苏联外交部部长葛罗米柯。"葛罗米柯当时已经在美国待了一周，但没有美国官员知道他到底为什么在这里……他曾经请求白宫予以接见，该请求几乎是在U-2侦察机发现导弹证据的同时递交的……莫非苏联已经发现了U-2侦察

---

[*] 对于肯尼迪和葛罗米柯的会晤，我很感激Graham Allison审查了我的解释的准确性，也很感谢另一个不便具名的人审查了我的叙述，这个人曾是肯尼迪政府的一员，当时曾与所有涉及此事的人员有过较为亲密的接触。

机，他们想去试探肯尼迪的反应？莫非苏联想借此会见通报华盛顿，赫鲁晓夫此刻即将公开有关导弹的事情，给美国人当头一棒？"[28]肯尼迪"对即将到来的会见充满焦虑，但他将葛罗米柯和［苏联驻美大使］多勃雷宁（Anatoly Dobrynin）迎入自己的办公室时竭力保持笑容"[29]。由于尚未做好行动准备，肯尼迪相信对他们隐瞒有关导弹的发现十分重要，以免助长苏联人的谈判优势。*

会见开始于下午5时，持续到7时15分。国务卿拉斯科（Dean Rusk）、前美国驻苏联大使汤普森（Llewellyn Thompson）和德国事务局主任希尔德布兰德（Martin Hildebrand）在一侧旁听，而多勃雷宁、苏联外交部副部长谢苗诺夫（Vladimir Semenov）和另一名苏联官员在另一侧旁听，各自的翻译也都到场。"肯尼迪坐在面对壁炉的摇椅上，葛罗米柯坐在他右边的一个沙发上。摄影师进来，拍摄了照片后离开。俄罗斯人斜靠着一个有斑纹的垫子开始了发言……"[30]

谈了相当一段有关柏林的问题后，葛罗米柯开始谈到古巴。按照罗伯特·肯尼迪的叙述："葛罗米柯说他希望代表赫鲁晓夫总理和苏联政府请求美国和肯尼迪总统减轻施加给古巴的压力。肯尼迪总统聆听着，吃惊，但也佩服葛罗米柯姿态的大胆无礼……总统十分坚定，对挑衅保持着克制。"[31]记者埃布尔（Elie Abel）描述道："总统谈到了赫鲁晓夫和多勃雷宁对不在古巴部

---

* 对于这一点，不同的叙述各持己见。Sorensen认为，肯尼迪无疑有必要去欺骗葛罗米柯；Abel则称，肯尼迪在会见之后，立即就问拉斯科和汤普森，他没有告诉葛罗米柯真相是否是错误的。(*The Missile Crisis*, p.63; see notes)

图10 会谈合影,就座者左起为多勃雷宁、葛罗米柯、肯尼迪总统

署非防御性导弹的再三保证,给了葛罗米柯一个明确的表达机会以便弄清真相……葛罗米柯顽固地重申了这一保证,肯尼迪尽管已经知道了真相,但并没有揭穿他。"[32]肯尼迪"保持着冷漠……看不出任何的紧张和生气"[33]。

当葛罗米柯离开白宫时,他显得"不同寻常的愉快"。[34]记者问他在会见时说了什么。葛罗米柯笑意盈盈、心情大好地说,会谈"非常有益,非常务实"。[35]罗伯特·肯尼迪说:"葛罗米柯刚走后不久,我拜访了总统,可以说,总统非常不喜欢这个苏联发言人。"[36]按照政治学者德策尔(David Detzer)的说法,肯尼迪说:"我特别想把我们的证据拿给他看。"[37] 肯尼迪在办公室里对早已进来的洛维特(Robert Lovett)和邦迪说:"不超过十分钟前,葛罗米柯还在这里,我从未在这么短促的时间里听过这么赤裸裸的谎言。在他否认的整个过程中……在我办公桌的中间抽屉里就有一些低分辨率的照片,我差点忍不住就拿给他看了。"[38]

让我们先来考虑苏联驻美大使多勃雷宁。他也许是会议中唯一一个没有说谎的人。罗伯特·肯尼迪认为,苏联政府也瞒住了多勃雷宁,因为他们对他的演技不放心。罗伯特·肯尼迪认为,在早先他和多勃雷宁的一次会谈中,多勃雷宁曾否认有导弹一事,至少那时他还是诚实的。* 政府出于某种目的误导自己的大使,情况并不少见。肯尼迪总统在针对古巴的猪猡湾事件上就没有通知驻联合国大使史蒂文森(Adlai Stevenson)。而政治学者阿利森(Graham Allison)也指出,类似的情况还有:"日本驻美大使事先并不知道珍珠港事件,德国驻苏联大使事先并不知道闪电战计划。"[39] 在1962年6月(即外界猜想的苏联决定在古巴部署导弹的时间)到同年10月此次会谈之间的四个月中,苏联利用多勃雷宁和驻美大使馆的公共信息官员博利沙科

---

* 关于多勃雷宁的争论一直不断:"从这次会见开始,关于多勃雷宁产生了一个持久的争论,那就是当他和他的国防部长一起试图欺骗总统的时候(客观效果如此),他是否知道导弹的实情呢?当时的副国务卿乔治·巴尔(George W. Ball)说:'他必定知道。'前最高法院法官阿瑟·戈德堡(Arthur J. Goldberg)说:'他不得不为他的国家说谎。''在一定程度上,总统和他的弟弟都被多勃雷宁骗了。'其他人则不那么肯定:'很难相信他会不知道。'肯尼迪总统的国家安全顾问麦乔治·邦迪说,他猜想多勃雷宁不知道。很多美国专家同意这点,并解释说,在苏联的体制下,军事信息被极其严密地控制着,以致多勃雷宁可能并不完全了解苏联武器在古巴的实情。"(Madeline G. Kalb, "The Dobrynin Factor," *New York Times Magazine*, May 13, 1984, p.63)

夫（Georgi Bolshakov）多次向肯尼迪政府的成员保证，绝不向古巴输送进攻性导弹。多勃雷宁和博利沙科夫不需要知道真相，事实上，也可能真就不知道。直到10月14日（即葛罗米柯和肯尼迪会见的两天前），赫鲁晓夫、葛罗米柯等人才首次和对手直接交锋。那一天，赫鲁晓夫在莫斯科会见了美国大使，并否认了古巴导弹一事。从那时开始，苏联才第一次开始冒险，因为假如赫鲁晓夫露出破绽，或者两天以后葛罗米柯露出破绽，谎言就有可能穿帮。

在白宫的这次会见，存在着两个谎言，分别是肯尼迪和葛罗米柯所撒的谎。我使用"说谎"来形容葛罗米柯也就罢了，居然还形容肯尼迪总统，一些读者也许会对此感到奇怪。大多数人并不喜欢把这个词加诸自己尊敬的人身上，因为他们认为说谎必然是坏人所为。但我不这样认为，肯尼迪在会谈时的所作所为符合了我对隐瞒类型的谎言的定义，所以就是说谎。这两个人互相隐瞒了自己所知道的真相，尽管真相同为古巴部署有导弹。让我用分析来说明，为什么肯尼迪比葛罗米柯更容易露出说谎线索。

只要两个人事先都编造好说辞（每个人都有机会这样做），互相隐瞒自己所知道的事情不成问题。两个人都可能担心被识破，因为谎言的代价太高了。推测起来，上文所说的肯尼迪在会见葛罗米柯时所感到的那种焦虑应该就是担心被识破的心理状态。对于肯尼迪来说，说谎失败的代价更高，所以担心也更甚。因为美国此时仍然没有拿出应对措施，甚至连古巴有多少枚导弹、部署到什么程度的情报资料都不充分。肯尼迪的顾问们认为此时必须将发现的情况保密，因为如果赫鲁晓夫在美国有所行动前就知道此事的话，他们害怕赫鲁晓夫会通过规避或威胁使美国更加难办，而他自己却能赢得战术上的优势。邦迪认为："俄国人笨拙地宣称自己没有做，但他们所做的整个世界都知道了，自从这一点被揭穿以来，我便感到，整个时局和一切事情全然不同了。"[40]尽管苏联也需要时间完成导弹的部署，但假如美国现在就知道实情的话，也关系不大。苏联知道，假如他们做得不是很麻利的话，美国的U-2侦察机很快就会发现导弹的事情。

即使人们并不认同代价之间存在的区别，肯尼迪也会比葛罗米柯更担心被识破，因为他对自己说谎的信心显然不如葛罗米柯那么强，至少他更加缺乏实践。此外，如果葛罗米柯知道赫鲁晓夫对肯尼迪的看法的话，将会对说谎更加有信心。在一年以前的维也纳首脑会议上，肯尼迪给赫鲁晓夫留下了并不强硬的印象。

肯尼迪除了比葛罗米柯更担心被识破外，还有其他需要隐瞒的情绪所造成的负担。我所引用的叙述表明，在会谈期间，肯尼迪感到吃惊、赞叹、不悦。任何一种情绪的破绽都可能出卖他，因为在那种背景下，这些情绪将说明肯尼迪知道实情。另一方面，葛罗米柯可能会感到欺骗的快感，这符合报道中说他离开时春风得意的描述。

破绽和说谎线索的出现机会都不会很大，因为两个人都是个中高手，在隐瞒真实情绪方面各有一套。然而，肯尼迪比葛罗米柯的心理负担更重，报道中提到的他所感受到的情绪更多，并且在说谎的经验和自信上，肯尼迪还是略逊一筹。文化和语言的差异可能掩盖了他的说谎线索，但多勃雷宁大使对于识破谎言应该很有优势。他在美国浸淫多年，对美国人的言谈举止了如指掌，对英语也娴熟自如。作为一个旁观者而不是当局者,多勃雷宁能专心细察对方,也是一项优势。美国大使汤普森的情况也类似,他更有机会识破葛罗米柯表演中说谎的行为线索。

对于这次会谈,虽然我能找到很多美国方面的说法,但是我没有来自苏联方面的资料,因此我无法判断多勃雷宁是否知道实情。报道说,四天之后,美国国务卿拉斯科照会多勃雷宁有关导弹的发现,并且说明美国海军开始进行封锁,多勃雷宁显得目瞪口呆,似乎极为震撼。这种情况被解释为他直到此时才知道美国人的发现。[41]如果苏联政府不让多勃雷宁知道部署导弹的事情,这也将是他第一次得知此事。但是,即使多勃雷宁知道部署导弹的事情,也知道美国已经发现了此事,他仍然会对美国的军事行动感到目瞪口呆、极为震撼。大多数分析文章都认为苏联人没有想到,肯尼迪会用军事行动来回应这一发现。

以上所说的种种不是想去判断肯尼迪的隐瞒是否成功,而是想说明为什么可能会出现说谎的行为线索,并论证了即使如此的话,想辨识出这些线索也不是一件简单容易的事情。据报道,肯尼迪根本没有察觉到葛罗米柯有任何破绽。既然肯尼迪已经知道真相,他就不需要辨识线索了,但知道了真相的肯尼迪无疑是非常佩服葛罗米柯的说谎技巧的。

分析了这两个国际骗局的例子,我可以说,希特勒、肯尼迪和葛罗米柯都是天生说谎家,说辞编得头头是道,谈话时伶牙俐齿,神色间充满了诚恳。政治人物之所以能够掌权,我认为多少得力于他们的能言善辩,处理记者招待会上的问题面面俱到,在电视或广播中保持着光鲜的形象,总之,他们有着天生说谎家的谈话技巧。(虽然葛罗米柯并不是靠这种办法爬上来的,但他能够在相当长的一段时期内成为政治不倒翁,自有其过人之处,因为这并不是一般人容易做到的。到1963年的时候,他对于外交事务和苏联内部政治斗争的经验都已经异常丰富。)这种人的另一项本事是能言善辩,极具说服力,不论他是否选择说谎,都有能力让人信服。当然,也有其他办法获得政治权力,如果举行政变的话,人际欺骗的说谎技巧就不是非有不可的了。那些靠玩弄官僚政治的技巧,靠权力继承,或者靠秘密手段拿下政敌而起家的领导人,也不必是一个拥有表演天赋的天生说谎家。

在不需要与欺骗目标面对面交流时,那些谈话技巧,即说话时能瞒能骗、唱作俱佳的本事,当然也不是必需的。谎言可以透过书面文字、中间人传话、新闻发布、军事行动等方式达成其事。然而,假如说谎者毫无策略上的技巧,不能谋划详细步骤并揣度对方行为的话,任何谎言都可能失败。我的看法是,尽管每个政治领袖都很狡猾,都是谋略家,但只有少部分人具备谈话技巧,能够用本书中所提到的种种技巧当面欺骗他们的猎物。

一般人或许是迫不得已才说谎,但我认为大部分政治领袖却乐于此道,至少对某些特定目标,在某些特定场合确实如此。即使是卡特总统,他曾宣誓绝不对美国人民说谎,也曾在接受《花花公子》杂志专访时坦诚自己"已经在内心中通奸好几次了",但他日后还是说了谎,隐瞒了对在伊朗的被囚人质进行军事援救的计划。专门研究军事欺骗的分析家曾经试图证明,领袖人物确实比较乐于说谎或者善于说谎。一种看法是，他们来自宽容说谎的文化[42]，但这种文化的存在证据明显不足。*另一种看法是，在领袖人物握有军事实权的国家中便会如此，如果还是专制国家的话更是如此。[43]有一些人尝试根据历史材料找出一种欺骗性的人格类型，可以用它来刻画那些爱说谎的领导人，不过这种努力没有成功，但是我们对该工作的信息所知甚少，所以不能评估它为什么没有成功。[44]

不管怎样，没有可靠的证据能说明，政治领袖是否拥有异乎寻常的说谎能力，是否比企业主管等人更善于说谎也更乐于说谎。如果真是这样，那么国际骗局将更难判断，鉴别例外情况也更为重要，即抓谎者要特别注意那些显然并不善于说谎的国家首脑。

接下来让我们考虑事情的另一方面，看看国家领袖是否比一般人更善于抓谎。我们早先的研究曾发现，某些人在抓谎上确实高人一筹，而且抓谎能力的高低与说谎能力的高低并无关系。[45]

---

* 苏联人可以说比其他民族更喜欢保持隐私，也可以说更为坦诚。苏联专家沃尔特·哈恩（Walter Hahn）指出，保持隐私有长期的历史，这是一个俄罗斯人的性格特征，而不是苏联人的。("The Mainsprings of Soviet Secrecy," *Orbis* 1964: pp.719-747）罗纳德·欣利（Ronald Hingley）则指出俄罗斯人会更快自愿地说出其私人生活方面的信息，也更倾向于在陌生人面前进行充满感情的陈述。这并不意味着他们比其他国家的人更诚实或者相反。"他们说话也可能是干巴巴的，不苟言笑，口风很严，就像一个嘴巴紧闭或过于拘谨的英国人那样，因为同是俄罗斯人也会千差万别，表现出其他民族的心理。"（Hingley, *The Russian Mind* [New York: Scribners, 1977], p.74）斯威策（Sweetser）相信文化的差异只体现在说谎主题的信息类型上，而不是谁更爱说谎上。（"The Definition of a Lie," in *Cultural Models in Language and Thought*, ed. Naomi Quinn and Dorothy Holland [in press]）我对此没有什么成熟看法，任何结论都为时过早，因为对于说谎与抓谎方面的民族和文化的差异，目前研究甚少。

只不过这项研究的测试对象大多是在校学生,针对任何组织或机构的领导人所进行的类似研究到目前为止还是空白。假如对这种人的测试显示,他们中的一些人的确善于抓谎,那么将有一个问题,在无法给出测试的情况下,是否可以根据其他信息鉴定他们是否善于抓谎。如果技巧非凡的抓谎者能通过这些信息(关于公众人物,这些信息总是容易找到的)被识别出来,那么一个正在考虑说谎的政治领导人就能更加准确地评估其对手察觉出自己破绽和说谎线索的可能。

政治学者格罗斯有个观点令我信服,他指出国家首脑通常都不善于抓谎,在评估对手的性格与是否值得信任等方面,他们比起职业外交官来说要逊色得多。格罗斯说:"国家首脑与外交部长一般来说都缺乏基本的谈判和交流技巧,对于评估对手实力时不可或缺的背景资料也了解有限。"[46]杰维斯同意这一点,并注意到如果国家首脑"是部分地依靠敏锐识人的能力而居此要职"[47]时,他们往往高估了自己抓谎的能力。即使一个国家首脑并非盲目自信,而是确实具有高超的抓谎能力,他也可能会遭遇失败,因为他没有考虑到当对手来自另一种文化或操着另一种语言时,抓谎将会是多么困难。

我曾断言张伯伦是一个心甘情愿的受骗者,他是如此竭力地避免战争,以致一厢情愿地相信了希特勒,并高估了自己把握希特勒为人的能力。然而,张伯伦毕竟不笨,他并非没有意识到希特勒有可能说谎。但问题是,张伯伦不得不相信希特勒的这种动机实在太强,若非如此,他就得立即面对战争。这种国家首脑所犯的错误判断,以及他们对自身抓谎能力的盲目自信,按照格罗斯的说法，其实并不少见。在我看来，当代价非常高的时候，这种事情尤其可能发生。当毁灭性的伤害可能发生时，国家首脑就非常可能成为对手骗局的自愿受害者。

我们不妨来看另外一个自愿受害者的例子。为了扯平一下，这次我从格罗斯提供的众多案例中选择的是张伯伦的对手丘吉尔（Winston Churchill）。丘吉尔1945年自雅尔塔回国后，为自己信任斯大林的承诺而辩护，他说：

> 我觉得，他们所说的话就是他们的保证，尽管对自己不利，我还没看过哪个政府像俄罗斯那样信守承诺的。[48]

一位丘吉尔的传记作家这样形容他说：

> 以他对苏联过去的了解，丘吉尔对斯大林的用意深信不疑，即使有疑却也都往好处想。对那些跟他打交道的高层人物，他非相信他们的基本诚信不可。[49]

不过斯大林可没有以同样的敬重回报丘吉尔，吉拉斯（Milovan Djilas）曾引述过斯大林在1944年所说的话：

> 你或许认为我们是英国的盟邦……正因为如此，我们早把他们，把丘吉尔丢到了一边去。他们对盟邦，算计唯恐不及。丘吉尔那种人，只要你一不留神，就会把钱从你的口袋里摸走。[50]

丘吉尔一心想要毁掉希特勒，有求于斯大林相助，或许正因为如此，他才甘愿受骗于斯大林而不自知。

在这一章里，我对政治人物的说谎着墨较多。之所以如此，并不是因为这是根据行为线索抓谎最有希望取得进展的领域，而是因为这类谎言最危险，对这些致命性的谎言错误判断了可能导致空前惨重的损失。然而，就像讨论对犯罪嫌疑人的抓谎一样，争论在国际骗局领域内是否应该废除根据行为线索抓谎的方法，根本没有必要。这在任何国家都不可能被人为禁止。因为搜集这些行为线索的信息是人类的本性，至少在非正式的情况下是如此。并且，就像我在讨论审讯中的测谎陷阱时所指出的一样，如果参与者及建议者能够意识到他们的判断是基于这些欺骗所表现出来的线索，而并不是停留在直觉和预感领域，那么结果将可能更可靠一些。

就像我在对犯罪嫌疑人的抓谎中所曾注意到的一样，即使在国际会见中能够废除使用说谎的行为线索，我也不相信人们愿意看到这个结果。显然，在晚近历史上，恶名昭彰的国际骗局历历可考。谁不希望自己的国家更有能力破解这类谎言呢？问题是，既要能够做到这一点，还要能够避免增加误判才行。我担心的是，张伯伦和丘吉尔对自身抓谎能力和评估对手为人的能力都盲目自信，这种自信可能更甚于一个行为学专家的狂妄，后者宣称能找到任何外国领导人的说谎行为线索。

我曾经试图质疑这些为各个国家工作的行为学专家，想让他们认识到自身的任务有多么复杂，也让他们的客户（接受他们建议者）更加谨慎存疑。我的质疑必然是间接的，因为这些专家如果存在的话，也是在秘密的工作*，就像那些秘密研究如何判断谈判代表和政府首脑是否说谎的人一样。我希望能让这些匿名的研究者更加谨慎，也希望这些研究的资助者对于任何渲染其研究结果如何有效的宣称更加谨慎和挑剔。

请不要误解我，我也希望这些研究能够完成，我认为它们是迫切的，我也理解为什么每个国家都秘密进行着一些此类研究。但我猜想，对于构成国家决策者的各种人，鉴定其说谎与抓谎能力优劣的研究，将被证明几乎是不可能的，但这一点有待证实。与此相似的是，我相信，对于模拟危机期间首脑会谈时情景的研究——其中来自不同国家的参与者极富技巧，研究被精心计划以致说谎代价很高（不是通常的使用大学新生的实验）——也将发现收获甚微，但这一点也有待实证，假如确实如此，这些结果应该被解密，为学界共享。

这一章显示了，说谎是否成功并不取决于说谎的领域。本书只是举例子，并不是所有的配偶说谎都失败，而所有的商业、犯罪、或国际骗局都成功。成败将取决于谎言、说谎者、抓谎者的具体情况。国际骗局并不比父母与子女之间的欺骗更为复杂，但每一个父母都知道要想在当时避免错误并不总是容易的。

附录表4列举了估谎的38个问题，这些问题中，几乎有一半

---

* 尽管没有人承认正在研究这类问题，但是我和国防部雇员的通信以及我和中央情报局雇员的电话交谈暗示着，有这么一些人正在研究谍报和外交领域内的欺骗线索。我曾见过一项不保密的这种研究，它是由国防部资助的，但它糟透了，根本不符合基本的科学标准。

（18个）有助于决定说谎者是否不得不隐瞒或捏造情绪，即对于情绪说谎，或者因说谎产生情绪。

使用估谎表，可能并不总会得到评估结果。在回答很多问题时会发现所知信息不足，或者答案可能是杂糅的，一些问题显示抓谎很容易，另一些答案则显示很困难。但知道这些也是有用的。即使当评估已经做出（可能并不正确）时，也可能出现的情况是，行为线索竟然没用上，说谎者是被第三方证据出卖的，或者最显眼的说谎线索竟然被偶然间错过了。说谎者与抓谎者都应该想知道评估的结果，但这种知识对谁帮助最大呢？这是下一章我将讨论的第一个问题。

第 9 章

20世纪90年代的抓谎

天生表演家都有一种特性,喜欢被人欣赏,而我们则享受他们的演出。似乎没有理由断定,这种人一定比其他人喜欢说谎(虽然他们也跃跃欲试,因为他们知道自己总能全身而退),但他们一旦说起谎来,一定天衣无缝。

本书之所以从纳粹元首希特勒与英国首相张伯伦在1938年的首次会晤开始讲起,因为它堪称史上最致命的骗局之一,其中包括一项重大的教训:谎言为何能够成功?回想起来,希特勒已经秘密地命令德国军队准备进攻捷克斯洛伐克,然而,距离军队充分动员起来还需要几个星期,于是希特勒就要隐瞒他的战争企图,以便获得突袭之利。因此他告诉张伯伦,如果捷克人同意他关于重划两国边界的要求,他将愿意维持和平。张伯伦相信了希特勒的谎言,并且试图去劝说捷克人仍有和平希望,用不着动员军队。

在某种意义上说,张伯伦是一个心甘情愿的受害者,他就想被误导。否则,他将不得不面对他整个对德政策的失败,面对深刻危害了其国家安全的事实。这一事件给了我们关于谎言的一个教训:某些受害人不自觉地与说谎者合作,批评的忠言束之高阁,不利的信息视而不见,只因为与相信谎言比起来,知道真相反而痛苦,至少在短期之内是如此。

撰写本书的七年之后,我仍然认为这一重大的教训,不单限于国家元首之间,也可以应用到其他场合的谎言之上。我还担心的是,关于希特勒和张伯伦的会见,人们可能会轻率得出其他两个关于谎言的不正确的教训。其一,有人认为,张伯伦如果不是那么一厢情愿,希特勒必败无疑,但自1985年本书第一版问世以来,我们的研究显示,张伯伦的对手丘吉尔是个曾经警告要提防希特勒的人,但即使是由他出面,也未必能识破希特勒的谎言;其二,即使张伯伦带了苏格兰场(伦敦警察厅)或英国情报局等的测谎专家随行,也未必就能做得更好。

之所以会有这样的看法,在于我们的研究又有了新的发现,这也正是本章所要谈的重点:我们对谁能抓谎的新认识,以及有关如何抓谎的新证据。此外还附加了一些关于如何把实验研究的成果运用到现实生活中的最新心得,这些都是我过去五年从教学经验中得到的,因为在我教导的对象中,有许多人每天都要跟涉嫌说谎者周旋。

希特勒是如此罪大恶极,所以这个例子似乎也暗示着对于一个国家元首来说,说谎总是错误的。然而,这一结论未免草率。接下来的一章将参考美国晚近政治史中的大量著名事件,来探索说谎在公众生活中被认为是正当的情况。对于前总统约翰逊(Lyndon Johnson)宣称美国在越战中取得成功,美国航空航天总署（NASA）当存在爆炸风险的时候就决定发射"挑战者"号航天飞机，我将探讨它们是否属于一种自我欺骗的情况。假如真是这样，那么这些对自己说谎者是否应该对他们的行为负责？

谁是抓谎高手？

撰写本书第一版时，我认为我所研究的说谎类型（即为了隐瞒说谎时刻的强烈情绪而采取的欺骗行为）与说谎者是外交人员、政治人物、罪犯或间谍等并无太大关系。不过我倒是担心像警察、中央情报局探员、法官及为政府工作的心理或精神病专家等专业抓谎人员，他们对自己从行为线索上抓谎的能力太过自信，我想告诫他们不要这样。我还要提醒那些因工作需要而手操判决大权的人们，不可轻易相信某些自称能够依据行为线索抓谎的高手。

确凿的证据显示，我的提醒绝非无的放矢，大多数专业抓谎者确实应该对他们的能力慎之又慎。但我也发现自己有些危言耸听，不可否认的是，某些专业抓谎者确实表现不俗。在对于他们的身份与善于此道的原因有所了解之后，我开始产生信心，认为可以将对情绪谎言的研究应用到有关政治、犯罪或反谍的案例中。

假如我不是写了这本书的话，我也许绝不会有机会知道这一点。一个对谎言和情绪进行实验室研究的心理学教授，通常不会和刑事审判制度中的工作人员，以及谍报和反谍界的人士打交道。这些专业的抓谎者并不是通过我三十年间的科学论文就教于我的,而是随着本书初版的出版,通过媒体报道才开始对我的工作感兴趣起来。我很快获邀给城市的、州的乃至联邦级别的法官、检察官、警察,以及联邦调查局、中央情报局、国家安全局、药品管制局、国家机密局、美国陆海空三军等机构的测谎仪操作人员举办研讨班。

对这些人来说,说谎无关于学术,他们极端严肃地看待他们的工作和我所说的一切。他们并不是指着教授给打分的学生,并不会因为一个教授写了这本书就相信他的话。非要说点影响的话,那就是我的执教背景反而不利于我被这些人接受。他们需要的是我针对他们的经验并结合他们的疑问而给出的活生生的实例,是第二天就能派上用场的东西。我可能会告诉他们鉴别一个谎言是多么困难,但是他们不得不明天就利用这些判断标准,而不能耐心等待更多的研究结论。他们需要我所能提供的任何帮助,而不顾要更加谨慎的告诫,但是他们在运用中会更加多疑和挑剔。

令人惊奇的是,他们也远比学院中的人更富有灵活性,更愿意对自己的工作加以改进。一位法官在研讨班的午休时间问我,他是否应该重新安排法庭的座位,让他能够在审判进行中看见证人的脸,而不是只看到后脑勺,这个想法虽然简单,我却从来没有想过。从此以后,只要是碰到法官,我就会提出这个建议,许多人也确实重新调整了法庭的布局。

一位国家机密局的特工告诉我,判定一个曾经给总统造成危险的人物是否说谎是多么的困难,她的朋友对此深信不疑,而她却说是说着玩的。当这位特工提到穆尔(Sarah Jane Moore)时面色凝重，他重述了他们如何判定穆尔是一个疯子，而不是一个真正的刺客，结果在她于1975年9月22日刺杀福特总统前的几个小时错误地释放了她。我告诉这位特工，我的研讨班也许只能给他们进行轻微的提高，也许只能给他们的准确度提高一个百分点。他回答说："太好了，让我们试试吧。"

我的同事奥沙利文[1]和我通常都会以一项简短的测试来开始我们的研讨课程，测试的目的是要了解，这些经常处理谎言的人，是否真能从言行举止上看出谁在说谎。我们的测试样本是我在第3章所提到过的护理学生，她们都在描述观看鸟语花香的影片时的愉悦心情，但其中只有五个人说实话，另外五个人则在说谎。说谎者其实正在看恐怖恶心的解剖影片，但她们要尝试隐瞒低落情绪，并使测试者认为她们所看的是令人身心愉悦的影片。

我进行此项测试有两个目的：首先，我不能放过这个机会去了解这些经常和致命谎言打交道者到底在多大程度上能鉴别一个人在说谎；其次，我非常确信进行这样一个测试会使我的研讨班一上来就很吸引人。这将使我的学员们直接知道，分辨一个人是否在说谎是多么不容易。我诱导他们说："你们将有一个难得的机会去了解你抓谎能力的真实水平，你一直在做出这样的判断，但是你多久一次能确定无疑地知道你的判断是否正确？这就是个机会，15分钟你就能知道答案！"测试之后，我将立刻给出答案，然后我请他们举起手来，"十个都做对了的有没有？""九个的呢？"以此类推，我把人数的结果写在黑板上，以便他们能够评估自己在这群人中的水平。当然，这个过程也暴露了每一个具体的学员能力如何，尽管这不是我的初衷。

如我所料，大多数人的测试结果并不甚佳，我想他们在知道这个不幸的表现后，今后判断别人是否在说谎时就会更加谨慎。在最初几期研讨班，我曾经担心我的学员们会抵触这项测试，因为他们会不愿意冒风险公开暴露自己并不胜任抓谎的事实。当他们发现他们回答得多么糟糕之后，我以为他们将对测试的有效性产生质疑，争辩说我所给出的谎言类型与他们实际处理的并不一样。然而事实并不是这样，这些司法系统和情报系统的男女精英们丝毫不担心在同行面前示短于人。面对我所提供的同样机会，他们的表现要远比我的那些学术界的同事更富有勇气，而后者在学生和同事面前往往瞻前顾后，心存疑虑。

知道了结果多么糟糕之后，这些专业抓谎者放弃了一向所依赖的经验和土办法，对于从言行举止上抓谎也更为谨慎小心。利用这个机会，我进一步提醒他们，在鉴别某人是否说谎时有许多陈规老套，例如讲话时坐立不安或目光闪躲的人就是在说谎，但是这些原则都必须谨慎对待，不可照单全收。

至于建设性的方面，我向他们展示如何在一些现实生活的案例中运用第8章所描述的估谎要点。我提供了很多要点来辨别情绪如何出卖了谎言，以及如何识别这些情绪的信号，这些我在本书前面的章节中也讲述过。我向他们展示了大量面部表情的照片，给他们看的时间极短，大概一张只放映百分之一秒的时间，以便他们能更容易地学会识别微表情。我还运用了各种谎言的录像带样本，以便他们能练习新学会的技巧。

1991年9月，我们对这些专业抓谎人员的受测研究发表。[2]在所有参加受测人员中，只有国家机密局派出的受训学员表现较佳,正确率超过五成,其中半数略多的人准确度达到或超过七成,近三分之一高达或超过八成。国家机密局的群体表现为何超过其他群体,确切原因不明,但我的推测是,他们当中有许多人,曾经担任过人身安全保护的工作,他们必须注意人群中任何可能危及受保护者的动态,包括辨识任何可疑人物的言行举止,所以对细微的说谎行为线索也能有相同的警觉。

至于其他的法官、检察官、警察、为情报机构及军方工作的测谎仪操作人员,以及为法院工作的精神病专家,这些专业人员的测试正确率都不足五成,这样的研究结果令文章读者莫不感到惊讶。同样令人诧异的是,这些专业人员并不胜任抓谎工作却居然毫不自知。测试前,我们请他们就工作经验,为自己的抓谎能力打个分数,测试后,我们又立即请他们为自己参加测试的预期结果打个分数,但答案揭晓之后,他们实际的成绩与两次所打的分数竟然相去甚远。

起初我们设想,既然这些专业人员同样不熟悉现场的特定情境,也同样对于所面对的说谎者的性格特征了解甚少,那么他们的抓谎正确率将会彼此相近。我曾经设计了展现在精神病医院患者玛丽的录像带里的情景,使它尽量接近当时的情境,她是一位隐瞒轻生念头,好从医生那里获得自由以便付诸行动的患者,她必须深藏起她的痛苦,表现得毫无沮丧,且让人信服。她说谎时所感受到的强烈的负面情绪被表面上乐观的情绪所掩盖。只有精神病学家和心理学家对这种情况有更多的经验,然而他们整体正确率也还是不足五成。但是,国家机密局的人员并不具备这些条件，为什么却对此类说谎检测表现得如此优异？*

问题的答案一开始并不是显而易见的，仔细思考我们的研究，让我对于何时能根据行为线索识别谎言有了一个新的想法。如果强烈的情绪波动出现了，抓谎者对嫌疑人本身与当时情境就并不需要有太多的了解。当某人的表情或声音流露出恐惧感、罪恶感或兴奋感，而这些表征又与言辞不搭调时，便可以大胆断定这个人是在说谎；当嫌疑人说话时频频出现破碎（停顿、嗯、呃等），却又没有理由吞吞吐吐，而平时也不结巴的话，说谎的可能性就极高。但是嫌疑人的情绪若未波动，这一类的说谎行为线索自然就比较少。当然，说谎者若不隐瞒强烈情绪的话，抓谎者多熟悉一点情境特点与说谎者的特质，对于成功抓谎将会锦上添花。

只要说谎的代价极高，担心被识破的恐惧感或者挑战抓谎者的刺激感（即欺骗的快感）也可以使抓谎的准确度提高，这时即使对情境与嫌疑人的了解不多，也不至于造成困难。但很重要的一点是，高代价未必会使每个说谎者都产生担心被识破的恐惧感，经验丰富的罪犯、花心惯了的丈夫或者谈判高手，都不至于产生这种心理。另外值得注意的一点，高代价可能会使某些无辜的嫌疑人因为担心被冤枉而感到害怕。

说谎者如果与被骗的目标拥有相同的价值观，或被骗的目标

---

* 如果我们给出一个与这些专业人员日常工作所接触的情形极为接近的谎言类型，他们也许将回答得更好。因此，我们所得到的结果可能只是不考虑熟悉情境时谁是最好的抓谎者，而不是在各自擅长的领域里谁是抓谎高手。但是，我并不这么认为，还是相信它具有普适性，然而只有进一步的研究才能证明这一点。

受到说谎者的尊敬，说谎者就极有可能产生良心不安的罪恶感，因此而产生的行为信号可能会泄露谎言或者促使说谎者坦白。但抓谎者必须避免一厢情愿，不可认定自己在说谎者心目中一定是受到尊敬的，疑心甚重或吹毛求疵的母亲，就必须有自知之明，不要指望说谎的女儿对她会有罪恶感，同样，在员工眼中处事不公的老板，也不能指望员工的罪恶感会使他承认说谎。

综上所述可知，对嫌疑人或情境一无所知，贸然对某人是否说谎做出判断，是相当危险的事。我对专业人员所做的测验，并未给抓谎者熟悉嫌疑人的机会，他们判断谁说谎、谁诚实时，仅有录像带上的"一面之缘"，关于对方的背景毫无其他可供参考的资料。在这种情况之下，准确度不高实不为过；但是成功抓谎也并非不可能，只不过对大多数人比较困难罢了（我在后文将解释那些成功很高的抓谎者是如何判断的）。我们的测试有另一个版本，它为每个人提供了两次出镜机会。当抓谎者对同一个嫌疑人在两种情境中的行为做过比较之后，准确度就提高了，只不过大部分人的表现仍然仅略高于随机猜测的五成。[3]

第8章中的估谎表格将有助于评估：在一个高风险的谎言中，是否将存在可资利用的行为线索、易使人受到误导的行为线索，或根本就缺乏行为线索，也将有助于确定是否将存在担心被识破的恐惧感、说谎的负罪感或者欺骗的快感。抓谎者绝不应该简单地认定根据行为线索来抓谎总是可行，也必须拒绝一种诱惑，那就是靠高估自己的抓谎能力来解决不能确定的真相。

除了唯一整体表现优异的国家机密局之外，其他群体也有少数几位专业人员表现不俗。在相同条件下，为什么有些人的测谎准确度非常高？他们是如何学会的？为什么其他人做不到？是否真的有某种技巧，或者根本就是个人的天赋？这种奇想第一次在我脑海中闪现，是出于我女儿的表现。她年仅11岁，但在我为她所做的测试中，她抓谎的准确度却不逊于国家机密局的专业人员，她从未读过我的任何著作或文章，但何以如此？或许她并没有特别的天分，也许大多数小孩在辨识谎言的能力上都优于大人？关于这个问题，我们也在着手研究。

同样是专业人员，参加同样的测试，为什么有人准确度高而有人低？于是我们对参加测试的所有专业团队的人员都提出了问题：判断某人是否说谎，所根据的行为线索有哪些？根据他们所写出的回答加以比较后，我们发现，准确度较高的抓谎者，使用的行为线索包括表情、声音及身体行为；而准确度偏低的，则只提到言辞。当然，这一发现很符合在本书前面章节所说过的结论，尽管没有一位测试者曾事先读过本书。抓谎准确度高的人都明白，言辞比表情、声音及身体行为更容易造假。但并非言辞就并不重要，言辞中的自相矛盾之处往往对抓谎者很有启发，并且有充分的理由可以说，对言辞进行精密分析也可以抓出谎言[4]，但言辞的内容绝不可作为唯一的关注焦点。然而，我们仍然需要找出原因，为什么有些人并不留意表情和声音之于言辞的契合与否。

对说谎行为线索的新发现

对于本书初版所说的表情与声音在测谎中的重要性，在过去两年的研究又有新的发现。在护理学生的录像带中，她们说谎时与说实话时所展现的笑容，经过比较后发现，虽然都是在笑，但却是不同的笑：心情愉快所展现的笑是由衷的笑（图5A），说谎时的笑，我们称为假笑。假笑除了嘴唇表现笑的形状外，脸上还会出现其他情绪信号，包括悲伤（图3A）、害怕（图3B）、生气（图3C或图4）或厌恶。[5]

更多的相关研究证实，包括在小孩与大人、在国内与国外，以及种种不同的情况下，在各种不同笑容之间都存在着差异。我们发现，拿由衷的笑与其他种类的笑容做比较，大脑中的活动就不相同。某人是否因为心情愉快而展现真正的笑容，最佳的线索并不仅限于笑时的嘴唇，也包括眼睛四周的肌肉。[6]这只要看眼角的鱼尾纹就可以知道，因为这一部分在平常是没有动作的；不过由鱼尾纹来辨识只限于微笑，如果是大笑或狂笑，嘴唇的动作也会牵动鱼尾纹，这时就必须注意眉毛，真正欢喜的笑，会带动眼轮匝肌，眉毛会非常小幅度地往下移，这一线索非常细微，但我们发现，不需要经过任何特别的训练，一般人都能够辨识出来。[7]

我们也发现，护理学生谈到自己的感受时，只要是说谎，音调就会变高。这种音调的变化象征着情绪波动，并不就是说谎本身的信号，然而人如果是处于自得其乐、享受美景的情况，音调是不至于变高的。但是，并非所有说谎者都会表现出面部与声音的说谎信号，利用这两种信息来测谎，所得到的准确度尽管高达86%，但仍有14%的错误。因此，这套标准可用于绝大多数的人，却并不适用于每个人，尤其有些人是天生表演家，几乎无法逮到他们说谎，有些行为古怪者也是，会让一般人穿帮的情形，对他们来说根本无效。因此，我根本就不指望能获得一套抓谎用的普适法则。

在研究进展中，弗兰克（Mark Frank）博士和我首次发现了证据来证实我的想法，即有些人是天生说谎家，罕有失手，有些人则极为蹩脚，从未成功过。弗兰克和我让人们分别在两个场景中说谎或说实话。在第一个场景中，人们被假设犯了一项罪行，即从一个公文包里偷了50美元，如果他们宣称自己没拿并能使侦讯者相信的话，那么这钱就送给他。在另一个场景中，人们将对诸如堕胎或死刑等热点问题发表真实看法或违心看法。弗兰克发现，那些在前者中成功的说谎者在后面也获得了成功，而那些发表意见容易被人看出虚实的人在隐瞒偷窃时也往往以失败告终。[8]

这可能是显而易见的，但本书前面章节的解释大多是归结于特定的谎言，而没有往个人能力上想，说谎能力也决定了一个特定的谎言能否成功，也许两者都不容忽视。一些人的谎说得是如此漂亮或如此糟糕，他们各将一如既往地成功或失败，以致谎言本身的情境和细节都显得无关紧要了。大多数人并不是如此两极化，决定他们说谎效果的一般是欺骗对象、谎言内容以及说谎的代价。

法庭不利于谎言的辨识

过去五年，在指导警察、法官与律师的过程中，我得到了一点心得，如今我常会把它拿到研讨班里当作一则警语："当年设计刑事司法制度的先贤，想必是要搞砸言行线索的测谎。"不利于法官及陪审团的制度因素主要有五点：

第一，在接受陪审团和法官的鉴定之前，犯罪嫌疑人有许多机会可以准备和演练说辞，如此一来既增强了他的信心，也减弱了他担心被识破的恐惧感；

第二，初次询问和交叉询问往往在案发数月乃至经年之后，这导致嫌疑人与犯罪案情相关的情绪早已大为淡化；

第三，开庭之前的时间拖延过久，嫌疑人不断咀嚼自己的不实陈述，以致对自己虚假的说辞信以为真，一旦如此，嫌疑人在答辩时形同不是说谎；

第四，交叉询问中，被告即使不是由辩护律师教好说辞，通常也已做好准备，何况面对问题经常只要回答是否即可；

第五，无罪的被告一旦站上法庭反而会担心不被采信，既然警察、检察官都没有在审判前就还他清白，法官跟陪审团又凭什么相信他呢？如此一来，担心被冤枉的信号，可能会被误解为嫌疑人担心被识破的心理。

法官与陪审团被称为事实的发现者，而事实的发现有赖于观察言行举止甚多，但最初约谈或侦讯的人却不予以重视。通常首次接触嫌疑人的是警察，有时候也会是其他人，譬如虐童案中就可能是社工人员。如果有人说谎，这些人都有最好的机会，利用行为线索予以戳穿，这时说谎者也还没有机会去准备说辞，而且可能非常担心被识破，并因为刚发生的罪行而感到罪恶感。警察与社工人员帮忙破案的动机虽好，但大部分人在侦讯方面的训练不足，既不能摆脱成见，所问的问题又抓不到重点。对于诚实与说谎的行为线索，未经审慎评估，一味往自己先入为主的牛角尖里钻。[9] 在他们心目中，几乎每个人都是罪犯，每个人都在说谎，对他们所侦讯的人，更是如此。我第一次为警察做抓谎测验时就发现，在录像带上看到的人，他们一律判定为说谎，"没有一个人讲实话"，他们这样告诉我。值得庆幸的是，陪审团不需要经常面对犯罪嫌疑人，因此也才不至于假定所有的嫌疑人一定都在说谎。

波因德克斯特中将的热区

面部、身体、声音与说话方式的行为线索，虽然不是说谎本身的信号，但可能是言不由衷时的情绪信号，也有可能是嫌疑人正在思考接下来怎么说的信号。这是一块值得深究的"热区"，这些线索可以告诉抓谎者，这部分有事情发生了，应该采取行动，得多问多查，好把真相找出来。且让我们通过一个例子，来看看这些热区的作用。

1986年中，美国出售武器给伊朗，希望借此赢得伊朗组织或亲伊朗组织的好感，以便释放被其扣押在黎巴嫩的美国人质。里根政府指出，军售除了要达到交换人质的效果外，还希望能够借此与伊斯兰领导人搞好关系。但就在这时，一桩大丑闻爆发了，根据报道，军售伊朗的盈余被秘密移做他用，直接抵触了国会的法律（《博兰修正案》，*Boland Amendments*）。美国用这笔钱购买武器支持尼加拉瓜的亲美叛乱团体康塔拉（Contra）以对抗在该国执政的亲苏联的桑地诺（Sandinista）政权。1986年里根总统与检察总长米斯（Edwin Meese）举行记者招待会，承认资金转移给了康塔拉，但宣称自己并未参与其事，并宣布国家安全事务顾问海军中将波因德克斯特（John Poindexter）已经辞职，其同事海军中校诺思（Oliver North）也被解除在国家安全委员会所任的职务。这桩丑闻案广为媒体报道，当时的民意调查显示，资金非法转移给康塔拉，里根宣称自己不知情，绝大部分美国人民并不相信。

八个月之后，诺思中校出席国会伊朗-康塔拉案委员会的调查听证，诺思指出，整件事情他都与中央情报局局长凯西（William Casey）讨论过，而当时凯西已去世三个月；诺思告诉委员会，凯西曾警告他，他（诺思）将成为"替罪羔羊"，为了不让里根总统卷入，波因德克斯特可能也必须扮演同样的角色。

接下来，波因德克斯特在国会委员会作证时指出，军售盈余转移康塔拉的计划，是由他一人批准，并由诺思执行的。"波因德克斯特声称，为了不让里根卷入这件'政治敏感问题'，他自己一手主导，未向总统报告。'是我做的决定，'波因德克斯特语气平静地说。"[10]

听证进行当中，波因德克斯特被问到，他同中央情报局前局长凯西到一家餐馆用餐的事情，波因德克斯特说，吃饭时讲些什么不记得了，只记得他们点了三明治。对于波因德克斯特的不记得，参议员纳恩（Sam Nunn）穷追不舍，在接下来不到两分钟的时间内，波因德克斯特出现两次微表情，都是一闪即逝的愤怒，讲话的音调提高，吞咽四次，多次讲话停顿与反复。波因德

图11　国家安全事务前顾问波因德克斯特中将

克斯特在这一刻的表现说明了四个重要问题:

第一,当行为改变不只限于单一情态(面部、声音,或诸如吞咽之类的自主神经系统的活动)时,就是一种重要的信号,显示有值得深究的重要事情正在发生。行为线索仅限于一种类型时,也不应该忽视,因为那可能是唯一能掌握的线索,但当信号横贯不同的行为类型时,其可信度更高,造成各种变化的情绪也更强烈。

第二,解读一次行为的改变,比解读某些重复出现的行为特征更来得可靠。波因德克斯特讲话很少出现犹豫、停顿、吞咽等类似现象,因此一旦出现才值得注意。抓谎者必须时时注意其行为上的变化,才能避免在第4章所提到过的布罗考陷阱,不至于被嫌疑人的习惯性行为所误导。

第三,当行为的改变与特定主题或问题相关时,就是在告诉抓谎者,热区出现了,值得好好探究。参议员纳恩和其他人对波因德克斯特穷追猛打的主题很多，但直到盯上了他与凯西共进午餐的问题时，波因德克斯特的行为才出现变化，而当纳恩停止追问并转移话题时，波因德克斯特疑虑不定的行为特征也随即消失。当针对某一特定问题，行为上出现一堆变化时，抓谎者则应设法证实这些变化的确与主题有关。做法之一就是跟纳恩一样，先放下这个话题，转移到别的问题上，再出其不意地杀回来，观察同样的行为是否再度出现。

第四，行为何以产生变化，抓谎者还必须从其他角度去思考，从说谎以外找出其他可能造成这种表现的原因。回答午餐的问题时，波因德克斯特若是说谎，他可能因此而不安；众所周知，他自己是虔诚的教徒，妻子更是所在教会的执事，基于国家利益，说谎即使有其正当性，但仍然可能在内心造成冲突。此外，他也可能担心被识破。说谎会使人产生如上信号，但我们也绝不能排除是其他信号的可能性。

波因德克斯特的听证持续了很多天。让我们假设，每天中午用餐时间，他都会跟律师讨论问题，一面吃着妻子为他准备的三明治；再假设，刚好就是那一天，他问妻子是否又为他做了三明治，而她却不悦地说："约翰，我可不能这样日复一日，天天为你准备三明治，我也有别的事情要做！"在他们的婚姻生活中，他的妻子如果很少发这种脾气，波因德克斯特想必会为这事感到不安或不悦，于是，当那天上午纳恩问到午餐的问题，又提到三明治时，与妻子争吵的未解情绪就又被唤醒了。那么，我们所注意到的那些情绪信号与怀有负罪感或担心被识破是无关的，就不是说谎信号。

第9章 20世纪90年代的抓谎

这样的推论是否站得住脚,我自己也无从知道,重点是,除了说谎之外,抓谎者一定要考虑其他的可能性,并搜集资料予以厘清。波因德克斯特所泄露出来的信息标志着午餐事件是个热区,值得探究,但绝不可骤下结论,断定他在说谎,而排除其他可能的解释。

诺思的演技

在伊朗-康塔拉案听证会中,诺思中校的作证,说明了本书中的另一项重点,诺思似乎正是所谓的天生表演家。[11]我这么说的意思并不是说诺思一定是在说谎(虽然在国会听证之前的听证会中,他已经被判定为说谎),而是即使他在说谎,我们也无法从他的言行举止上辨识出来。如果他说谎,他将非常令人信服,

图12 前陆军中校诺思

他的表现正如演戏一样完美得令人无话可说。[12]

　　当时的民意调查显示,诺思广受美国民众赞赏。多种原因成就了他的魅力:因为他对抗强势政府(即国会委员会),被视为《圣经》中对抗巨人歌利亚(Goliath)的大卫;对某些人来说,他那套军装制服也很有说服力;也有可能是他被视为代罪羔羊,为总统及中央情报局局长背黑锅;此外,能够让他风靡的部分原因,则是他的行为风格本身。天生表演家都有一种特性,喜欢被人欣赏,而我们则享受他们的演出。似乎没有理由直接断言,这种人一定比其他人喜欢说谎(虽然他们也跃跃欲试,因为他们知道自己总能全身而退),但他们一旦说起谎来,一定天衣无缝。

　　对公职人员说谎的正当性,诺思的作证也掀起了伦理与政治上的争议。下一章我们将就此事和其他历史事件详细讨论这个问题。

第 10 章

公共领域的谎言

当每个人都认为所有规则已经失效时,社会也就无法运作。当一国元首说的话都不再有人相信,这个国家也就很难生存下去了。……美国《独立宣言》起草人杰斐逊的名言说道:"治理之道,诚信而已。"

上一章讨论了近年来以及目前所进行的抓谎研究的新发现,并分享了这些年来教导专业抓谎者的经验。在这一章,我们来谈一些无关科学研究的题材。我思考说谎的本质,并尝试用自己的研究对今天的生活大环境做更宏观的了解,这里所呈现的,正是这方面的心得。

诺思说谎的正当性

有关伊朗军购所得转移给尼加拉瓜亲美游击队的案子,诺思中校在听证会中承认,数年前的确曾欺骗国会,他说:"我不轻易说谎,但在生命与谎言的轻重上,我们必须有所权衡。"诺思的这一段话，是哲学上针对说谎的正当性争论了好几个世纪的话题。当一个人挥着枪问你："你的老哥呢？我要宰了他。"你会怎么回答？这种场景是否该说实话，对绝大部分人来说都不是问题——我们会说谎，告诉他一个错误的地方，这正如诺思所说，生命正陷于危难，你不得不说谎。另一个更寻常的例子是，父母常告诫身上挂钥匙的孩童，陌生人来敲门时，绝不能说父母不在家，要骗他们说父母在午睡等等。

在举行国会听证会四年之后，诺思出书谈到往事，他为自己的立场辩护说：

> 对我来说，那些参议员、众议员，甚至他们的幕僚，都只是些特权分子，他们无耻下流地背叛了尼加拉瓜反抗军，让康塔拉任火力强大的敌人宰割。原本应该是他们该做的事，我做了，他们却反过来羞辱我！……我从未认为自己高于法律，也从没有违法的念头，但我绝对相信，直到今天还是，《博兰修正案》并不禁止国家安全委员会支持康塔拉游击队；修正案再怎么严，总还是有回旋余地，不一定非要我们遗弃尼加拉瓜反抗军不可。[1]

诺思在书中承认，1986年国会询问他是否直接涉入该案时，他说谎了。诺思以保护生命为由而说谎的说辞并不能成立，我认为有三个理由：

第一，无法确认他的说法是必然的，他宣称国会引用《博兰修正案》，禁止进一步援助康塔拉游击队，反抗军必死无疑。但这只是一种政治判断，是大多数民主党议员与共和党议员尚且纷争不休的判断。这跟暴徒威胁杀人的确定情况，完全不能相提并论。

第二，诺思宣称自己说谎是为了拯救生命，问题是他欺骗的对象并不是一个宣称要杀人的暴徒。如果杀戮的确发生了，下手的人是尼加拉瓜政府军，而不是美国国会议员。反对《博兰修正案》的人或许会反驳，不论下手的人是谁，结果都是相同的，但即便如此，也不能说这是《博兰修正案》的本意，更不能说投票支持这项立法的国会议员，目的就是要干掉康塔拉游击队。明智并且道德感大致相同的人们对于停止"至关重要的"援助带来的后果，以及《博兰修正案》是否毫无回旋余地等问题其实看法并不一致。没有援助便断送康塔拉的最后命运，诺思这样的说法太过于一厢情愿，热切得过了头，再加上他的傲慢，使他将自己的判断看得比国会大多数人通过的决议还重，导致他认为欺骗国会是正当的。

第三，他的谎言违反了自己所承诺的约定：他不得对国会说谎。对一个扬言要杀人的暴徒，谁都没有说实话的义务，因为他所宣称要做的行为违背了我们和他当初所赞同的法律；对于敲门的陌生人，我们的孩子也没有义务要说实话，即使陌生人说他碰到了危难，也可能真的是如此。然而，无论是谁向国会作证，都有义务做诚实的陈述，否则就该受到说谎的惩罚；何况身为一名军官，诺思中校曾经宣誓效忠宪法，宪法赋予国会监督行政部门执行预算的权力，诺思说谎显然破坏了国会制衡行政的宪法精神。[2]对于自己被迫执行的任务，诺思如果认为不合理，并违反道德，他大可以辞职，公开站出来反对《博兰修正案》，但绝不应该在国会说谎。

当那些因为对国会有说谎嫌疑的中央情报局官员受到了起诉时，这种争议至今仍在继续。媒体近来讨论的一个问题是，应否制定一套适用于中央情报局官员的特殊规则，因为他们工作的保密性质也许不能强制他们对国会实话实说。既然诺思所执行的是中央情报局局长凯西的命令，其行为按照情报局雇员的规则也许就是正当的。惠普尔（David Whipple）是离职情报部门官员协会的主任，他说："我认为，如果能应付的话，情报官员尽可能少地透露秘密并不是一件坏事，反正我自己不太想谴责这些人。"[3]已退休的中央情报局官员克莱因（Ray Cline）则说："在中央情报局的老传统中，我们觉得高级探员应被保护而免于曝光。"[4]作为1977—1981年任职的中央情报局前局长，特纳（Stansfield Turner）却指出，中央情报局不应该指望总统授权他们对国会说谎，探员们应该知道如果他们撒谎将不会受到保护。[5]

诺思、波因德克斯特，以及近来的中央情报局官员菲耶尔（Alan Fiers）和乔治（Clair George）都因为对国会撒谎而受到了起诉。乔治因为1987年伊朗-康塔拉案向国会撒谎而成为中央情报局被起诉的职位最高的官员。既然大家广泛相信，中央情报局局长凯西没有遵循那些规则，那么人们可以说，对于那些因被误导而相信他们不仅是在按总统的意思办事，而且能够得到保护的人，惩罚或许是并不公平的。

尼克松总统与水门丑闻案

在美国公职人员说谎的案例中，最常受到谴责的莫过于前总统尼克松。他是第一个因辞职下台的美国总统,但说了谎并不是唯一的原因,甚至在1972年6月发生的"水门事件"也只是导火线,真正迫使他下台的关键,是他下令掩盖侵入民主党总部的真相,并在这件丑闻爆发后矢口否认,死硬到底。后来公开的白宫录音带显示,尼克松当时说:

> 发生了什么都与我无关,你们得把我撇得干干净净,他们要动用第五修正案或其他什么的,随他们去,只要计划不曝光就行了。

真相还真的掩盖了将近一年,直到参与入侵水门大厦的麦科德(James McCord)在法庭供认,背后还有更大的阴谋,尼克松在总统办公室的录音带才曝光。尽管尼克松拼命压住录音带中对自己不利的部分不放,但众议院司法委员会已经掌握足够的证据,对他提出弹劾,接着,最高法院下令他交出录音带。尼克松见大势已去,终于在1974年8月9日黯然辞职。

我认为问题不是出在尼克松说谎,因为国家元首有时说谎是必要的,真正的关键在于,说谎的内容、动机以及欺骗的对象是什么。尼克松所欺骗的对象不是另外一个国家或政府,而是美国人民;他的谎言不是为了完成国家外交政策的任务,而是要隐瞒自己对一桩罪行的知情,要掩盖侵入民主党总部偷取文件的始末。他的动机只是要保住总统的位子,他心知肚明,这件案子将严重影响他竞选连任,他的属下为了选举而违法乱纪,自己又全都知情,选民必将因此而唾弃他。弹劾文的第一条就指控尼克松妨害司法；第二条指控他滥用职权，未能确保法律的执行；第三条则指控他蓄意抗拒众议院司法委员会，拒绝交出录音带及其他文件。尽管尼克松的反对者紧紧咬住了他的说谎一节不放，但我们不应该因为这一点而一味地谴责他，假如国家领导人在任何事情上都不能说谎，那么他也就无法完成他的职责。

卡特总统说谎有理

在某种情况下，公职人员说谎有其正当性，前总统卡特（Jimmy Carter）在位期间就有一个很好的例子。1976年卡特以佐治亚州州长的身份竞选总统，挑战接任尼克松遗缺的现任总统福特。卡特承诺恢复白宫的道德，对着摄影镜头斩钉截铁地说，他绝不会对美国人民说谎。尽管如此，三年之后，为了营救伊朗的美国人质，他却多次说谎，对美国人民隐瞒了他的人质救援计划。

卡特就任初期，伊朗的伊斯兰基本教义派发动革命，推翻伊朗国王。在位期间与美国交好的伊朗国王求助于华盛顿，经卡特同意赴美就医，因此激怒了伊朗人民，好战分子占领美国驻德黑兰的大使馆，劫持52名美国人作为人质。解决人质危机的外交努力持续了数月毫无结果，而电视上的新闻主持人每天都要点数美国人被囚的日子。

其实人质被抓不久，卡特就密令军方进行特训，筹备救援计划。不仅救援计划完全秘密地进行，而且行政部门甚至屡屡发布不实消息，以应付各方纷至沓来的询问，几个月间，国防部、国务院及白宫一再声称，救援人质的行动在推演中根本不可行。1980年1月8日，卡特在记者会上还公然说谎："军事救援行动注定失败，几乎可以确定只会导致人质死亡。"就在他讲这一席话时，美国的三角特种部队正在南方的沙漠中进行秘密操演。

卡特对美国人民说谎，因为他知道伊朗人也在听，希望以此误导伊朗人，松懈他们的防备。甚至当救援行动已经展开，卡特仍下令白宫新闻秘书鲍威尔（Jody Powell）否认政府有任何救援计划。卡特后来在回忆录中写道："只要伊朗人怀疑美国会发动救援，所有努力就注定失败……想要成功，就得出奇制胜。"[6]希特勒发动奇袭，也正是靠谎言取得优势，他日后受到了谴责，不是因为说谎，而是因为他说谎的目的与动机是侵略。国家元首欺敌以取得优势，本身并无对错可言。

伊朗绑架美国使馆人员，已经违反国际法，卡特说谎的主要对象是伊朗人。如果要欺骗伊朗人，势必连美国人民与国会一同欺骗，其动机乃是要保护美国的部队。部分国会议员事后质疑卡特，说他并未知会国会而引用战争权力决议案。卡特的答复是，救援行动是人道行为而非战争行为。卡特后来也受到了谴责，却是因为救援行动的失败，而不是因为他违背了不说谎的承诺。

卡特任下的中央情报局局长特纳，在写到伊朗-康特拉案和国会对中央情报局官员的诚实要求时提出疑问，如果国会问他中央情报局是否在准备救援行动时他怎么回答好呢：

> 我被催逼着要做出答复，我多希望我已经说过这种话："我相信将人质救援计划和盘托出是不合时宜的，至少是向

伊朗人传达了不当的信息并泄密。"我当时就去找总统协商，看我是否要向国会坦率答复这个问题。[7]

特纳先生并没有说，如果卡特总统让他回国会并否认营救计划的话，他将怎么做。

约翰逊总统的越战谎言

美国前总统约翰逊对美国大众隐瞒关于越南战局的负面消息，情况就严重多了。1963年肯尼迪总统遇刺，副总统约翰逊继任，并角逐1964年的总统大选。竞选期间，约翰逊的共和党对手亚利桑那州参议员戈德华特（Barry Goldwater）说，为了确保赢得战争，他将不惜动用原子弹。约翰逊则提出相反的意见说："我们绝不会把美国子弟送到离家万里以外的地方，去做亚洲子弟自己该做的事。"但一旦当选，约翰逊发觉，想要打赢这场战争，只有美国参战才有希望，于是在其后的数年中，50万美国子弟陆续穿上军装远赴越南。在越战期间，美国所投下的炸弹数量甚至超过第二次世界大战的总和。

约翰逊认为，若要以谈判结束这场战争，就必须站在有利位置，因此要让北越相信，他拥有美国国内舆论的支持，所以在有关战事进展的消息上应对美国人民有所保留。而军方将领揣摩约翰逊的心意，知道他只要美军打胜仗的漂亮画面以及北越与越共战败的惨相，于是大量提供战事的正面消息。1968年1月的越南春节期间，北越与越共发动全面攻势，胜利的假象于旦夕之间瓦解,暴露出美军想要打赢这场战争纯属空想。春节攻势时,美国国内正进行下届总统初选,参议员罗伯特·肯尼迪出马与约翰逊对垒,角逐民主党的党内提名,他指出越共的攻势"已经粉碎了官方假象的面具,我们不仅在用这种假象掩饰真实情况,而且根本是在自欺欺人"。数月之后,约翰逊宣布退出竞选连任。

在民主国家,要欺骗另一个国家,却又能不欺骗自己的人民,本来就是一件不容易的事,尤其欺骗政策沿用既久,更将自食恶果。约翰逊企图隐瞒战事的进展,绝非几天、几周或几个月的事。他的报喜不报忧剥夺了选民做政治选择时的参考信息。如果选民投票时所需要的重要信息能为政党所掌控,一个民主国家也就名存实亡了!

正如罗伯特·肯尼迪所注意到的,这种欺骗的另一种可能的代价,就是约翰逊与他的少数顾问已经相信了自己的谎言。自欺这种陷阱不仅政府官员会自投罗网,任何人经常说同一个谎,久而久之都会落入相同的下场。一个谎言越是重复,说谎者就越不在乎谎言的对错,一说再说,说谎者沉浸其中,原来的事实反而视而不见,谎言于是就变成了真相。然而,如果有人适时予以揭穿或提醒,说谎者或许就能回到现实。但是,尽管约翰逊想去相信战事进展的虚假宣称,并且有时候也把它们完全当成了真的,我却怀疑他并未完全成功地欺骗自己。

"挑战者"号航天飞机的遇难与自欺

说到自欺,却是另外一种相当不同的情况,所谓自欺,是当事人不知道自己在欺骗自己,而且动机不明。我相信,自欺发生的机会远远小于有罪者在事后为推脱责任所宣称的情况。导致"挑战者"号航天飞机发生灾难的行为引发了这一个问题,那些不顾可能发生危险的警告,仍决定按原计划升空的决策人员,是否就是自欺的受害者?舍此一途,我们不知如何解释他们明知有风险却一意孤行的举动。

"挑战者"号于1986年1月28日发射,这次发射由电视直播呈现在数百万观众面前。它之所以广受瞩目还因为其成员中包括一名学校教师麦考里夫（Christa McAuliffe）,她将在航天飞机飞行途中进行一节外层空间教学,而包括她自己所教的班在内的众多学生正在拭目以待。但在发射73秒后,"挑战者"号于空中爆炸,上面的七名成员全部罹难。

图13 "挑战者"号航天飞机机组成员

第10章 公共领域的谎言

发射前一天晚上，负责建造推进火箭的希尔寇公司（Morton Thiokol，thiokol即聚硫橡胶之意）的一群工程师正式提出延期发射的建议，因为气象预告天气变冷，经过一个晚上，橡胶封圈的弹性可能严重缩减。果真如此的话，燃料渗漏可能导致推进火箭爆炸。希尔寇公司派驻美国航空航天总署的工程师，一致要求次日上午的发射应该延期。

在此之前，"挑战者"号发射已经延期了三次，违背了航空航天总署对航天飞机可以定期发射的承诺。针对希尔寇公司工程师的建议，航空航天总署火箭发射主管马洛伊（Lawrence Mulloy）并不同意，认为天冷会损坏橡胶封圈的说法并没有具体证据，并以此回复希尔寇的工程组长伦德（Bob Lund）。后来，在总统指派的调查委员会作证时，伦德指出，马洛伊叫他当天晚上戴"管理帽"而不要戴"工程帽"，如此一来，伦德改变立场，驳回了工程师要求延期发射的意见。与此同时，马洛伊又联络希尔寇公司副总裁基尔敏斯特（Joe Kilminister），要求他签发发射同意书，基尔敏斯特签妥同意书，传真至航空航天总署，时间已是深夜11时45分。但希尔寇公司火箭项目的主管麦克唐纳（Allan McDonald）拒绝对正式批准火箭发射签字。两个月后，麦克唐纳退出希尔寇公司。

总统调查委员会也发现，航空航天总署四名实际负责发射业务的高级主管在做出发射决定那晚，均未被告知希尔寇公司工程师与航空航天总署发射部门意见相左的事情。这四个人是肯尼迪宇航中心（位于佛罗里达州的杰克逊维尔）的主管西克（Robert Sieck）、"挑战者"号的发射主任托马斯（Gene Thomas）、约翰逊宇航中心（位于得克萨斯州的休斯敦）的太空运输系统主管奥尔德里奇（Arnold Aldrich）及其航天飞机主任穆尔（Jess Moore），事后调查表明，他们当时都不知道希尔寇公司的工程师意见相左的事情。

马洛伊明明知道可能发生爆炸，为什么会坚持发射？有一个解释是：由于压力太大，他成了自欺的受害者，他深信工程师把一个微不足道的小问题夸大了。如果马洛伊真的是自欺的受害者，要他负起错误决策的责任是否公平呢？假设是有人故意欺骗马洛伊，告诉他没有问题，那么他当然不必负责，但这与他自欺是否不同呢？我认为，马洛伊如果真的是自欺，就与受人欺瞒并无不同。但问题是，马洛伊真的是自欺吗，还是要掩饰判断失误？

为了找出答案，让我们拿此事与另外一个典型的自欺案例进行对比：一名癌症晚期患者，经研究自欺的专家讨论后，确定为自欺的个案。[8]这名病患者经诊断罹患恶性肿瘤，癌细胞已快速扩散，无药可医，但他坚信自己一定会好起来。换言之，他怀着虚假的信念，相信自己可以痊愈，尽管相反的证据俱在，他知道自己日益虚弱，疼痛不断加剧，但他坚信这些都只是暂时的。马洛伊也怀着虚假的信念，相信航天飞机能够安全升空（我想应该排除他确定知道航天飞机将爆炸的可能性），尽管有着相反的证据，他知道工程师们认为寒冷的天气将使橡胶封圈失效，但他认为这是小题大做而置之不理。

癌症晚期患者与马洛伊究竟是存心说谎，或者两人都是自欺的受害者？以上所描述的还不足为据。构成自欺的关键条件是，受害者对于自己所怀的虚假信念不知道动机何在。*癌症晚期患者完全不知道，他的谎言（虚假的信念）是因为自己无法面对死亡逼近所产生的恐惧，但马洛伊并不具备完全不知道虚假的信念从何而来这个条件。马洛伊叫伦德戴上他的"管理帽"时，显示他意识到自己需要采取某些动作，借以维持信念：发射必须进行。

诺贝尔物理奖得主理查德·费曼（Richard Feynman）博士受命加入调查"挑战者"号灾难的委员会。对于影响马洛伊的管理心态，他如此写道：

> 月球计划既然已经成为过去，航空航天总署……为了说服国会，唯一能够抬得出来的计划就只剩下航天飞机这一项。为了达到目的，就有必要——至少在这个案子上绝对有必要——予以夸大，夸大航天飞机的经济性、经常性、安全性，以及对科学发现的重要性。[9]

《新闻周刊》则评论说：

> 在某种意义上，航空航天总署成了自己夸大宣传的受害者，仿佛航天飞机真的就像巴士一般，可以定时发车似的。

---

* 由此看来，自欺可能只是弗洛伊德"压抑"概念的另一个名称。但至少有两点差异。以压抑来说，信息被隐瞒而不自知，是由于人格结构的深层需求而产生的，在自欺中通常却不是这样。另外，有人认为，让自欺者面对真相，自欺便不攻自破；但以压抑来说，即使面对真相，也不知其为真相。相关讨论参见Lockard和Paulhus, *Self-Deception*。

航空航天总署里面，具有这种夸大倾向的人不在少数，马洛伊只是其中之一。他们都担心，如果"挑战者"号第四度延期，将引起国会不满，负面宣传势必影响未来的预算分配，航空航天总署的名声将再次受损似乎是一定的。至于天气所造成的问题只是可能，是不确定的，发射是否会发生爆炸，甚至连反对发射的工程师也不能绝对确定。某些工程师事后指出，爆炸发生的前几秒钟，他们还在想，应该不会有事。

马洛伊必须为他的错误判断负责，他的决定对管理阶层的影响比工程师的疑虑更有分量。火箭专家苏伊（Hank Shuey）检讨各项证据后说："设计没有问题，问题出在判断。"我们不应将错误判断归咎于自欺，同时更要谴责马洛伊未将自己的作为及其原因向上级呈报，毕竟他们才是拥有最后决定权的人。马洛伊之所以会将那么大的责任揽到自己身上，费曼提出了一个极具说服力的解释：

> 那些家伙拼命想让国会满意，什么话（问题、危险等）都听不进去，最好是什么都听不到，至少还可以是"诚实的"——他们可不想对国会说谎！就是在这种心态下，态度开始出现变化。基层不赞成发射，但大老板与中间管理阶层的想法却不确定，他们或许会说："有问题可是你们说的，真有的话，就不要飞，等搞定再说。"但也可能会说："飞，飞，想办法飞，不然太难交代了。"甚至说："别告诉我，我不要听那些有的没的！"或许他们不会明说"别告诉我"，但他们不鼓励讲真话，意思应该也差不多。[10]

马洛伊决定不将反对意见往上呈报，可以视为隐瞒实情的欺骗。我们在第2章为谎言下过定义：一个人有选择性地故意让另一个人在事先不被告知的情况下受到误导。只要合乎这些要件，不论捏造或隐瞒关键信息都是说谎，只是技巧不同，效果都是一样的。

事先被告知与否正是关键所在，演员之所以不是说谎者，关键在于观众知情，知道演员只是在扮演一个角色；在另外一些场合，情况比较暧昧，例如扑克牌局，虚张声势这类的欺骗，就是合法的；又如房地产销售，没有人相信业务员会泄露出底价。如果费曼说得没错，航空航天总署的高层不鼓励讲真话，真的说了"别告诉我"或类似的话，那就已经构成事先知情，马洛伊或其他什么人也就明白，坏消息或困难的决定就不要往上报，如果确实是如此，马洛伊未将信息呈报就不能算是说谎，因为上级已经授权他隐瞒，上级也清楚，即使有问题，他们也不会知道。在我看来，马洛伊不往上呈报固然有责任，上面的人即使未被告知，也脱不了关系，因为上级不仅有权力决定最后的发射，而且有责任营造马洛伊的工作氛围。马洛伊做出错误判断，是他们所提供的环境造成的，是那种工作氛围使得马洛伊自作主张，没有把决定权交上去。

费曼注意到，类似的状况也出现在伊朗-康塔拉案中，那些中层官员拿不准向里根总统汇报所作所为的尺寸。具有最后决定权的人营造了一种氛围，让部属以为，会让长官下不了台的事，长官宁愿不想知道。如此一来，总统虽然可以推得一干二净，却也毁了体制和伦理。美国前总统杜鲁门（Harry Truman）说得好：

"到我这里说了才算。"总统或企业的CEO必须监督、评估、决策，并为最后的决策负责。舍此不为，短期或许有利，但却伤害了组织，鼓励越权者的大胆妄为，并制造特许说谎的环境。

托马斯法官和希尔教授

1991年秋季，美国最高法院大法官的被提名者托马斯（Clarence Thomas）和法学教授希尔（Anita Hill）之间截然相反的证词为说谎提供了大量令人警醒的教训。在参议院准备任命托马斯最高法院大法官一职的前几天，电视上播出了戏剧性的对质情景。希尔教授向参议院司法委员会作证说，在1981—1983年，她刚来到教育部的公民权利办公室，当时托马斯是同等就业机会委员会的领导，而她是托马斯的助理，此时她遭遇到了托马斯的性骚扰。"他对我夸夸其谈那些在色情电影中看到的画面，包括女性兽交、群交和强奸……他谈论赤裸裸的色情场景，谈论各种性交行为，满是污言秽语……好几次，托马斯比画着给我吹嘘他的性能力……他告诉我，假如我将此事告诉任何人，那他的职业生涯也就毁了。"讲述此事时，安妮塔镇定自若，她陈述得无懈可击，很多人都非常信服。

安妮塔作证后，托马斯立即否定了所有指控："我并没说，也没有做安妮塔所宣称的那些事情。"托马斯说："我喜欢用毫不含糊、确凿无疑的陈述来表明我的态度，我否认今天针对我的每一项指控。"对于司法委员会损害了他的名誉，托马斯表现得极为生气，托马斯宣称他是一个种族歧视的受害者。"恐怕我将不

第10章 公共领域的谎言

图14　克拉伦斯·托马斯法官

能摆脱这些指控,因为他们所用的是在这个国家里对于黑人最恶毒、最老套的攻击办法。"对于参议院让他承受如此折磨,托马斯抱怨道:"与其待在这种人间地狱,我宁愿选择接受一颗刺杀者的子弹。"他还说,听证会"就是对于桀骜不驯的黑人所施加的高科技的私刑"。

当时那一期的《时代》周刊用头号大标题写道:"举国瞩目,两个言辞凿凿的可信证人对于一件几乎十年前发生的事情提出了截然相反的证词。"在内文中,专栏作家吉布斯(Nancy Gibbs)写道:"即使是在听完所有令人痛心的证词之后,又有谁能够自信地表示,他知道了事实的真相,知道了谁才是真正的说谎者?"

我所研究的焦点不是托马斯的证词是否比希尔的证词可靠,也不是某个人过去的历史或第三方的证词,而仅仅是希尔和托马斯作证时所分别表现的行为。只考虑他们的行为，我没有发现任何新的或特殊的信息。我只能注意到对于媒体来说是显而易见的事情，那就是两人的言谈举止都相当自信。尽管如此，但是从这场关于谎言的对质中，从这种毫无行为线索的情况中，我们也能接受一些教训。

当着全国的面故意说谎，对谁来说也不容易。两个人都面临着巨大的风险。想一想吧，如果他们当中有人说了谎，而此人或者另一个人被媒体和美国人民无论是正确地还是错误地断定为说谎的话，那么他将面临怎样的结果。但这样的事没有发生，因为两个人看起来都像是在说实话。

假设希尔是诚实的，而托马斯决定故意说谎。如果他参考了本书的第2章，他会看到我的建议：掩盖担心被识破的恐惧感的最好办法是用另一种情绪作为伪装。我在书中根据厄普代克的小说《求婚》中的例子加以推演，说明不贞的妻子如何通过咄咄逼人的态度而愚弄她起了疑心的丈夫，她表现得异常气愤，迫使丈夫不得不为自己的怀疑辩解。事实上，托马斯也就是这么做的。他极度愤慨，但不是针对希尔，而是针对参议员。因为唤起每一个平素就厌恶政客的人的同情，并把自己表现得像《圣经》中与强大的歌利亚战斗的大卫一样，他将由此获益。

正如托马斯攻击希尔的话，他将丧失别人对他的同情一样，参议院如果攻击托马斯的话，也将丧失同情，因为托马斯把自己描述为一个因为桀骜不驯而被"私刑"相加的黑人。假如他准备说谎的话，那么他不去收看希尔的作证也是有意义的，因为这样的话，参议员们就不太容易问到细处。

第10章 公共领域的谎言

尽管这种推理线索应该会使那些在听证会之前就反对托马斯的人感到高兴,但这并不能证明他在说谎。假若他讲实话的话,他也可能攻击参议院司法委员会。如果希尔是说谎者,托马斯更有权对参议员公开听取她的故事感到愤怒,而且是在这样一个非常的时刻,即他的政敌已经放弃了阻止他获得任命的时候。如果希尔是说谎者,托马斯也可能会极为沮丧而气愤,以致不能忍受观看她在电视中作证。

希尔会不会是在说谎呢,我想似乎不太可能。因为如果她说谎的话,她应该担心被识破,但她却没有显示出任何的恐惧。她的作证沉着而冷静,很少有任何情绪的信号。但是缺乏说谎的行为线索并不能说明一个人就是在说谎。希尔有充分的时间可以准备并排练她的故事,但她能做得如此自信吗?似乎不太可能。

图15 安妮塔·希尔教授

尽管比起希尔来说，托马斯更可能是说谎者，但是在我看来，仍然有第三种可能性存在，并且是最可能的情况。那就是：二者没有一个人说实话，也没有一个人说谎。假设确实发生了一些事情，但是它既没有希尔所说的那么多，也没有托马斯所承认的那么少。假如希尔的夸张和托马斯的否认都被再三再四地重复的话，那么等到我们看他们作证的时候，他们就几乎没有可能再记起他们所说的并不是完整的事实。

托马斯也许已经忘记了自己的所作所为，即使他记得的话，他可能只记得一个自我洁化的版本。此时，他对于希尔的指控感到愤怒将完全是正当的。他没有说谎，因为他所记得的事情就这样，他讲的是实话。此外，假如希尔因某种理由（可能是轻微的或公开侮辱的，可能是真实的或想象的，也可能是其他情况）而怨恨托马斯的话，她也可能随着时间的推移在事实的基础上逐渐添油加醋，夸大其词。因为她只记得并相信这些，所以她也不能算是说谎。这有点类似于自欺的情形，但关键的区别是，在这个例子中，对虚假事实的相信是随着时间的推移逐步地建立了起来的，不断重复，不断添枝加叶。当然，一些自欺的研究者，也许并不认为这是一个多么重要的区别。

从他们的行为无法区别谁的讲述才是真实的，是托马斯在说谎，还是希尔，或者他们都没讲完整的事实。然而，当人们对性骚扰、对参议员、对男人，以及什么人才能成为大法官等问题持有强烈的看法时，就很难容忍一个事情没有结论，不了了之。面对暧昧的事实，大多数人选择的解决办法是，根据自己对二人言行的分辨，来确定谁是诚实者。这个结果通常就是他们最初时所同情的那个人。

在这个案例中，说谎的行为线索并没有用，但是我们应该知道这种线索何时有用，何时没用，也应该知道当我们不能分辨何人在说谎时，将如何接受这一现实。性骚扰指控的法定时效是90天，设定这个时效的重要理由就是，因为此时事实还比较清晰，说谎的行为线索也更容易发现。如果我们能在这件性骚扰案的案发后几周之内，观看他们每个人的作证，将会有很多机会根据行为线索分辨是谁在说谎，也许此时所指控并被否认的内容与事实已经有所出入了。

一个谎言的国度

若干年前，我认为美国已经变成一个谎言的国度：从约翰逊的越战谎言、尼克松的水门丑闻、里根的伊朗–康塔拉案、参议员爱德华·肯尼迪（Edward Kennedy）在一名女性朋友死亡案件中的暧昧角色，到参议员拜登（Joseph Biden）的剽窃，还有前参议员哈特（Gary Hart）在1984年竞选总统期间的婚外情谎言。不仅政界如此，商界于今尤胜，华尔街金融界丑闻不断，甚至体育界也不能幸免，入选棒球名人堂的皮特·罗斯（Pete Rose）隐瞒赌博、奥运健将约翰逊（Ben Johnson）隐瞒服用禁药等说谎事件比比皆是。直到1990年，我有机会到俄罗斯进行为期五周的讲座访问，我的看法才有所改观。*

---

* 1991年12月25日苏联总统戈尔巴乔夫宣布辞职，次日苏联宣布解体。本节中的俄罗斯和乌克兰均指其加盟共和国而言。——校者注

1979年我曾由富布莱特法案基金支持作为访问教授来过俄罗斯，1990年再访俄罗斯时，我发现这里的人民开放和坦率了许多。他们不再担心与一个美国人交谈，也不再畏惧批评政府。在那里的五周时间，我看见当他们知道以前不曾怀疑过的事情原来是一个谎言时，他们是多么震惊。一个显著的例子就是，二战期间列宁格勒（即今圣彼得堡）的人们到底遭受了多少苦难，如今这个真相被揭露了。

在1941年纳粹德国入侵苏联之后不久，纳粹军队包围了列宁格勒，这场围困长达900天，据说有150万人死于此地，其中许多人是被饿死的。我在那里所遇到的几乎每一个成年人都告诉我，他有家庭成员死于围困。但是正值我访问期间，政府宣布，死于这场围困的平民数字曾经被刻意隐瞒了。当5月8日整个国家庆祝战胜纳粹的胜利时，苏联政府宣布战争中的人员伤亡是如此之高，因为没有足够的军官来指挥军队。政府说，斯大林曾在战前的肃清运动中杀害了很多自己的军官。

不仅以前未被怀疑的谎言被揭露了，而且新的谎言还在继续。戈尔巴乔夫（Mikhail Gorbachev）执政一年之后，一场灾难性的核事故发生在切尔诺贝利。甚至当辐射尘已经扩散过东欧到达西欧的部分地区时，苏联政府仍在否认所发生的一切。在瑞典科学家从大气中测得高剂量辐射三天以后，苏联官员承认发生了一起大事故，并造成了22人死亡。几个星期之后，戈尔巴乔夫公开发表了演说，但他的大部分言辞都在批评西方的反应。政府从未承认，那一地区的人们没有被及时撤离，以致许多人患上了辐射病。俄罗斯科学家现在评估，因切尔诺贝利核事故而去世的人数总和可能达一万人之多。

我是从一位乌克兰物理学家的口中得知这一切的，他在头天晚上到达基辅的火车上和我坐在了一起。他说，当局官员撤走了他们的家属，但是其他人却被告知这里是安全的。这位物理学家现在正在治疗一些年轻姑娘的卵巢癌，这种病不应该见于她们这个年纪。"在患辐射病的孩子们的病房，他们的身体在晚上发光。"因为语言交流的障碍，我不能确定，他所说的这句话是字面意思还是在打比喻。他还说："戈尔巴乔夫对我们这些科学家也说谎，他知道发生了什么，也知道我们这些人知道他在说谎。"

我遇到了一个心理学家，他曾被派往切尔诺贝利附近采访那里的居民，以评估他们在三年之后的心理压力如何。他认为，假如他们不是有那么强烈的被政府抛弃感，他们的情况应该已经部分好转了。他做出的职务建议是，请戈尔巴乔夫对全国民众发表演说，做类似如下的陈词：

> 我们犯了一个严重的错误，低估了辐射的严重性。我们早就应该撤离你们，更多的人，更快的时间，但我们没有地方安放你们。并且，我们一旦知道了我们的错误，就应该早点告诉你们，但我们却没有。现在我们让你们知道真相，并知道国家为你们难过。我们将给你们所需要的最好的医疗照顾，并为你们的未来祈祷。

他的建议最终泥牛入海，没有下文。

对于切尔诺贝利事件的怒气远未平息。1991年12月初，也就是事故发生五年多之后,乌克兰国会要求对戈尔巴乔夫以及17名其他苏联官员和乌克兰官员进行起诉。负责调查此次事故的乌克兰立法委员会主席亚沃里夫斯基(Volodymyr Yavorivsky)说,所有领导人,从戈尔巴乔夫到电报的译码员,都知道放射性污染的严重程度。乌克兰领导人说戈尔巴乔夫总统"曾亲自参与掩盖放射性泄露的地区范围"。

在美国,关于说谎的政客有个笑话:"政客说谎的时候,怎样才能看得出来?"答案是:"只要他嘴皮子一动,你就知道了!"访问俄罗斯之后,我相信,美国其实还不算太差。对领袖人物的诚实,我们至少还有所期待,虽然我们也明白,他们很难做得到。在美国,大部分人还相信法律是公正的,即使有人认为他们有权违法犯纪,但毕竟是少数。在一个民主国家,只要有大部分人在大部分时间相信政府是在说实话,而政府也对公平和正义有所允诺,那么它也就能够继续运作下去了。

假如信任荡然无存,那么任何重要的关系也不能幸免。假如你发现你的朋友背叛了你,为了他自身的利益再三说谎的话,那么友谊就免谈了。假如婚姻中一方发现配偶不止一次地再三欺骗自己,那么婚姻也就名存实亡了。我怀疑,假如人民发现他的领导人总是说谎的话,除非使用力量来压制自己的人民,否则任何形式的政府都不可能长期存在。

我不认为我们已经到了这种糟糕的境地。官员的说谎仍然有报道价值,他们被谴责而不是被钦佩。谎言和腐败是我们历史的一部分,都不是新事物,但它们仍然被看作特例而非常态。我们仍然相信我们能把这些败类清除出去。

第 10 章 公共领域的谎言

水门案与伊朗-康塔拉案等，似乎证明美国的体制已经出了严重的问题，但也可以证明恰好相反的观点。尼克松下台了，福特继任就职时，最高法院首席大法官伯格（Warren Burger）主持宣誓，对一名在场观礼的参议员说："这就是体制，感谢上帝，它还在运作。"[11]诺思中校、波因德克斯特中将，以及现在的一些其他人，便因对国会说谎而受到了起诉。记得伊朗-康塔拉案在众议院举行听证期间，众议员汉密尔顿（Lee Hamilton）谴责诺思中校时，引用了《独立宣言》的起草人之一杰斐逊（Thomas Jefferson）的名言说道："治理之道，诚信而已。"信哉斯言。

第 11 章

新进展与新想法

人类祖先的社会环境并未为我们准备足够的条件,让人类练就一身抓谎的本领。在现代工业社会里,情况几乎倒了过来……因此,我们今天是生活在一个鼓励而非打压说谎的环境中,要隐瞒证据与行为容易得多,因此,根据他人的言行举止加以判断的需求,也就相对增加。

这一章是专为本书的第三版所补写,加入一些以前所没有的新材料。首先,在说谎与提供错误信息之间,提出一些新的区别方法;其次是讨论说谎的动机;最后,将详尽说明抓谎不力的多种原因。在这一部分中,我提出了两个新的发现:一是我们现在通过面部表情抓谎的能力比我在前面章节所讲的更为成功和有效;二是我们发现了一些职业群体,它们在利用行为线索抓谎的准确度方面堪与国家机密局相媲美。[*]

---

[*] 我要感谢伦敦经济学院的 Helena Cronin,因为他向我提出了一个重要问题,为什么进化没让我们成为更好的抓谎者。我也要感谢罗格斯大学的 Mark Frank 和海法大学的 Richard Schuster,因为他们对本章的初稿提出了很多有益的批评。

新的区别

博克（C. Bok）为有意隐瞒所下的定义是保密（secrecy）。[1]我认为这个定义会造成混淆，因为保密与隐瞒之间，区别的关键在于是否表明了不愿意透露信息的态度，如果表明了不愿透露，我认为才是保密。所谓秘密，是指我们有权不透露，以保持其私密性的某些信息。秘密可以只属于一个人，也可以是两人或多人之间的事，彼此间有共识，不为外人所知。举例来说，我问女儿是否有男朋友，她可能对我说："这是秘密。"如果她确实已有男友却不告诉我，这种隐瞒因为已承认是秘密就是保密；再假设，我虽未问她这个问题，但在我们的言谈之间，她明知道我关心这回事，如果她确实已有男友却不告诉我，那就是在隐瞒，而不是保密，因为她没有提前声明她有不愿透露的权利。不过女儿的这种隐瞒也不算说谎，因为，她也并未承诺这种事一定要告诉我。

不信守承诺也不算说谎。美国总统克林顿就任的前一周，一名记者指责他违背了对海地移民的承诺，因为他在竞选期间曾批评前任布什总统的相关政策，如今自己却未曾改弦更张。克林顿略显不悦地说，如果环境变了，他的政策还是不变，美国人民一定会嘲笑他愚蠢。依我的看法，在这个问题上只有一个情况，克林顿才算说谎，即在他批评布什的时候，已经知道自己一定会走布什政策的老路。极为类似的情况是，布什在任期结束前加税，也曾被指责为说谎；早先在竞选时，他确实承诺不加税，但如果能证明，他在做这项承诺时，心里想的却是非加税不可，那么就可以为他贴上骗子的标签了。

忘记也不算说谎，虽然有很多人说谎被发现时，常用忘记作为借口。一个人做了令自己追悔莫及的事情，通常是不太可能会忘记的，但若真的忘了，就不该认定是在说谎，因为当事人无法做出说与不说的选择。但是一个人是真的忘了，还是拿它作为说谎的借口，通常是不大可能判断出来的。

对真实情况做出错误的陈述，当事人如果并非存心误导，也不应被视为说谎，因为当事人根本不认为自己正在做的事情是要骗人的。为什么要把这叫作错误的陈述呢？这可不是语义学或定义上的事情那么简单。如果一个人在做某件事的时候并不相信他是在欺骗，那么我将料想他的行为是诚实人的举动。如果一个人讲述某件事时并不相信自己是在说谎，那么就应该没有说谎的行为线索出现。对于这种猜想，我并没有证据，但它是从我有关行为会背叛谎言的总体理论上推导出来的，而这个理论是受其他证据支持的。[2]在很多种情况下，人们都会相信自己所提供的错误信息是真实的。

人们对事情做出错误的解读，也是常有的事，特别是其他人行为的含义，或者引导别人做某事的动机，更容易引起误读。在解读一件事情时，有时是以当时的想法切入，有时则是顺着自己的愿望去诠释，因而造成误读，这并不意味着他一定是在说谎。同时，我也不认为这种情形一定是所谓的自欺，即说谎说得连自己也信了的情形。并不是每一种误解和曲解都是自欺。

试以强暴案为例，某人被控实施强暴，但他声称对方是自愿的。虽然这可能是强暴者害怕受到制裁常用的说辞，但在没有充分证据之前，他的"声称"可能是在说谎，也可能是诚实的，尽

第 11 章 新进展与新想法

管可能性不大。假设那是一次约会时的强暴，受害者既羞且惧，当时仅抗拒过一次，略作挣扎便予放弃，强暴者有可能对受害者最初的抗拒做了错误解读，认为她是害羞，并因为对方接下来未再抗拒，而将她的放弃与忍受误解为同意。强暴者是自欺的受害者吗？我不认为如此，但如果他是为了要满足自己的需求，故意误解对方的行为反应，而自己却未意识到这一点，那就是在自欺了。强暴发生了吗？我认为答案一定是肯定的，即使强暴者并不如此认为，而且在他声称是受害者默许时，说的确实也是他所认为的实话。在这种情况下，一个人为自己所做的辩护，从他的行为举止上去检视，可能根本找不到任何说谎线索，因为他"相信"自己所言，不认为自己在说谎。*

当然，某人表现出来的样子十足可信，原因并不仅止于此。天生表演家就有能力全身心地融入所要扮演的角色，当下就能相信自己的所言，行为举止自然也就十足可信了。

相信自己的不实陈述是真实的，一贯的误读只是原因之一。某人可能开始时还知道自己在说谎，但时日一久，却逐渐变成相信自己的谎言了，一旦对自己的谎言信以为真时，表现出来也就会是诚实的。假设有一个人被指控性虐待儿童，但他声称自己是在搂抱孩子玩，并未做出什么不对的、孩子也不喜欢的事情。一开始，他或许还知道自己是在做不实陈述，但经过一段时间，说谎一而再再而三地重复，我相信，他就会认为自己的假话是真的了。我们不难想象，在他的意识里，同时存在两组事物，一是性

---

* Cross 和 Saxe 在对虐童案中使用测谎仪的批评文章中，也讨论这一问题，可供参考。[3]

虐待孩子的真实记忆，二是搂抱孩子的虚构记忆。时间一久，真实记忆逐渐被掩盖，虚构记忆却招之即来，这时说起谎来自然神态自若。

再看一个例子，假设有个学生故意说谎，说老师调戏她。但她可能只是因为考试没有考好，在班上被老师当众羞辱，怀恨在心而心存报复；学生如果为自己的报复找理由，可能会推想，这种老师啊，肯定是想调戏她，迟早会去调戏她，甚至很可能已经调戏过其他同学，诸如此类等。我相信，日子一久，一再重复和添枝加叶的话，学生真的会相信自己受到了老师的调戏。

这种例子相当难处理，因为我们不知道什么时候会发生。孩子是否比大人更容易相信自己的谎话是真实的，或是这种现象跟某种人格特质有关，都还无从得知。记忆是真实的，还是部分或者完全虚构的，我们至今仍无法确定。但是我们可以区别不实的陈述，不过条件是陈述者必须知道自己正在做不实的陈述，关于这一点后面还会谈到。

说谎的动机

我对儿童进行访谈[4]，并对成人进行问卷调查，大概可以得出9种不同的说谎动机。

1. 避免受到处罚。无论成人还是孩子，这是最常被提到的说谎动机；之所以会受到处罚，可能是行为不当，也可能是不小心犯错。

2. 原本可以得到的奖赏，不说谎可能得不到。无论成人还是孩子，这是次多的说谎动机。

3. 为了保护别人免于受罚。

4. 为了保护自己免于受到伤害的威胁。与免于受罚不同，受到伤害的威胁并非因为犯错，例如独自一人在家的小孩，告诉门口的陌生人，父亲正在睡觉，让他等一会儿再来。

5. 为了让别人看得起自己。

6. 避免社交场合的尴尬。例如说保姆有事，借此摆脱一次无聊的聚会，或者说要去应门，借此停止一次电话交谈。

7. 为了避免丢脸。例如小孩尿裤子弄湿了座位，却说是弄翻水杯造成的，若不是害怕受罚，就是避免丢脸。

8. 为了保持秘密，完全不加声明地将某些信息据为己有。

9. 为了行使凌驾于别人的权力，控制别人想要知道的信息。

我不敢说这9点已经涵括了所有的说谎动机，但至少我所调查的结果都囊括于此。至于另外还有一些微不足道的谎言，例如基于礼貌的谎言，就不太容易归入此中。不过按照我的定义，既然是遵循礼数，就暗示着事先声明了，也就不算是说谎了。还有就是为了保持生日会惊喜的谎言，这种谎言我暂且把它放入第8点为了保持秘密吧。

新的结果

在本书中，我一直强调根据说谎的行为线索抓谎是多么困难。我们近来又有很多发现，一些强化了这个观点，另一些则意味着似乎并不那么困难。在本书前面章节所提过的关于偷钱的说谎实验和关于意见的说谎实验中,我们仅仅基于面部表情的测量,就成功地识别了超过80%的案例。我预期,当我们增加了对身体行为、声音和言辞的测量之后,我们的正确率将达到90%。但应该记住,这些测量将花费很多时间。否则,正如我曾经指出的,我们发现大多数只看了一遍录像带的人,在鉴别录像中的护理学生是否说谎上,正确率比随机猜测好不了多少。

我们已经有证据可以说明抓谎的总体能力到底如何。[5]我们发现,偷钱实验的抓谎准确度与意见实验的抓谎准确度十分接近。我相信,之所以会如此,是因为当说谎代价很高时,无论谎言的内容是什么,行为线索都是类似的。当然,不同的谎言所侧重的行为线索的类型可能也会不同。例如,关于意见的谎言就比关于偷钱的谎言在言辞内容上线索更多。不管怎么样,在任何一种谎言中,一个人言辞越多,被正确判断的可能性就越高。优秀的审讯者都知道其主要任务就是让嫌疑人多说话,越多越好。因为这样的话,不仅将有更多的言辞上的线索,而且当嫌疑人说谎时也将有更多表情、声音和身体行为的线索。

我和弗兰克的一项尚未发表的研究表明,说谎的能力超越说谎的类型。在意见谎言中成功说谎的人往往也能在偷钱谎言中成功说谎。

我们又新发现了三种职业群体,它们每个群体在抓谎准确率上都超过半数。[6]

第一个群体是由不同联邦机构的官员组成的,他们参加了我所开设的根据行为线索抓谎的一日研讨班,没有人被迫参加这个课程,他们都是自愿的。研讨班正式开始之前,我们要对学员们进行一个抓谎能力的测试，这些联邦官员是和其他群体一起测试的，他们的结果要比一般执法人员或联邦法官准确得多。

第二个群体是由各种警察部门的成员组成的，他们自愿参加我所开设的教警察如何主导审问的双周研讨班。这些警察大多都素有审问专家的名声。他们抓谎的准确度比一般执法机构的成员更高。

第三个群体是由私营的临床心理学家构成的，他们自愿选择放弃了两天的收入而参加了一个关于欺骗和行为线索的双日研讨班。比起那些没有选择此班的心理学家以及学院派的心理学家，这些临床心理医师在抓谎的准确度上更胜一筹。

国家机密局、联邦官员、洛杉矶地方警察和临床心理学家，这四个准确度较高的群体中，没有一个人成绩低于50%，而超过三分之一的人成绩高于80%。然而其他群体，只有10%的人能达到80%，而很多人都只有50%甚至更低。

综观我们所曾研究过的这些人，精神病医生、法官、律师、警察、联邦官员、心理学家等等，我们发现，年龄、性别与工作经验和抓谎的准确度关系不大。那些抓谎最准确的人对自己的能力也最为自信，但是自信与准确度之间并无明显的关联。真正密切相关的是辨识微表情的能力，这种能力可以帮助人们提高抓谎的准确度，无论是偷钱实验还是意见实验，都概莫能外。

这些最为准确的群体在抓出说谎者方面比其他群体要好得多，但是在确定诚实者方面却好不到哪儿去。这就告诉我们，在如何鉴定说谎嫌疑人是诚实者方面，培训的需要还是十分迫切的。

抓谎失败的原因

接下来我们讨论一下人们的抓谎能力。有些学者认为大部分人的抓谎能力都很低，但其证据主要来自以下类型的实验。在这种实验中，征募学生来说谎或说实话，述说内容通常对他们意义不大，既与他们的过去无关，对未来也没有影响。有时候会给他们增加点刺激，但我看来刺激都很弱，譬如告知他们说谎能力是很重要的，成功的话就表示你聪明、能干等等。最后再将这些学生说谎录像播放给其他学生看，要求他们指认谁在说谎，谁在说实话。结果大多数人的抓谎准确率是50%，即相当于随机猜测，一些人则仅仅是稍高于此。

但我们的实验不同于上述做法。说谎者所说的谎言必须与其人生有关，并且成功或失败的代价我们都尽可能设置得很高。因为只有代价极高才会使说谎的情绪（害怕、罪恶感、兴奋或欺骗的快感等）出现，并成为说谎线索。这些强烈的情绪不仅会提供说谎的行为线索，也会扰乱说谎者的认知进程，导致说起谎来闪烁其词、磕磕绊绊、显得很假。以高代价的谎言作为研究对象，还具有社会意义，因为社会最关心的，其实是这类具有现实性的谎言。

在我们很早做过的一个实验中，我们考察了护理学生在观看截肢手术和烧伤治疗的影片后，隐瞒负面情绪的说谎能力如何。她们有很强的动机去完成这一谎言，因为她们认为我们的实验给她们提供了一个机会来锻炼这种技巧，而在其未来的工作中，必然将面临这种困扰。在另一个实验的设定中，偷了50美元的测试对象如果能让抓谎者相信他们并没有偷，那么钱就归他了，而那些没有偷钱的测试对象如果让抓谎者相信他们没有偷的话，也将有10美元的酬劳。在我们最近所做的一个实验中，我们要甄别的是，测试对象对感受强烈的社会问题是否说出了真实的意见，如果如实说了而被采信将获得10美元报酬，如果说了与真实想法相反的观点而被采信将获得50美元的报酬。

我们最近所做的这个实验，我们给了实验对象自己选择说谎或是说实话的机会，以便让实验的情况更贴近真实生活。结果大部分人都选择不说谎，他们的理由很多。其中一个原因是，实验对象所考虑的是他们过去说谎几乎总是被抓。这些人除非被实验者指定要去说谎，否则他们不会主动选择说谎。因此，如果在说谎者的样本中，包含这些蹩脚的说谎者的话，那么抓谎准确率显然会被夸大。事实上，以前绝大部分的研究，无论真人抓谎，还是测谎仪测谎，测试对象都没有自己选择说谎与否的机会。但也有个别例外，在第7章所讲述的测谎实验中，研究者通过技术手段可以知道哪些警察在给自己批改职务资格考试的试卷时作弊，这些警察的作弊与否就是自己选择的。史蒂夫（J. Stiff）等人的实验以类似的方式知道哪些学生在考试中作弊。[7]布拉德利（M. T. Bradley）在其测谎仪测谎的实验中也给测试对象选择说谎与否的机会。[8]

我们最近的实验还有另一个特色：实验对象被告知，如果被判定为说谎，就会受到处罚，而且处罚不轻。在实验中，不论是诚实人被误判为说谎，或说谎者被侦测出来，所受到的处罚都相同。因此，这项实验可以说是说谎研究的破天荒之举，诚实人与说谎者都会感到害怕，说实话的人担心被冤枉，说谎者害怕被逮到。因为如果只有说谎者害怕，说实话的人毫不在乎，实验就不够切合通常的真实生活了，对抓谎者来说也太容易了。如果说谎者与诚实者都不害怕被处罚，便又无法比拟社会犯罪案件与国家安全案件中的谎言，更不要说夫妻争吵、父母与子女冲突中的蒙骗了。

尽管我们最近的实验已经大不同于过去的研究（或者大多数文学作品中的例子），而更具社会实际性，但无论是真人抓谎还是测谎仪测谎，在准确度上和以往并没有太大的不同。观看录像带做出判断的人，准确率只和随机猜测差不多，或稍好于此。在我们测试过的数千个人中，除了前面提到的四个群体较高以外，其他司法人员（警察、法官、律师）、情报人员与心理治疗医师的成绩都在五成左右。四个例外的群体之一是那些被其部门选作审讯专家来参加为期一周的行为线索抓谎实验的警察，他们在意见实验中的抓谎表现真的十分出色。

在探讨一般人抓谎能力低下的原因之前，先来谈谈我们的研究本身有哪些局限，以致使一般人根据行为线索抓谎的能力受到低估。其中最重要的局限是，这些抓谎者没有付出与自身利益密切相关的代价来促使他尽力抓谎。如果他们做得更好也没有更多的报酬，更何况有些抓谎者纯属是志愿的。而锻炼抓谎能力本身也不是报酬，因为他们大多数人并不靠抓谎谋生。这一局限不仅存在于我们的研究中[9]，也见于其他专门研究抓谎的团队所进行的研究中[10]。我们发现，即使是联邦调查局、中央情报局、烟酒与枪械管制局、药品管制局的审讯人员，法庭的精神病专家，海关官员，警察，法官，律师，等等，在实验中的抓谎能力也不比随机猜测强多少。

假如这些抓谎者不是被动的观察，而有机会问几个问题的话，也许准确度将会有所提高。尽管我对上述情况下准确度到底如何有所怀疑，但我不能排除这种可能性。如果有能力处理嫌疑人所释放的信息的话，就不会太需要提问题了。因此，在很多审问中，都是一个人负责提问题，而另一个坐在旁边静观其变。不过一件有趣的事情，是让专业审讯者在我们的实验中提问题再判断，然后看是否就比那些只看录像带而做出判断的要准确。

另外一个局限是，实验中的抓谎者不熟悉所要判断的对象。抓谎者若对判断对象有一定的了解，的确有提高抓谎准确率的可能。当然，在现实中的很多时候，对于嫌疑人的抓谎就是在事先毫不熟悉的情况下进行的，因此，我们的实验至少对这些情况具有参考价值。但熟悉是否总是有利于抓谎，我对此表示怀疑。虽然熟悉能为甄别嫌疑人的特有行为是否为说谎线索提供判断的基础，但是同时熟悉也会使抓谎者付出一些代价。我们习惯于建立和培养友谊和工作关系，因此尽力保持它们的愿望常使我们对妨碍这些关系的行为线索视若无睹。信任使一个人容易被误导，戒心降低，拿不准的时候往好处想。与嫌疑人有一定关系时，抓谎者还会产生要想看破他还不容易的自信，这种自信本身会使抓谎者轻敌和疏忽。只有当处于一种情况的时候，熟悉才是绝对有利的，这就是抓谎者有充分的理由不信任嫌疑人，并且已经知道这个人说谎时的特征，或者说爱犯的毛病。

观察的时间比较短或许也是局限之一。在我们的实验中，观察者在做出判断前，只能看对方几分钟的谈话表现。但时间长未必就更容易抓谎。我们做过一个实验，将每个嫌疑人的录像放两遍，但是抓谎的准确度并没有提高。此外，我们从我们所做的对行为线索的测量中知道，在更短的表现中都能找到说谎线索。不管怎样，我们不能排除这个局限的可能性。假如给人们一两个小时的时间去判断，准确度可能会有所改善。

批评者也许想知道，抓谎正确率低下是否是因为实验中的行为线索太少了，但是就像我已经说过的，至少我们的实验不是这样。我和同事们对面部表情、声音和讲话方式所做的测量表明，达到高水平的准确率是可能的，80%以上的嫌疑人都被我们正确地鉴定了说谎与否。虽然这些测量需要慢镜头回放，但我们知道通过实时观看录像带也是可能的。我们所研究的一小部分人抓谎正确率已经达到了80%以上，他们在很多不同场景的实验中都表现如此，因此不太可能是侥幸如此的。我们也发现了四种职业群体，其中每个群体都拥有很高的正确率。譬如国家机密局的成员对于情绪谎言的事实准确率相当高，他们所有人的准确率都超过了50%，三分之一的人超过了80%。而被挑选来参加一周课程那些警察素有审讯专家之名，他们对于意见谎言的正确率也与上述情况类似。

尽管在我们的实验中，说谎的代价比起其他人的实验高得多，但是，它们显然还不足以达到大多数犯罪案件或国家安全案件中的水平。假如这些谎言的代价更高点，也许录像中会增加很多明显的说谎线索，最终能提高抓谎的准确度。我不能说没有这种可能性，但是确实有一些职业群体，在判断我们实验中的录像带时准确率很高。为什么其他群体就做不到,这个问题还有待研究。

信息和线索就在那里,一些人就能发现,但大多数人却发现不了。在考虑为什么占压倒性多数的人们抓谎能力如此低下之前,应该说明的是,我们的实验同时还有一个有利于抓谎的特点,它能让我们高估准确率而不是低估。在我们近来的很多实验中,我们明确告知观察者,他们所看到的判断对象中,大约有40%—60%的人在说谎。最初我们并没有给出这项说明,但是发现一群警察几乎把他们在录像带上所看到的每个人都判定为说谎,随后还解释说,每个人都会说谎,特别是面对警察的时候。知道判断对象中说谎者的基本比例是一项有利的条件,能够提高抓谎的准确率,但抓谎者在现实生活中并不能总拥有这项信息。有关这点,我后文还有更多交代。

我承认我们的证据还不足以得出最终结论,但是我们的录像带确实包含着一些行为线索,对于这些线索,一些人能准确地辨识,然而大多数人却不行。为了方便讨论,我们假定这个证据表明:在现实生活中,占压倒性多数的人并不能根据行为线索识破高代价的谎言。好了,我要问的是,我们为什么不能都做得更好?答案并不是我们不在乎对方说谎。事实上,公众的民意调查再三显示,对于领导人、朋友、爱侣的品格要求,诚实始终高居前五项之内。而在娱乐界中,以背叛所致的悲剧为主题的戏剧、电影与歌曲作品,不也不断地涌现吗?

人类之所以是如此差劲的抓谎者,我的第一个解释是这样的:在人类进化的历史中,无论对优秀抓谎者还是对说谎者,都没有准备充足的条件。我怀疑，在人类祖先生活的环境中，不仅说谎的机会不大，说谎而不被发现的机会更是极小，一旦被抓到，所要付出的代价又极高。这一推测如果正确的话，在那种社会条件下，善于说谎者或善于抓谎者，显然都没有被进化所选择的机会。化石记录并不能提供太多有关社会生活的资料，狩猎采集时代的生活面貌，只有靠推想才能得知。在这里，我要谈谈三十年前的个人经验，当时我在今天的巴布亚新几内亚工作，那里尚停留在石器时代，是一种史前文化的社会。

在那个小村落中，房舍都没有门户，每个人都互相认识，彼此间的一举一动全都一览无遗，完全没有个人隐私。在这种情况下，说谎者根本无所遁形，不是被对方或别人注意到与谎言相矛盾的行为，就是被其他客观的证据所揭穿。在我住的那个村落，通奸之类的事情，根本不需要察言观色，通常都是在林子里，直接就被他人撞见了。

在这种环境中，有关思想、情绪或计划的谎言或许比较容易掩饰。但最终，一些谎言是要转化为这样那样的行动的，一旦变成行动，就难逃众目了。基本上，像在这种没有隐私的地方，谎言轻易就会被拆穿，高超的抓谎能力似乎也没有用武之地。

最重要的是，在这种部落社会中，个人的生存有赖于集体的合作。严重的说谎或欺骗一旦被逮到，后果可能是致命的，因为没有人愿意再跟骗子交往并合作，说谎者将受到严重的孤立，没有伴侣、朋友，甚至无法继续在村落中生存，而想换个工作，另找个配偶，或到其他村落去安居绝不是件容易的事。

切尼（D. L. Cheney）和赛法特（R. M. Seyfarth）在著作有关动物欺骗的章节里，阐述了非常类似的观点：

> 一个对谎言的重要约束来自一种特殊的社会结构。生活在稳定群体中的动物，它们如果尝试进行欺骗性的交流的话，将会遇到特殊的问题。……在群居动物中，欺骗如果不想被发现的话，信号可能将更加细微，并且出现的频率更低。同样重要的，假如动物生活于必须在一定程度上协作生存的群体内，协作的需要就能减少欺骗信号出现的概率。[11]

在这种环境中，拥有一些特殊的说谎或抓谎技巧，不会给人带来更多的生存适应能力。因为机会有限，代价太高，所以严重的谎言并不经常出现。谎言被别人怀疑并揭穿，很可能并不是通过观察行为线索做出的判断。（注意，我曾经专门研究过社团内部的谎言，谎言确实可以出现在团体内部，此时谎言的代价与抓谎都与众不同。）

谎言虽然不乏善意的或利他的，但一般人说谎都是基于自利，而且常是以牺牲欺骗对象为代价，本书所讨论的也是这种谎言。为了自利而破坏规则或违背期待，这就是我们所谓的欺骗。为了达到欺骗的目的，有时候要说谎；为了掩饰既有的欺骗，就更需要说谎。受骗之人往往最恨被骗，对任何谎言无不欲除之而后快。但在人类早期的生活环境中，欺骗的发生少之又少，少到不足以为那些拥有超凡抓谎能力者提供更好的生存机会。而且我也指出，在那个几乎没有隐私空间的社会，即使不善于察言观色，欺骗行为仍然难以遁形。生物学家格拉芬（Alan Grafen）写道：

> 欺骗的发生概率必定极低，所以信号才基本上都是诚实的。既然信号得到了最大程度的应用，这就意味着欺骗有利的场合必定极为有限。或许能欺骗获利的发信号者只是少数，或许只有少数的场合能允许发信号者进行欺骗……在进化而来的稳定信号系统中，欺骗的出现是可以预料的，但是，只有当存在着一些理由，使得在大多数场合并不出现欺骗时，信号系统才能保持稳定。欺骗给信号的含义增加了负担，稳定信号系统的核心基础是诚实，如果稳定能得以维持的话，欺骗对信号含义所造成的破坏必定是极有限的。[12]

根据这种推理，欺骗信号（即我所谓的谎言）的发生率应该很低。葛斯麦德（L. Cosmides）与杜比（J. Tooby）的发现显示，人类的演化已经发展出一种倾向，排斥破坏规则，不奖励欺骗者，凡此都说明了欺诈不会经常发生。[13] 然而，我们的发现也显示，要想抓出说谎者，并不能指望我们根据行为线索抓谎的能力，而往往是要靠其他的手段。

总结一下我的观点，我们祖先的环境并不能使我们发展成为机敏的抓谎能手。在我们祖先可能生活的环境中，擅长根据行为线索抓谎的人并不能获得更好的生存机会。严重的谎言很可能并不经常出现，因为缺乏私人空间使得谎言被抓的机会极高。缺乏隐私，也意味着谎言往往是通过直接观察或其他客观证据而被揭穿的，不得不依赖行为线索进行判断的机会将极少。最终，在一个彼此协作、关系紧密的小群体中，当谎言被发现时，个人名声的损失将是惨重而不可避免的。

在现代工业社会里，情况几乎倒了过来。说谎骗人的机会大增，隐私空间唾手可得，到处都是关得紧紧的门户。被逮到了，社会压力不足以造成惨重的代价，大不了换个工作，或换个配偶，甚至可以搬家到陌生的地方，坏名声又不太可能跟着走。因此，我们今天是生活在一个鼓励而非打压说谎的环境中，要隐瞒证据与行为容易得多，因此，根据他人的言行举止加以判断的需求，也就相对增加。

如果我们认同一点，即进化的历史并没有为我们准备条件，让我们具有先天的能力来辨识说谎的行为线索，那么问题是，既然环境已经剧变，为什么在我们成长的过程中，也没有后天学会察言观色就能抓谎的本事？有一个可能，这也是我对人们的抓谎能力低下的第二个解释，即我们的父母不教我们，以免我们戳破他们的谎言。为了保护自己的隐私空间，父母经常需要误导孩子，不让孩子知道自己的所作所为，何时这么做，为何这么做。房事只是这类谎言中最明显的一个例子，父母瞒着孩子的事还不知道有多少。

对于人类不善于抓谎，我的第三个解释是，人们宁愿不抓谎。尽管可能会为此付出代价，但信任比怀疑更有利于生活的和谐。多疑以致造成错怪，起疑者不但不好过，更破坏了彼此的亲近，包括婚姻、友谊或工作关系。朋友、孩子或伴侣说实话，我们固然不能承受怀疑的恶果，但连带的，谎言也会鱼目混珠地掺杂其中。信任别人不仅是必要的,更使生活轻松好过。如此一来,即使放任某些人滥用这种信任,但反正蒙在鼓里,自己倒也相安无事;反倒是疑神疑鬼的人,因此失去了心灵的平静不说,整天提防着别人出卖他们,反而让自己活得很累。我们获得的初步证据表明,生长在公共机构背景下的苦大仇深的孩子,在根据行为线索抓谎的准确度上,比起其他孩子来说要高。[14]这一事实似乎验证了以上这种解释。

对于人类的抓谎能力低下,我的第四个解释是,我们经常需要被误导,于是不自觉地成为谎言的同谋。因为真相大白反而要付出代价,所以我们常常抱着一线希望宁信其无。下面举两个配偶关系的例子。一个带着一群年幼孩子的母亲,想要撕破丈夫外遇的谎言,显然占不到任何便宜。如果丈夫只是逢场作戏,并未把经济资源都转移出去,情况就更是如此了。至于花心的丈夫当然不愿意被抓到,于是各有各的盘算与顾忌,谎言也就不会被揭穿了。第二个同样是愿打愿挨的例子,但谎言更多利他也更多同谋,妻子问丈夫:"舞会里面,你认为有哪个比我更有魅力吗?"丈夫骗她说当然是她最漂亮,尽管事实上不是,但他可不想撩起她的妒火,也不想为这种事情伤脑筋,至于妻子,即使怀疑他口是心非,却也乐得相信。

在一些同谋的例子中,受骗者相信说谎者并不能从谎言中获利,或者即便获利,也是暂时的。对于受骗者如何相信一个打算伤害他的说谎者是坦荡的,让我再次考虑那个也许是20世纪最著名的例子,我指的是英国首相张伯伦和德国元首希特勒在1938年9月15日的会晤。为什么张伯伦就相信希特勒,而并不是谁都相信他，比如英国在野党或其他地方的很多人就都认识到希特勒是个言而无信的人。我相信，张伯伦是无意之间成为希特勒的同谋的，因为他不得不相信希特勒的话。如果张伯伦识破希特勒的谎言，他将不得不面对一个事实，就是他的绥靖政策已经把国家带入绝地。人们可能会问，既然在几周以后，张伯伦将不得不面对现实，那么他为什么不在会晤期间就揭穿希特勒的谎言呢？因为这是事后的理性思索，而不代表当时的心理状态。我们大多数人都有一些心理习惯，就是尽可能地推迟面对不愉快的事情，并且我们常常为此忽视谎言的破绽，成为说谎者的同谋。

张伯伦的例子绝非特例。事实上，受骗者经常不自觉地成为说谎者的帮凶。不愿意承认眼前危机的心理，同样可以解释其他的例子。譬如用人不当的部门经理，为什么会继续对公款受到挪用的迹象视而不见。按常理来说，他越早揭发越好，但从心理学的角度来说，揭发挪用公款的事，意味着他必须马上面对公司的损失，还要面对他没有识人之明的无能。同样，丈夫外遇已经无人不知，唯一不知道的就是妻子，因为她不愿意去怀疑，以致面对危机。或者，吸食成瘾性毒品的青少年确信父母一定知道自己的行为，但父母却不愿意去接受现实，揭穿谎言，因为那样的话，一来承认自己是失败的父母，二来还要面对一堆有待解决的棘手问题。为了一时的苟且，人们总是放任了谎言，即使知道拖到明天情况还会更糟。

中央情报局雇员埃姆斯（Aldrich Ames）1994年因间谍案被捕，更充分地说明了这种放任说谎者的情结。在苏联解体前的九年时间中，埃姆斯曾将与中央情报局合作的苏联线人的资料提供给克格勃,导致多名苏联线人在当时受到处决,但埃姆斯却不是一个沉得住气的家伙,他挥霍苏联提供他的金钱,买豪宅、购名车,花费远远超过薪资所得。中央情报局反谍科探员格里梅斯(Sandy Grimes)最后总算将埃姆斯缉拿归案,她谈到自己的任务时说:

> 你给了他致命一击,但你最大的胜利也是你最惨痛的失败……你逮到了一个间谍,却意味着你的机构里面大有问题;那家伙很早以前就应该被逮捕了!

第五个解释则是来自戈夫曼的大作。[15]我们从小就被教导,在人际交往中要保持礼貌,不该知道的事就不要去凑热闹。一个很明显的例子是,当某人跟我们聊天时,又是挖鼻孔又是掏耳朵,我们总是不经意地去避免直视。戈夫曼还指出,在社交上有时不实的场面话要比真相更重要,这些话往往是被普遍认可的套话,是讲话者乐于负责任的话。前一晚跟丈夫大吵一架的秘书,满脸不高兴地进了公司,老板问道:"一大早的,你没事吧?""没事,我很好。"秘书的假话只是在应付场面,意思是她会好好工作的。至于她心情糟糕的事实真相,老板可能根本就不在乎,只要她不把工作搞砸了就行了。

以上我所提出来的这些解释,并不能解释为什么大多数执法人员与情报人员根据行为线索抓谎能力低下的原因。警察或反谍人员面对嫌疑人时,基本上是采取了不信任的立场,他们不会一厢情愿地被人误导,对于越是不让他们知道的事,就越是想挖出来。既然如此,他们为什么无法在根据行为线索来抓谎上做得更好呢?我认为,问题主要出在两方面:一是基本比例偏高,二是结果反馈不充分。他们所要应付的人,大部分都是存心要骗他们的人,我曾经与他们聊过,据他们估算,说谎的基本比例超过了75%。如此高的基本比例,极不利于他们对细微的说谎行为线索保持警觉。至于他们的取向,往往不是在辨识对方是否说谎,而只是一味地找证据抓人。等到犯下错误,并知道错误的惩罚已经发生时,反馈也为时已晚,无助于修正已经铸成的误判。

换句话说,如果说谎的基本比例降到50%左右,并在每次判断做成之后,给予修正的反馈,那么根据行为线索正确辨识谎言的能力,应有望得到提高。目前我们正在筹备的实验就是朝此目标努力,但我绝不奢望抓谎准确度能够达到100%。有鉴于此,我不认为,测谎所做的判断可以作为呈堂证据。然而,这种结果仍不失为一种有用的初步判断,据此可以有针对性地做进一步的调查,并在适当时候多提一些问题,以厘清言行举止上异常的原因。*

---

* 本章第一部分的主要内容能出现在我为以下书所写的一章中:*Memory for Everyday and Emotional Events*, ed. N. L. Stein, P. A. Ornstein, B. Tversky, and C. Brainerd (Hillsdale, New Jersey: Lawrence Erlbaum Associates, 1996)。最后一部分曾发表于:*Social Research*, 63(3)(Fall 1996): pp.801-817。

结　语

> 我们既能说谎，也能诚实相待；既会辨识谎言，也会懵然无知；既会被骗，也会探知真相。我们可以选择，这才是我们的本性。

我所写的此书，对于抓谎者的帮助应该远多于说谎者。我想，一个人抓谎能力的提高应该比说谎能力的提高更容易些。本书所需要理解的要点，大多都是可以习得的。有关我对谎言所做的分析，平常人足以领会。任何人只要用功，都能够利用书末的估谎要点评估说谎者是否可能露出破绽。至于如何改善辨识说谎线索的能力，光知道原则是不够的，还需要多加练习。任何人只要多投入时间，认真看，仔细听，留意第4章和第5章谈到的各种线索，都会有所进步。我们训练过许多人，教他们如何更用心、更准确地去看和听，大多数人都受益匪浅。即使未经这类正式的训练，自己练习也可以提高辨识说谎线索的能力。

成立一所抓谎的学校，当然可能，但成立一所说谎的学校，那就大可不必了。天生表演家当然不需要，一般人没有这种天分，学也是枉然。我书里的大多数信息，天生表演家可能早就知道并且驾轻就熟了，即使他们自己并没有意识到这一点。说谎也要有天分，不是随便可以学得的，具有表演天赋的人不假思索就能够做出各种表情，给人以他们所想传达的印象，这种人要是说谎的话就不太需要训练。

绝大多数的人则需要训练，但缺少表演的天赋，永远都不可能把谎说得很好。哪些事情会让谎言穿帮，哪些事情又会使谎言显得更加可信，我在书中都解说过，但对一般人未必管用，有时反而会弄巧成拙。仅仅知道该做什么不该做什么，说谎是不会有质的提高的，我也严重怀疑练习能起到什么作用。一个始终意识到自己是在说谎的人，每走一步都要盘算一下，就好比滑雪者在滑雪下坡时每跨一步都要想一下，绝不会是个滑雪好手。

但有两个教训却是例外，对说谎者也会有所帮助。说谎者应该多花些精力在自己的编造的假情节上，充分扩展其细节并牢记在心。大部分的说谎者，往往不能预见自己可能会被问到的所有问题，也不能预见自己可能遭遇的所有突发事件。一个人既要说谎，就要准备周全，对各种可能碰到的状况都想好说辞，并反复排练，多多益善。因为临场想个说辞，既要不迟疑而有说服力，又要跟前面讲过的一致，还要照顾到未来的发展，这需要机智非凡并有极大的心理抗压能力，很少有人能够做得到。另一个教训，读者也许已经从本书中知道，就是说谎要想丝毫不露破绽，那可是难上加难的事。大部分人说谎之所以没被抓到，主要是因为欺骗对象并不十分在意去抓谎，而不是自己多么高明，不留蛛丝马迹。

我并不是真的想去教人们更好地说谎。我认为本书对说谎者帮助有限的想法，是基于推断，而不是证据。我希望我是对的，因为我更喜欢我的研究能帮助抓谎者而不是说谎者。我也并不认为说谎就是绝对的邪恶，许多哲学家都曾令人信服地指出，至少有些谎言在道德上是站得住脚的，诚实有时反而是残忍的。[1]不过我比较在乎的还是抓谎者，这或许是因为，我的工作本来就要以科学的态度去研究人们真正感受的线索，我对伪装感兴趣，但真正的挑战，却是要去发现隐瞒其下的真实情绪。找出真感受与假表情有何不同，发现情绪的隐瞒并不是完美的，并把似是而非的假表情与由衷的表情区分开来，这些研究的过程都是令人充实而满足的。如此说来，说谎的研究也就远不止和谎言打交道，它还让我们有机会看到生活中两股不断冲突的内在力量，一股是由衷而发的，一股却是刻意为之的，并了解人类在多大程度上能够有意识地控制内心世界的外显方式。

尽管我在乎抓谎多于说谎，但也了解抓谎并非永远都是对的。朋友好意地隐瞒心中的不快，你把他拆穿了，可能只会让他更不痛快；妻子不怎么高明地讲了个笑话，丈夫故作开怀，或丈夫得意地讲述自己是如何修好某个东西的细节，妻子假意爱听，如果都要把真相揪出来，那就未免太伤感情。当然，在军事上的欺骗，站在国家利益的立场，说谎者永远是对的，抓谎者反而可恶。例如在第二次世界大战中，只要是同盟国的，谁不希望希特勒在盟军登陆地点的判断上被误导呢？

盟军的欺骗，希特勒显然有十足的权利予以破解。但问题是，抓谎并非永远是合法、正当的。有时候，对方的意图需要被尊重，无论他心里真正所想的是什么。有时候，人们有权希望别人按照自己的表达接受自己。抓谎有时候会侵犯隐私，侵犯个人保留某些想法与感受的权利。在某些情况，例如犯罪侦查、汽车购买、合约谈判等等，抓谎固然是正当的，但在另一些场合，大家都有权利守住自己的方寸之地，个人的情绪与想法是否表达、如何表达，可以自己做选择，而且都希望自己的选择能够受到尊重。

并不是只要排除利他或尊重隐私的情况之外，抓谎者就可以无所顾忌。有时候，被骗反倒相安无事，主人只要看到客人高兴，事情也就过去了，妻子只要相信自己的笑话很棒，也就开心了。说谎者的不实信息有时候不仅中听，甚至可能比真相还中用，譬如老板问你："今天好吧？"如果你不是给他一个假话："很好啊！"而是老实回答："昨晚上在家里大吵一架，今天烦死了！"那问题可能就大了。你虽然说谎，却真诚地表达了你准备放下了昨晚的不愉快，要认真上班的意图。当然，即使在这些善意的例子中，被误导也是有代价的。如果老板确认你真是悲痛不已的话，他可能会更好地调整工作的安排。如果妻子看穿了丈夫的故作开怀，可能会就此下决心把笑话讲好，或者从此以后干脆藏拙。总之，值得注意的是，抓谎有时候会破坏关系、践踏信任、窃取一些有理由不该给的信息。抓谎者至少要了解，抓别人的说谎线索有时会是一种专横——既未得到对方同意，又侵犯了别人的本意。

刚开始研究说谎的时候，我压根不知道自己会发现些什么。关于说谎，众说纷纭的主张充满了矛盾。弗洛伊德宣称：

> 人有眼能看，有耳能听，就能相信没有人能藏得住秘密。就算他双唇闭上了，但他的手指却唠叨不休，全身都流露出破绽来。[2]

但就我所知，几乎天衣无缝的说谎例子不在少数，我的第一个研究就发现，一般人在抓谎上的准确度，比随机猜测好不到哪儿去，即使精神病医生与心理学家也不过尔尔。我总算找到了答案，我对这个答案还算满意：我们说谎既非完美也非糟糕；我们抓谎，既不像弗洛伊德说得那么神，也绝不可能一无是处。事情真是越研究越复杂，因此也越有趣。我在想，我们这种半吊子的说谎能力，跟人类的生存还真是关系密切，甚至可能是必要的。

如果每个人说谎都能天衣无缝，或者根本没有一个人说谎，想想看这世界会变成什么样子。我想到最多的，是与情绪有关的谎言，因为这种谎言最困难，而关于情绪的一切则让我着迷。如果我们全然不知别人的真实感受，如果我们知道我们不可能知道别人的真实感受，那么无足可信的生活必将失掉许多情趣。如果我们确知，每种情绪的表现都只是一种展示，是为了示好、表态或误导，人与人之间一定更为疏离，关系也更不稳固。再设想一下，要是一个刚满月的婴儿，就能跟成人一样掩饰或捏造情绪，其任何一声啼哭都可能是别有用心，那么父母该会是多么手足无措！我们需要相信情绪的真实性是生活的核心，绝大部分人不会也无法在情绪上欺骗我们，我们才能有信心生活。如果情绪的欺骗和思想的欺骗一样自如，如果表情与体态能够像言辞那样随便编造和掩饰，我们的情感生活将会变得苍白乏味，并时刻充满提防,那还有什么乐趣可言?

再假设我们从不说谎,只要心里欢喜就浮现笑容,只要不高兴就失去笑容,生活想必要麻烦得多,许多关系也将更难维持。基于礼貌,为了不让事情节外生枝,隐瞒某种别人不希望你会有的情绪,这一切都再也做不到了。不但无法掩藏自己的情绪,除了独处便毫无机会自己舔舐伤口。再想想看朋友、同事或伴侣,尽管他们在智力、专业能力等其他方面是完全的成人,但如果大家在情绪控制方面都像三岁大的婴儿,这世界该会多么恐怖!

我们既不像婴儿那样毫无遮掩,也不是随心所欲的百变神通;我们既能说谎,也能诚实相待;既会辨识谎言,也会懵然无知;既会被骗,也会探知真相。我们可以选择,这才是我们的本性。

注　释

第1章

1. 我要感谢Robert Jervis的著作: *The Logic of Images in International Relations* (Princeton, N.J.: Princeton University Press, 1970), 因为我很多关于国际骗局的想法都来源于此, 它还使我注意到了Alexander Groth的著作。这段引文的分析见于后者的文章: "On the Intelligence Aspects of Personal Diplomacy," *Orbis* 7 (1964): pp.833-849。引文原载于Keith Feiling, *The Life of Neville Chamberlain* (London: Macmillan, 1947, p.367)。

2. 1938年9月28日在下议院的演讲, Neville Chamberlain, *In Search of Peace* (New York: Putnam and Sons, 1939, p.210, as cited by Groth)。

3. 这一工作见于20世纪60年代末期的一系列文章, 以及我所编辑的以下书中: *Darwin and Facial Expression* (New York: Academic Press, 1973)。

4. 这一工作见于我第一篇有关说谎的文章: Paul Ekman and Wallace V. Friesen, "Nonverbal Leakage and Clues to Deception," *Psychiatry* 32 (1969): pp.88-105。

5. Roberta Wohlstetter, "Slow Pearl Harbors and the Pleasures of Deception," in *Intelligence Policy and National Security*, ed. Robert L. Pfaltzgraff, Jr., Uri Ra'anan, and Warren Milberg (Hamden, Conn.: Archon Books, 1981), pp.23-34.

第2章

1. *San Francisco Chronicle*, October 28, 1982, p.12.

2. *The Compact Edition of the Oxford English Dictionary*（New York：Oxford University Press，1971），p.1616.

3. 见：Paul F. Secord，"Facial Features and Inference Processes in Interpersonal Perception,"in *Person Perception and Interpersonal Behavior*，ed. R. Taguiri and L. Petrullo（Stanford：Stanford University Press，1958）. Paul Ekman，"Facial Signs：Facts，Fantasies and Possibilities,"in *Sight, Sound and Sense*，ed. Thomas A. Sebeok（Bloomington：Indiana University Press，1978）。

4. 对于动物是否能有意选择欺骗行为，学界一直争论不休。见：David Premack and Ann James Premack，*The Mind of an Ape*（New York：W. W. Norton & Co.，1983）. Premack and Premack，"Communication as Evidence of Thinking,"in *Animal Mind—Human Mind*，ed. D. R. Griffin（New York：Springer-Verlag，1982）。

5. 我应该感谢Michael I. Handel，这段文字转引自他极为刺激的文章"Intelligence and Deception,"*Journal of Strategic Studies* 5（March 1982）：pp.122-154。原文见于Denis Mack Smith，*Mussolini's Roman Empire*，p.170。

6. 大多数分析欺骗的研究都使用了这种区别。见：Handel，"Intelligence,"and Barton Whaley，"Toward a General Theory of Deception,"*Journal of Strategic Studies* 5（March 1982）：pp.179-192，该文在分析军事欺骗的时候应用了这种区别进行讨论。

7. Sisela Bok使用"说谎"来指我所谓的捏造，使用"保密"来指我所谓的隐瞒。她认为这种区别在道德上是重要的，因为说谎乍看起来是做了错事，带着负面否定的意味，而保密则不然。（Bok，*Secrets*［New York：Pantheon，1982］，p.xv）

8. Eve Sweetser，"The Definition of a Lie,"in *Cultural Models in Language and Thought*，ed. Naomi Quinn and Dorothy Holland（1987），p.56.

9. David E. Rosenbaum，*New York Times*，December 17，1980.

10. John Updike，*Marry Me*（New York：Fawcett Crest，1976），p.90.

11. Ezer Weizman，*The Battle for Peace*（New York：Bantam Books，1981），p.182.

12. Alan Bullock，*Hitler*（New York：Harper & Row，1964，rev. ed.），p.528.As cited by Robert Jervis，*The Logic of Images in International Relations*（Princeton，N. J.：Princeton University Press，1970）.

13. Robert Daley, *The Prince of the City* (New York: Berkley Books, 1981), p.101.
14. Weizman, *Battle*, p.98.
15. Jon Carroll, "Everyday Hypocrisy—A User's Guide," *San Francisco Chronicle*, April 11, 1983, p.17.
16. Updike, *Marry Me*, p.90.

第3章

1. John J. Sirica, *To Set the Record Straight* (New York: New American Library, 1980), p.142.
2. James Phelan, *Scandals, Scamps and Scoundrels* (New York: Random House, 1982), p.22.
3. Terence Rattigan, *The Winslow Boy* (New York: Dramatists Play Service Inc. Acting Edition, 1973), p.29.
4. 此故事见于David Lykken的著作：*A Tremor in the Blood: Uses and Abuses of the Lie Detector* (New York: McGraw-Hill, 1981)。
5. Phelan, *Scandals*, p.110.
6. Robert D. Hare, *Psychopathy: Theory and Research* (New York: John Wiley, 1970), p.5.
7. Michael I. Handel, "Intelligence and Deception," *Journal of Strategic Studies* 5 (1982), p.136.
8. *San Francisco Chronicle*, January 9, 1982, p.1.
9. *San Francisco Chronicle*, January 21, 1982, p.43.
10. William Hood, *Mole* (New York: W. W. Norton & Co., 1982), p.11.
11. Bruce Horowitz, "When Should an An Executive Lie?" *Industry Week*, November 16, 1981, p.81.
12. Ibid, p.83.
13. 这一想法的启发来自Robert L. Wolk与Arthur Henley的著作：*The Right to Lie* (New York: Peter H. Wyden, Inc., 1970)。
14. Alan Dershowitz, *The Best Defense* (New York: Random House, 1982), p.370.
15. Shakespeare, Sonnet 138.本诗中文译稿，校者采用了屠岸先生的翻译，见其译著《莎士比亚十四行诗集》。

16. Roberta Wohlstetter, "Slow Pearl Harbours and the Pleasures of Deception," in *Intelligence Policy and National Security*, ed. Robert L. Pfaltzgraff, Jr., Uri Ra'anan, and Warren Milberg (Hamden, Conn.: Archon Press, 1981).

第4章

1. "Facial Signs: Facts, Fantasies and Possibilities," in *Sight, Sound, and Sense*, ed. Thomas A. Sebeok (Bloomington: Indiana University Press, 1978), 在上述文章中，我描述了每张脸所能传达的18种不同的信息，它们都是独特个性特征的标志。
2. 见：J. Sergent and D. Bindra, "Differential Hemispheric Processing of Faces: Methodological Considerations and Reinterpretation," *Psychological Bulletin* 89 (1981): pp.554-554。
3. 这些工作的部分见于：Paul Ekman, Wallace V. Friesen, Maureen O Sullivan, and Klaus Scherer, "Relative Importance of Face, Body and Speech in Judgments of Personality and Affect," *Journal of Personality and Social Psychology* 38(1980): pp.270-277。
4. Bruce Horowitz, "When Should an Executive Lie?" *Industry Week*, November 16, 1981, p.83.
5. S. Freud, *The psychopathology of everyday life* (1901), in James Strachey, tr. and ed., *The Complete Psychological Works*, vol.6 (New York: W. W. Norton, 1976), p.86.
6. 弗洛伊德举了很多有关口误的生动简洁的例子，但都不如我所挑选的这个令人信服，因为其他都要从口误所发生的德语环境翻译过来。但布里尔博士是个美国人，弗洛伊德用英语引述了这个例子。Ibid., pp.89-90.
7. S. Freud, Parapraxes (1916), in James Strachey, tr. and ed., *The Complete Psychological Works*, vol.15 (New York: W. W. Norton, 1976), p.66.
8. John Weisman, "The Truth will Out," *TV Guide*, September 3, 1977, p.13.
9. 大量测量声音的新方法有望在未来几年获得进展，对于这些方法的评论，参见：Klaus Scherer, "Methods of Research on Vocal Communication: Paradigms and Parameters," in *Handbook of Methods in Nonverbal Behavior Research*, ed. Klaus Scherer and Paul Ekman (New York: Cambridge University Press, 1982)。

10. 这些结果见于：Paul Ekman, Wallace V. Friesen, and Klaus Scherer, "Body Movement and Voice Pitch in Deceptive Interaction," *Semi-otica* 16（1976）：pp.23-27。这些发现已经被Scherer及其他刑侦人员验证。

11. John J. Sirica, *To Set the Record Straight*（New York：W. W. Norton, 1979）, pp.99-100.

12. Richard Nixon, *The Memoirs of Richard Nixon*, vol.2（New York：Warner Books, 1979）, p.440.

13. Sirica, *To Set the Record Straight*, pp.99-100.

14. Ibid.

15. John Dean, *Blind Ambition*（New York：Simon & Schuster, 1976）, p.304.

16. Ibid., pp.309-310.

17. 对这些不同的语音紧张度测谎方法的批评，参见：David T. Lykken, *A Tremor in the Blood* by（New York：McGraw-Hill, 1981）, chap.13 and Harry Hollien, "The Case against Stress Evaluators and Voice Lie Detection,"（unpub. mimeograph, Institute for Advanced Study of the Communication Processes, University of Florida, Gainesville）。

18. 我们对美国人的肢体符号及意义进行了调查，调查方法的描述见于：Harold G. Johnson, Paul Ekman and Wallace V. Friesen, "Communicative Body Movements：American Emblems," *Semiotica* 15（1975）：pp.335-353. For comparison of emblems in different cultures, see Ekman, "Movements with Precise Meanings," *Journal of Communication* 26（1976）：pp.14-26。

19. Efron's book, *Gesture and Environment*, published in 1941, is back in print again under the title *Gesture, Race, and Culture*（The Hague：Mouton Press, 1972）.

20. 对于零碎动作的讨论，参见：Paul Ekman and Wallace V. Friesen, "Nonverbal Behavior and Psychopathology," in *The Psychology of Depression：Contemporary Theory and Research* ed. R. J. Friedman and M. N. Katz（Washington, D. C.：J. Winston, 1974）。

21. 当前对于这种观点的解释，参见：George Mandler, *Mind and Body：Psychology of Emotion and Stress*（New York：W. W. Norton & Co., 1984）。

22. Paul Ekman, Robert W. Levenson, & Wallace V. Friesen, "Autonomic Nervous

System Activity Distinguishes between Emotions," *Science 1983*, vol.221, pp.1208-1210.

第5章

1. 这些不同神经系统受损的症状描述，取自临床文献，可参见：K. Tschiassny, "Eight Syndromes of Facial Paralysis and Their Significance in Locating the Lesion," *Annals of Otology, Rhinology, and Laryngology* 62（1953）：pp.677-691。不同神经系统受损对于说谎的利弊则是我个人的推断。

2. 对于所有科学证据的评论，参见：Paul Ekman, *Darwin and Facial Expression: A Century of Research in Review*（New York：Academic Press, 1973）。以下著作描写了与世隔绝而未开化的新几内亚人的各种表情，理论较少，图片丰富：Ekman, *Face of Man: Expressions of Universal Emotions in a New Guinea Village*（New York：Garland STMP Press, 1980）。

3. Ekman, *Face of Man*, pp.133-136.

4. *The Facial Action Coding System*, Paul Ekman and Wallace V. Friesen（Palo Alto：Consulting Psychologists Press, 1978），这是一个自学套装，里面包括学习手册、图解照片、资料影片和计算机程序，读者运用这些材料可以学会如何描述或测量任何表情。

5. 见：E. A. Haggard and K. S. Isaacs, "Micromomentary Facial Expressions," in *Methods of Research in Psychotherapy*, ed. L. A. Gottschalk and A. H. Auerbach（New York：Appleton Century Crofts, 1966）。

6. *Unmasking the Face*, Paul Ekman and Wallace V. Friesen（Palo Alto：Consulting Psychologists Press, 1984），此书提供了这些照片和如何获得这一技巧的指导。

7. Friesen和我提出了指定面部行为测试法（Requested Facial Action Test），这一方法探索了人们在有意移动面部肌肉伪造表情上能做得多好。参见：Paul Ekman, Gowen Roper, and Joseph C. Hager, "Deliberate Facial Movement," *Child Development* 51（1980）：pp.886-891，里面谈到了对孩子的测试结果。

8. Column by William Safire, "Undetermined," in the *San Francisco Chronicle*, June 28, 1983.

9. "Anwar Sadat—in his own words," in the *San Francisco Examiner*, October 11, 1981.

10. Ezer Weizman, *The Battle for Peace* (New York: Bantam, 1981), p.165.
11. Margaret Mead, *Soviet Attitudes toward Authority* (New York: McGraw-Hill, 1951), pp.65-66.As cited by Erving Goffman, *Strategic Interaction* (Philadelphia: University of Pennsylvania Press, 1969), p.21.
12. *San Francisco Chronicle*, January 11, 1982.
13. Harold Sackeim, Ruben C. Gur, and Marcel C. Saucy, "Emotions Are Expressed More Intensely on the Left Side of the Face," *Science* 202 (1978): p.434.
14. 见: Paul Ekman, "Asymmetry in Facial Expression," and Sackeim s rebuttal in *Science* 209 (1980): pp.833-836。
15. Paul Ekman, Joseph C. Hager, and Wallace V. Friesen, "The Symmetry of Emotional and Deliberate Facial Actions," *Psychophysiology* 18/2 (1981): pp.101-106.
16. Joseph C. Hager and Paul Ekman, "The Asymmetry of Facial Actions Is Inconsistent with Models of Hemispheric Specialization," *Psychophysiology* 49 (5) (1985): pp.1416-1426.
17. 我要感谢Ronald van Gelder在这一尚未发表的研究上对我的帮助。
18. *San Francisco Chronicle*, June 14, 1982.
19. 见: Paul Ekman and Joseph C. Hager, "Long Distance Transmission of Facial Affect Signals," *Ethology and Sociobiology* 1 (1979): pp.77-82。
20. Paul Ekman, Wallace V. Friesen, and Sonia Ancoli, "Facial Signs of Emotional Experience," by *Journal of Personality and Social Psychology* 39 (1980): pp.1125-1134.

第6章

1. David M. Hayano, "Communicative Competence among Poker Players," *Journal of Communication* 30 (1980): p.117.
2. Ibid., p.115.
3. William Shakespeare, *Othello*, act 5, scene 2.
4. Richards J. Heuer, Jr., "Cognitive Factors in Deception and Counterdeception," in *Strategic Military Deception*, ed. Donald C. Daniel and Katherine L. Herbig (New York: Pergamon Press, 1982), p.59.

5. Ross Mullaney, "The Third Way-The Interroview," unpublished mimeograph, 1979.
6. Schopenhauer, "Our Relation to Others," in *The Works of Schopenhauer*, ed. Will Durant (Garden City, N.Y.: Garden City Publishing Company, 1933).
7. 如何在对犯罪嫌疑人测谎中应用犯罪知情测试法的全面描述，参见：David Lykken, *Tremor in the Blood* (New York: McGraw-Hill, 1981)。
8. *Scientific Validity of Polygraph Testing: A Research Review and Evaluation—A Technical Memorandum* (Washington D.C.: U.S. Congress, Office of Technology Assessment, OTA-TM-H-15, November 1983).

第7章

1. Richard O. Arther, "How Many Robbers, Burglars, Sex Criminals Is Your Department Hiring This Year? (Hopefully, Just 10% of Those Employed！)," *Journal of Polygraph Studies* 6 (May-June 1972), unpaged.
2. David T. Lykken, "Polygraphic Interrogation," *Nature*, February 23, 1984, pp.681-684.
3. Leonard Saxe, 私人交流。
4. 文中关于测谎仪测谎的大部分数字来自：*Scientific Validity of Polygraph Testing: A Research Review and Evaluation—A Technical Memorandum* (Washington, D.C.: U.S. Congress, Office of Technology Assessment, OTA-TM-H-15, November 1983)。基本相同的结果也见于另一篇文章："The Validity of Polygraph Testing," by Leonard Saxe, Denise Dougherty, and Theodore Cross, in *American Psychologist*, January 1984。
5. David C. Raskin, "The Truth about Lie Detectors," *The Wharton Magazine*, Fall 1980, p.29.
6. Office of Technology Assessment (OTA) report, p.31.
7. Benjamin Kleinmuntz and Julian J. Szucko, "On the Fallibility of Lie Detection," *Law and Society Review* 17 (1982): p.91.
8. Statement of Richard K. Willard, Deputy Assistant Attorney General, U.S. Department of Justice, before the Legislation and National Security Committee of the Committee on Government Operations, U.S. House of Representatives, October 19,

1983, mimeograph, p.22.
9. OTA report, p.29.
10. 技术检定局作为国会下属的分析机构创建于1972年，关于测谎仪的报告可以写信向如下机构索取：Superintendent of Documents, U.S. Government Printing Office, Washington, D.C.20402。
11. Marcia Garwood and Norman Ansley, *The Accuracy and Utility of Polygraph Testing*, Department of Defense, 1983, unpaged.
12. David C. Raskin, "The Scientific Basis of Polygraph Techniques and Their Uses in the Judicial Process," in *Reconstructing the Past: The Role of Psychologists in Criminal Trials*, ed. A. Trankell (Stockholm: Norstedt and Soners, 1982), p.325.
13. David T. Lykken, *A Tremor in the Blood*, (New York: McGraw-Hill, 1981), p.118.
14. David T. Lykken, 私人交流。
15. Lykken, *Tremor in the Blood*, p.251.
16. Raskin, "Scientific Basis," p.341.
17. OTA report, p.50.
18. Raskin, "Scientific Basis," p.330.
19. Avital Ginton, Netzer Daie, Eitan Elaad, and Gershon Ben-Shakhar, "A Method for Evaluating the Use of the Polygraph in a Real-Life Situation," *Journal of Applied Psychology* 67 (1982): p.132.
20. OTA report, p.132.
21. Ginton et al., "Method for Evaluating," p.136.
22. Jack Anderson, *San Francisco Chronicle*, May 21, 1984.
23. OTA report, p.102.
24. Statement by David C. Raskin at hearings on S. 1845 held by the Subcommittee on the Constitution, United States Senate, September 19, 1970, p.14.
25. OTA report, pp.75-76.
26. Raskin, Statement, p.17.
27. Lykken, *Tremor in the Blood*, chap.15.
28. Gordon H. Barland, "A Survey of the Effect of the Polygraph in Screening Utah Job Applicants: Preliminary Results," *Polygraph* 6 (December 1977), p.321.
29. Ibid.

30. Raskin, Statement, p.21.
31. Arther, "How Many," unpaged.
32. Ibid.
33. Garwood and Ansley, *Accuracy and Utility*, unpaged.
34. OTA report, p.100.
35. Daniel Rapoport, "To Tell the Truth," *The Washingtonian*, February 1984, p.80.
36. Willard, ibid, p.36.
37. Lykken, "Polygraphic Interrogation," p.684.
38. OTA report, pp.109-110.
39. OTA report, p.99.
40. Willard, Statement, p.17.
41. Ginton et al., "Method for Evaluating." Also, John A. Podlesny and David C. Raskin, "Effectiveness of Techniques and Physiological Measures in the Detection of Deception," *Psychophysiology* 15（1978）: pp.344-359 and Frank S. Horvath, "Verbal and Nonverbal Clues to Truth and Deception During Polygraph Examinations," *Journal of Police Science and Administration*, 1（1973）: pp.138-152.
42. David C. Raskin and John C. Kircher, "Accuracy of Diagnosing Truth and Deception from Behavioral Observation and Polygraph Recordings," ms. in preparation.

第8章

1. Randall Rothenberg, "Bagging the Big Shot," *San Francisco Chronicle*, January 3, 1983, pp.12-15.
2. Ibid.
3. Ibid.
4. Agness Hankiss, "Games Con Men Play: The Semiosis of Deceptive Interaction," *Journal of Communication* 3（1980）: pp.104-112.
5. Donald C. Daniel and Katherine L. Herbig, "Propositions on Military Deception," in *Strategic Military Deception*, ed. Daniel & Herbig（New York: Perga-mon Press, 1982）p.17.
6. 这一例子的提供，我要感谢约翰·费兰（John Phelan）精彩的描写，见其以下著作：*Scandals*，*Scamps and Scoundrels*（New York：Random House，1982），p.114。我仅仅复述了这个故事的一部分，对犯罪抓谎感兴趣的读者可以参考该书第6章，以便了解审讯和测谎中可能出现的其他缺陷。

7. 我对于审讯的知识来自罗西特·马拉尼（Rossiter C. Mullaney），他在1948—1971年曾是联邦调查局探员，此后至1981年曾任得克萨斯中北部地区警察学院调查项目（Investigation Programs，North Central Texas Regional Police Academy）的协调人。可参见他的文章："Wanted！ Performance Standards for Interrogation and Interview，"*The Police Chief*，June 1977，pp.77-80。

8. Mullaney开始了一系列前景不错的研究，训练审讯人员使用行为线索，并评估训练的效果，但他在此工作完成前即告退休。

9. Alexander J. Groth，"On the Intelligence Aspects of Personal Diplomacy，"*Orbis* 7（1964）：p.848.

10. Robert Jervis，*The Logic of Images in International Relations*（Princeton，N.J.：Princeton University Press，1970），pp.67-78.

11. Henry Kissinger，*Years of Upheaval*（Boston：Little，Brown and Company，1982），pp.214，485.

12. As quoted by Jervis，*logic*，pp.69-70.

13. Ibid.，pp.67-68.

14. Michael I. Handel，"Intelligence and Deception，"*Journal of Strategic Studies* 5（1982）：pp.123-153.

15. Barton Whaley，"Covert Rearmament in Germany，1919-1939：Deception and Mismanagement，"*Journal of Strategic Studies* 5（1982）：pp.26-27.

16. Handel，"Intelligence，"p.129.

17. This quote was analyzed by Groth，"Intelligence Aspects."

18. As cited by Groth，"Intelligence Aspects."

19. Telford Taylor，*Munich*（New York：Vintage，1980），p.752.

20. Ibid.，p.821.

21. Ibid.，p.552.

22. Ibid.，p.629.

23. Graham T. Allison，*Essence of Decision*：*Explaining the Cuban Missile Crisis*（Boston：Little，Brown and Company，1971），p.193.

24. Arthur M. Schlesinger, Jr., *A Thousand Days: John F. Kennedy in the White House* (New York: Fawcet Premier Books, 1965). p.734.
25. Theodore C. Sorensen, *Kennedy* (New York: Harper & Row, 1965), p.673.
26. Robert F. Kennedy, *Thirteen Days: A Memoir of the Cuban Missile Crisis* (New York: W. W. Norton, 1971), p.5.
27. Roger Hilsman, To Move a Nation (Garden City, N.Y.: Doubleday & Co., 1967), p.98.
28. David Detzer, *The Brink* (New York: Thomas Crowell, 1979).
29. Sorensen, *Kennedy*, p.690.
30. Detzer, *Brink*, p.142.
31. Robert F. Kennedy, *Thirteen Days*, p.18.
32. Elie Abel, *The Missile Crisis* (New York: Bantam Books, 1966), p.63.
33. Sorensen, *Kennedy*, p.690.
34. Abel, *Missile*, p.63.
35. Detzer, *Brink*, p.143.
36. Kennedy, *Thirteen Days*, p.20.
37. Detzer, *Brink*, p.143.
38. Ibid., p.144.
39. Allison, *Essence*, p.135.
40. Abel, *Missile*, p.64.
41. Allison, *Essence*, p.134.
42. Daniel and Herbig, "Propositions," p.13.
43. Herbert Goldhamer, reference 24 cited by Daniel and Herbig, "Propositions."
44. Barton Whaley, reference 2 cited by Daniel and Herbig, "Propositions."
45. Maureen O'Sullivan, "Measuring the Ability to Recognize Facial Expressions of Emotion," in *Emotion in the Human Face*, ed. Paul Ekman (New York: Cambridge University Press, 1982).
46. Groth, "Intelligence Aspects," p.847.
47. Jervis, *Logic*, p.33.
48. Lewis Broad, *The War that Churchill Waged* (London: Hutchison and Company, 1960), p.356, as cited by Groth, "Intelligence Aspects," p.846.

49. Broad, *War*, p.358, as cited by Groth, "Intelligence Aspects," p.846.
50. Milovan Djilas, *Conversations with Stalin*（New York：Harcourt, Brace, Jovanovich, 1962）, p.73, as cited by Groth, ibid., p.846.

第9章

1. 我在旧金山大学的同事兼朋友Maureen O'Sullivan曾和我合作多年，我们改进此项测试，研究专业抓谎，也共同开设一些研讨班。
2. "Who Can Catch a Liar" by Paul Ekman and Maureen O'Sullivan appeared in the September 1991 issue of the journal *American Psychologist*.
3. 这些发现见于："The Effect of Comparisons on Detecting Deceit" by M. O'Sullivan, P. Ekman, and W. V. Friesen, *Journal of Nonverbal Behavior* 12（1988）：pp.203-215。
4. 来自德国的Udo Undeutsch发展了一套被称为陈述分析的方法，大量美国研究者正在通过评估少儿的证词，来检验这一方法的有效性。
5. 这些发现见于："Face, Voice, and Body in Detecting Deceit" by Paul Ekman, Maureen O'Sullivan, Wallace V. Friesen, and Klaus C. Scherer in *the Journal of Nonverbal Behavior*, vol.15（1991）：pp.203-215。
6. "The Duchenne Smile: Emotional Expression and Brain Physiology II" by P. Ekman, R. J. Davidson, and W. V. Friesen. *Journal of Personality and Social Psychology* 58（1990）.
7. M. G. Frank, P. Ekman, and W. V Friesen, "Behavioral Markers and Recognizability of the Smile of Enjoyment," *Journal of Personality and Social Psychology*. 64（1993）：pp.83-93.
8. M. G. Frank and P. Ekman, "The Ability to Detect Deceit Generalizes across Different Types of High-Stake Lies," *Journal of Personality and Social Psychology* 72（1997）：pp.1429-1439.
9. 英国哥伦比亚大学的John Yuille教授曾经指导过一个项目，该项目教给社会工作者更好地与少儿交流的一些技巧。
10. *Time* magazine, July 27, 1987, p.10.
11. 在前面章节中，我曾使用过"天生说谎家"一词，但我发现此词暗示着这些人说谎比别人更多，但我没有证据表明如此。因此不妨改称天生表演家，这样更能表达我的意愿，即如果他们说谎的话，则近乎天衣无缝。
12. 无缘结识诺思中校，也没有其他机会直接访谈，因此我不能确定我的判断正确无误，然而他在电视上的表现非常符合我的描述。

第10章

1. Oliver L. North, *Under Fire* (New York: HarperCollins, 1991), p.66.
2. 对于此案中宪法问题的最新讨论，参见文章：Edwin M. Yoder, Jr., entitled "A Poor Substitute for an Impeachment Proceeding," *International Herald Tribune*, July 23, 1991。
3. Stansfield Turner, "Purge the CIA of KGB Types," *New York Times*, October 2, 1991, p.21.
4. Ibid.
5. Ibid.
6. Jimmy Carter, *Keeping Faith: Memoirs of a President* (New York: Bantam Books, 1982), p.511.
7. See reference 3.
8. 近来对这一主题的不同观点的讨论，参见：*Self-Deception: An Adaptive Mechanism?* edited by Joan S. Lockard and Delroy L. Paulhus (Englewood Cliffs, N.J.: Prentice-Hall, 1988)。
9. Richard Feynman, *What Do You Care What Other People Think? Further Adventures of a Curious Character* (New York: W. W. Norton, 1988).
10. Ibid., p.214.
11. *Time*, August 19, 1974, p.9.

第11章

1. C. Bok, *Secrets* (New York: Pantheon, 1982).
2. P. Ekman, W. V. Friesen, and M. O'Sullivan, "Smiles When Lying," Journal of Personality and Social Psychology 54 (1988): pp.414-420; P. Ekman, M. O'Sullivan, W. V. Friesen, and K. R. Scherer, "Face, Voice and Body in Detecting Deception," *Journal of Nonverbal Behavior*, 15 (1991): pp.125-135.
3. T. P. Cross and L. Saxe, "A Critique of the Validity of Polygraph Testing in Child

Sexual Abuse Cases," *Journal of Child Sexual Abuse* 1 (1992): pp.19-33.
4. P. Ekman, *Why Kids Lie* (New York: Charles Scribner's Sons), 1989.
5. M. Frank and P. Ekman, "The Ability to Detect Deceit Generalizes across Deception Situations," *Journal of Personality and Social Psychology* 72 (1997): pp.1429-1439.
6. P. Ekman, M. O'Sullivan, and M. Frank, "A Few Can Catch a Liar," *Psychological Science* 10 (1999): pp.263-266.
7. J. Stiff, S. Corman, B. Krizek, and E. Snider, "Individual Differences and Changes in Nonverbal Behavior," *Communication Research* 21 (1994): pp.555-581.
8. M. T. Bradley, "Choice and the Detection of Deception," *Perceptual and Motor Skills* 66 (1988): pp.43-48.
9. P. Ekman and M. O'Sullivan, "Who Can Catch a Liar," *American Psychologist* 46 (1991): pp.913-920.
10. R. E. Kraut and E. Poe, "On the Line: The Deception Judgments of Customs Inspectors and Laymen," *Journal of Personality and Social Psychology* 39(1980): pp.784-798; B. M. Depaulo and R. L. Pheifer, "On-the-job Experience and Skill at Detecting Deception," *Journal of Applied Social Psychology* 16 (1986): pp.249-267; G. Kohnken, "Training Police Officers to Detect Deceptive Eyewitness Statements: Does It Work?" *Social Behaviour* 2 (1987): pp.1-17.
11. D. L. Cheney and R. M. Seyfarth, *How Monkeys See the World* (Chicago and London: University of Chicago Press, 1990), p.189.
12. A. Grafen, "Biological Signals as Handicaps," *Journal of Theoretical Biology* 144 (1990): pp.517-546.
13. L. Cosmides and J. Tooby, "Cognitive Adaptations for Social Exchange," in *The Adapted Mind*, ed. J. Barkow, L. Cosmides, and J. Tooby, (New York: Oxford University Press, 1992).
14. D. B. Bugental, W Shennum, M. Frank, and P. Ekman, "'True Lies': Children's Abuse History and Power Attributions as Influences on Deception Detection," ms. submitted.
15. E. Goffman, *Frame Analysis* (New York: Harper & Row, 1974).

结　语

1. 对于反对捏造的观点，参见：Sisela Bok, *Lying: Moral Choice in Public and Private Life* (New York: Pantheon, 1978)。对于赞同在私人生活而非公众生活中隐瞒的观点，参见：Bok, *Secrets* (New York: Pantheon, 1982)。对于相反的观点，即鼓吹说谎大有好处者，参见：Robert L. Walk and Arthur Henley, *The Right to Lie: A Psychological Guide to the Uses of Deceit in Everyday Life* (New York: Peter H. Wyden, 1970)。
2. Sigmund Freud, Fragment of an analysis of a case of hysteria (1905), *Collected Papers*, vol.3.; (New York: Basic Books, 1959), p.94.

附　录

表1与表2列出第4章及第5章中所有说谎线索的有关资料。表1以行为线索为检索项，表2以情绪或状态为检索项。若要了解某种行为会透露何种信息，可参阅表1；要了解某种情绪或状态能产生何种行为线索，可参阅表2。

说谎的两种主要方式是隐瞒真相与捏造事实。表1及表2处理的是隐瞒；表3与捏造的行为线索有关；表4则提供一份完整的估谎要点。

表1　行为线索所泄露的信息

行为线索	透露的信息
口误	可能是特定的情绪；可能泄露无关情绪的信息
言辞激烈	可能是特定的情绪；可能泄露无关情绪的信息
言辞闪烁	没有准备说辞；或负面情绪，最有可能是害怕
停顿与打结	没有准备说辞；或负面情绪，最有可能是害怕
音调提高	负面情绪，可能是生气或害怕，或兼具
音调降低	负面情绪，可能是悲伤
说话大声加快	可能是生气、害怕，或激动，或三者兼具
说话轻声放慢	可能是悲伤、烦恼，或两者兼具

续表

行为线索	透露的信息
肢体符号失误	可能是特定的情绪；可能泄露无关情绪的信息
肢体比画减少	烦恼，没有准备说辞，或斟酌字句
零碎动作增加	负面情绪
呼吸加快变浅	情绪，非特定
出汗	情绪，非特定
吞咽频频	情绪，非特定
微表情	任何情绪
碎表情	特定情绪，或阻断某种不想表现的情绪
脸部不随意肌	害怕或悲伤
眨眼增加	情绪，非特定
瞳孔放大	情绪，非特定
眼泪	悲伤、忧愁、狂笑
脸色涨红	困窘、害羞或生气；可能有罪恶感
脸色发白	害怕或生气

表2 情绪或状态所产生的行为线索

情绪或状态	行为线索
言辞没有准备	闪烁、停顿、打结、肢体比画减少
无情绪状态（例如事实、计划、想象）	口误、言辞激烈，肢体符号*
情绪状态（例如高兴、惊讶、忧愁）	口误、言辞激烈，微表情、碎表情
害怕	言辞闪烁、停顿、打结，音调提高，说话大声加快，脸部不随意肌动作，脸色发白

---

* 肢体符号所能透露的信息，不及口误或言辞激烈多。在美国人中，有大约六十种信息可以用肢体符号来表达。

续表

情绪或状态	行为线索
生气	音调提高，说话大声加快，脸色涨红，脸色发白
悲伤（不安与羞耻也有可能）	音调降低，说话轻声放慢，脸部不随意肌动作，眼泪，目光下垂，脸色涨红
困窘	脸色涨红，目光下垂或避开
兴奋或激动	肢体比画增加，音调提高，说话大声加快
烦恼或苦闷	肢体比画减少，说话轻声放慢
负面情绪	言辞闪烁、停顿、打结，音调提高，音调降低，零碎动作增加
任何情绪波动	呼吸变化，出汗，吞咽，碎表情，眨眼增加，瞳孔放大

表3 假表情的行为线索

假表情	行为线索
害怕	额头不随意肌没有动作
悲伤	额头不随意肌没有动作
快乐（高兴）	眼部周围肌肉未涉入
对所讲内容热心或投入	肢体比画未随之增加，或肢体比画的时机不搭调
负面情绪	未冒汗、呼吸未改变或零碎动作未增加
任何情绪	不对称表情、突然出现又消失、与言辞不搭调

表4 估谎要点

	抓谎困难	抓谎容易
有关谎言的问题		
1. 说谎者料到自己将说谎？	是：说辞有准备并练习过	否：说辞没有准备
2. 谎言只需隐瞒真相而不需要捏造事实？	是	否

续表

	抓谎困难	抓谎容易
3. 说谎时感受到某种情绪？	否	是：但在下列情况时会特别困难 A：将生气、害怕、悲伤等负面情绪掩饰或伪装起来时 B：说谎者伪装平静，必须隐藏的情绪不用其他情绪来伪装时
4. 说谎者若承认，会免于受罚？	否：增强说谎者得逞的动机	是：有可能引发自白
5. 所得或处罚的代价都高？	很难预测：代价高，可能增加被识破的担心，也可能促使说谎者孤注一掷	
6. 被逮到将受严厉处罚？	否	是：增强担心被识破；也可能造成害怕被冤枉
7. 说谎失败，不仅无得，并会因说谎受罚？	否	是：增强被识破的担心；说谎者评估，若失败所受处罚大于自白的所失，可能放弃说谎
8. 目标不会有所失甚至受惠？谎言是利他而非利己？	是：说谎者若认为如此，没有罪恶感	否：增强罪恶感
9. 目标信任说谎者，不认为自己会受到欺骗？	是	否
10. 说谎者曾经欺骗过目标？	是：不会担心被识破，目标若觉得丢脸或有难言之隐，可能甘心受骗	否
11. 说谎者与目标有相同价值观？	否：没有罪恶感	是：罪恶感增强
12. 说谎是特许的？	是：没有罪恶感	否
13. 目标是陌生人？	是：没有罪恶感	否

续表

	抓谎困难	抓谎容易
14. 目标是熟人?	否	是：抓谎者较能避免因个体差异而造成的错误
15. 抓谎必须隐藏自己对说谎者的怀疑?	是：抓谎者自己有难言之隐或投鼠忌器，以致警觉降低	否
16. 抓谎者所掌握的资料只有有罪嫌疑人才知悉，无辜者则不知道?	否	是：若能诘问嫌疑人，可用犯罪知情测试法
17. 有其他人知道或猜到对象将会受骗?	否	是：会增加欺骗的快感，担心被识破或有罪恶感
18. 说谎者与抓谎者的语言、民族及文化背景相同?	否：判断说谎线索时，错误增加	是：比较容易解读说谎线索
有关说谎者的问题		
19. 说谎者习于说谎?	是：如果要说的正好是那种惯说谎言，就特别困难	否
20. 说谎者善于编造谎言?	是	否
21. 说谎者记性好?	是	否
22. 说谎者能言善辩，具有说服力?	是	否
23. 说谎者能操作脸部不随意肌加强对话?	是：易于掩饰或伪装脸部表情	否
24. 说谎者善于演戏，能够使用斯坦尼斯拉夫斯基技巧?	是	否

续表

	抓谎困难	抓谎容易
25. 说谎者对自己的谎言深信不疑,相信自己所说的即是真实?	是	否
26. 说谎者是"天生说谎家"或精神病态人格者?	是	否
27. 个性如此,说谎者容易害怕、有罪恶感或产生欺骗的快感?	否	是
28. 说谎者对自己的隐瞒行为感到可耻?	很难预测:因为感到可耻,可能不会承认,但羞耻的线索可能会泄露谎言	
29. 如果嫌疑人无辜,没有说谎,或隐瞒的是别的事,但仍会感到害怕、可耻或有快感?	是:情绪线索无法解读	否:所有情绪信号都可成为说谎线索
有关抓谎者的问题		
30. 抓谎者一向不容易上当?	否:如果说谎者曾经欺骗得逞过,尤其如此	是:会增加被识破的担心;也可能增加欺骗的快感
31. 抓谎者一向多疑?	很难预测:可能减低罪恶感,但也可能增加被识破的担心	
32. 抓谎者一向刚正不阿?	否:说谎者欺骗抓谎者不太可能感到罪恶	是:增加罪恶感
33. 抓谎者怕事情闹大,总是只往好处想?	是:可能会忽略说谎线索,容易犯误谎为真的错误	否
34. 抓谎者总能正确解读情绪表态行为?	否	是
35. 抓谎者对于说谎者已经心有成见?	否	是:抓谎者对说谎线索虽有警觉,但可能误真为谎

续表

	抓谎困难	抓谎容易
36. 抓谎者若不抓谎会得到好处?	是：抓谎者对说谎线索会视而不见或故作不知	否
37. 不能确定自己是否受骗时，抓谎者会沉不住气?	很难预测：可能会造成误真为谎或误谎为真	
38. 抓谎者为情绪野火焚身?	否	是：说谎者难逃被逮，但无辜者也会被冤枉（误真为谎）

致　谢

谨此感谢美国国家心理卫生研究中心（The National Institute of Mental Health）的临床研究机构对于我从1963年到1982年在非口语交流方面的研究所给予的帮助，同时要感谢该中心的研究资助计划，它支持了我这二十年间研究计划的进展与其后本书的写作。书中第4章与第5章中的相关研究，则要感谢古根海姆基金会（The Harry F. Guggenheim Foundation）与麦克阿瑟基金会（The John D. and Catherine T. MacArthur Foundation）的资助。此外，弗里森（Wallace V. Friesen）与我共事二十余年，我们之间的讨论激发了书中所出现的许多想法，因此对于书中各章所述的研究成果，他可以说同样居功甚伟。

同事汤姆金斯（Silvan S. Tomkins）于我亦师亦友，承蒙他的鼓励，此书才能成章，更要感谢他对初稿的批评和建议。许多朋友，包括医生布劳（Robert Blau）、律师卡斯珀（Stanley Caspar）、小说家卡森（Jo Carson）、政治学者皮卡斯（Robert Pickus）、联邦调查局退休探员马拉尼、心理学家奥恩斯坦（Robert Ornstein）以及管理顾问威廉姆斯（Bill Williams），都从不同的角度对本书初稿提出指正，使我受益良多。我的妻子梅森则是我的第一位读者，也多亏了她的耐心与建设性意见。

书中的许多观念，我曾就教于埃尔温·戈夫曼（1922—1982），对于说谎的研究，他也别有心得，我们之间各有所见却不相冲突，实为人生乐事。对于初稿，感谢他的不吝赐教，可惜未待此书问世，他骤然撒手人寰。这位意外失之交臂的读者，看来只有长存我心了。

校者跋

谎之为字,很容易让人附会起"右文"之说,认为此乃荒诞不经之言。这种理解不无可取,然而也有偏颇之处,那就是现实中的谎言往往言辞恳切,识破之前看不出半点荒诞,事实上,这种印象往往来自事后诸葛般的英明夸谈。相形之下,反倒是当现实世界令人困惑得摸不着头脑时,那些据实以陈的讲述却因荒诞而被别人归诸谎言。当然,荒诞本身并非不能达成说谎的目的,"真话假说"便是一途,通过故意夸大和扭曲事实,使人虚实莫辨,从而达到了误导他人的目的(例证参见本书第23—24页)。

这无非是想说,分析和认知谎言是件很复杂的事情。但好在我们对待谎言的态度还算鲜明。西哲柏拉图认为谎言不仅邪恶,而且会污染说谎者的灵魂,因此他对于说谎绝不妥协,认为生命中只容得下真相;而亚圣孟子则说:"诚者,天之道也;思诚者,人之道也。"但是当谎言上升到更高层面,这些知识精英的态度便犹疑起来:柏拉图提出了"高贵的谎言",告诉民众人分金银铜铁四种,贵贱天定;而孔孟之道的伦理纲常,则不乏"王侯将相有种"的思想,也不乏"民可使由之,不可使知之"的手段。

回到现实层面，事情也远非那么简单，我们不是有过"五十步笑百步"的经历，就是有过"叶公好龙"的想法。每个人都希望别人诚实，但却无法面对别人的绝对诚实。我们可以辩称谎言是有差别的，隐瞒和误导比之凭空捏造似乎会让我们心绪稍安，自以为的善意和利他又让我们颇觉高尚，至于能想出"高贵的谎言"来，那心境就只有大任斯人可以描述了。幸而，大多数人在大多数时候还是心怀愧疚的，尽管将说谎视为罪大恶极并用以教人的情况，或许已不多见，但说谎之于人心，总不免产生罪恶感，则是一般的社会教化所为。

认知谎言所关涉的是价值，而辨识谎言所关涉的则是事实，前者为哲学家们数千年来所喋喋不休，后者则为科学家们几十年来所突飞猛进。在情绪表达与人际欺骗这一研究领域，倾注了40年心血的美国心理学家保罗·埃克曼可以说是这些科学家中的翘楚。这位老兄的尊容，我们可以在本书图2到图6的若干表情照片中有幸得睹，一颦一笑，颇多迷人。这些收放由心的展现，也表明了他研究的精到与治学的自信。

埃克曼的确精到，也足以自信，他的很多开创性的研究为这一领域注入了生机和前景，很多持续深入的研究使人们得以直面过去的错误观念。科学最显著的特征就是定量化，埃克曼开创了表情与行为的定量化测量，他提出利用测谎仪勘定具体的情绪而非只是波动，他不断设计和改进实验，进行了大量的测试和数据分析。科学家最显著的特征则是严谨，埃克曼为各种概念的定义反复推敲，为事情之一切可能不断穷举，为测谎的准确度与效度再三辨析，更为抓谎的陷阱与预防措施不厌其烦地叮嘱。

校者跋

这些都写在《说谎》一书中,这本研究专著历经数次修订和不断扩充,一版再版而享誉世界,被欧美诸多执法机构奉为刑侦学的必读教材。约翰·霍普金斯医学院的弗兰克(Jerome D. Frank)教授,对此书有一句准确而凝练的评价:"这是一座关于谎言与抓谎的详尽实用的宝库,充满了伦理学上的敏锐分析与中肯评判。"的确,它语言生动,内容翔实,例证丰富,分析缜密,不像是部研究综述,倒像是本老少皆宜的通俗教材,尤其是附录中的实用表格,更突出了这一特质。

但更为难能可贵的则是评价的后半句,我们在掩卷喟叹之余,除了要钦佩作者的执着与创意之外,更为尊敬他对于知识与人性的尊重。他反复告诫执法人员,不要固守那些陈旧的经验和成见,也不要误用和滥用新的研究成果,测谎只是一种侦查手段,绝不能取代司法证据。他也反复提醒普通读者,抓谎研究可以帮助我们辨识真伪,但无法帮我们解决在人际关系上的抉择。有时候一味地揭露只是一种粗鲁,甚至残忍,使用不当时,甚至可能是侵犯隐私的违法行为。他更反复吁请当政者,不要为自己找出千般理由在国会面前说谎,并引用杰斐逊的名言说:"治理之道,诚信而已。"这不禁也令人想起荀子的话:"圣人为知矣,不诚则不能化万民。"信哉斯言,足为之戒。

本书中译本最初由台湾心灵工坊文化事业股份有限公司出版,译者邓伯宸。但是该译本或出于将之改造为通俗畅销书的考虑,将原书整句、整段甚至整节地略去,删削了将近四分之一的篇幅。本着尊重作品完整权的考虑,三联书店决定尽可能地还原该作原貌，把选择权留给读者，为此由校者花费大量精力对该书逐字逐句进行了校订和补译，读者手中的此稿即全文译出，甚至包括题献页和书前引文，面貌十分完整，逻辑性也更强。

台湾在对西方作品的引进上往往快于大陆，其译本在"达"上也普遍做得比较出色，应用短句较多（尽管有时候拆得过于破碎），生动活泼，语言流畅，值得大陆翻译界学习。这不禁让人感叹海峡对岸的翻译界比我们在汉语的继承上要充分得多，在掌握上要灵活得多。本书的翻译便是一例，我在校对的过程中，收获颇多，不时会心一笑，比起校订大陆译本要令人愉快得多，这也敦促我在补译时尽可能地保持这种风格。

但是不少台译本略嫌粗糙（可能包括编辑上的失误），在"信"上还有待加强。本书译文中便存在一些低级错误和似是而非的现象。很多句子看似通顺，但一核对原文便不是那么回事了。这就要细细品味，不可想当然地囫囵过去，否则会对原书的理解造成负面影响。为此在校读中我花费大量功夫来理顺逻辑，尽可能透彻贯通后再最终敲定，限于篇幅，姑不举例。对于有些译名（包括人名、地名），此台译本并没有错，但我均按大陆习惯进行了修订，一些词语用法也是如此，如"破功"改为"功败垂成"，"老神在在"改为"气定神闲"。但是另一些译名，甚至很多重要的译名，台译本还是存在不少欠妥之处的。比如讲到身体动作的几大类型，将其中的"illustrator"和"manipulator"都译为大而无当的"肢体语言"，于是在相关的叙述中就一片混乱，让人不知所云。其实前者应该译为肢体比画（手势比画是其特例），后者应该译为零碎动作（譬如抓耳挠腮等）。再有，将第

8章的题目"lie checking"译为"验谎",这就造成严重的歧义,很容易让读者以为是识别谎言之后验证其真假,而书中原意是指按照38个要点check谎言和说谎双方,并综合分析说谎成功与被识破的可能性,因此应该译为"估谎"更合情理。此外,将一种重要的破绽"tirade"译为"发牢骚"的话,便体现不出强烈情绪化的特质,所指也甚为狭窄,不如直译为"言辞激烈"更符合原意。

此外,校者还补译了每章结尾参考资料中有价值的叙述性文字,并添加了少量校者注,对大陆读者感到费解的背景加以说明,如帕特里夏绑架案、美国巡回上诉法院的体制等。对于台译本第69页的莎士比亚十四行诗(Sonnet 138),因此译长短参差也不押韵(排版上也没有分段处理),故校者选择了著名翻译家屠岸老先生的译作(见本书第60—61页)来代替,后者语言韵脚及音步的把握均属上乘,在此谨示感谢。

最后,应该说明,虽然校者认真竭力地为读者着想,尽可能以最好的面貌呈现给读者,但是限于水平,仍可能存在着相当的错误和欠妥之处,有待读者慧眼披沙。如果本书您尚觉清晰好读,收获不小的话,首先要感谢译者邓伯宸,他流畅生动的表达为校者提供了锦上添花的基础,其次,还要感谢那些为校者雪中送炭的人,如《科学时报·书评周刊》的钟华主编通读了校样,并提出了中肯的意见。

徐国强

2008年4月于北京朝内